应用创新型营销学系列精品教材　　丛书主编：吴健安

零售管理

RETAIL MANAGEMENT

贺爱忠　聂元昆 ◎ 主　编
李颖灏　向忠诚 ◎ 副主编

清华大学出版社
北京

内 容 简 介

《零售管理》坚持零售管理理论与实际应用的结合,零售管理理论传承与零售管理理创新的结合,零售管理思维模式养成与零售管理技能提升的结合,由长期从事零售管理理论研究的学者与长期从事零售管理实践的高级职业经理人协作编写而成。全书内容分为零售管理概论、零售战略规划、零售选址、零售组织与人力资源管理、零售企业财务管理、零售购物环境管理、商品采购管理、零售定价管理、零售沟通管理、零售服务管理、零售连锁经营管理共十一章。为方便读者理论学习与实践导引,各章都配有引例、知识结构图、课后案例和实训作业。为拓宽读者的知识面、拓深读者的理论深度、引导读者多维思维模式的养成,各章都插入了数量不一的人物小传、小知识、小案例等内容。

本书可作为高等院校市场营销专业、电子商务专业、贸易经济专业本科生教材,也可供零售业从业者、制造业市场经营者及立志将来从事经商、渠道经营管理工作的人自学阅读。

本书封面贴有清华大学出版社防伪标签,无标签者不得销售。
版权所有,侵权必究。举报:010-62782989,beiqinquan@tup.tsinghua.edu.cn。

图书在版编目(CIP)数据

零售管理/贺爱忠,聂元昆主编.---北京:清华大学出版社,2015(2023.9重印)
(应用创新型营销学系列精品教材)
ISBN 978-7-302-41194-9

Ⅰ.①零… Ⅱ.①贺… ②聂… Ⅲ.①零售商店—商业管理—教材 Ⅳ.①F713.32

中国版本图书馆 CIP 数据核字(2015)第 184834 号

责任编辑:杜 星
封面设计:汉风唐韵
责任校对:宋玉莲
责任印制:曹婉颖

出版发行:清华大学出版社
    网 址:http://www.tup.com.cn,http://www.wqbook.com
    地 址:北京清华大学学研大厦 A 座 邮 编:100084
    社 总 机:010-83470000 邮 购:010-62786544
    投稿与读者服务:010-62776969,c-service@tup.tsinghua.edu.cn
    质量反馈:010-62772015,zhiliang@tup.tsinghua.edu.cn
印 装 者:三河市君旺印务有限公司
经 销:全国新华书店
开 本:185mm×260mm 印 张:16.5 字 数:375 千字
版 次:2015 年 8 月第 1 版 印 次:2023 年 9 月第 7 次印刷
定 价:45.00 元

产品编号:050367-03

前言

本书旨在努力为零售企业高层决策者、具有雄心壮志的零售企业中基层管理者、立志从事零售工作或渠道管理工作且希望获取丰厚待遇的学子,提供零售管理的基本概念、基本框架和发展动态,培养零售管理的基本思维和基本技能。

本书内容分为零售管理导论、零售战略规划、零售组织与人力资源管理、零售企业财务管理、零售选址、零售购物环境管理、商品采购管理、零售定价管理、零售沟通管理、零售服务管理、零售连锁经营管理共十一章。为方便读者理论学习与实践导引,各章都配有引例、知识结构图、案例分析和本章实训。为拓宽读者的知识面、拓深读者的理论深度、引导读者多维思维模式的养成,各章都插入了数量不一的人物小传、小知识、小案例、延伸阅读文献等内容。

本书具有"新、实、易"三个特点。"新"主要体现在:反映零售管理领域的新理论、新实践、新技术、新问题,采用最新的数据和案例。"实"主要体现在:强调理论的实用性,联系现实的零售管理问题,重点阐述具有可操作性的理论内容;安排以中外著名零售企业沃尔玛、家乐福、麦德龙、阿尔迪、西尔斯、家得宝、宜家、特易购、马狮、欧尚 7-11、塔吉特、希尔顿酒店、迪斯尼、肯德基、麦当劳、庄臣、苏宁、国美、养天和大药房、永辉超市等为事实的引例和案例分析,便于读者理论联系实际地学习;每章安排实训作业,增强学生学以致用的意识与能力。"易"主要体现在:列举大量实例解释或佐证书中提出的观点或理论,力求全书通俗易懂。

本书是零售管理理论工作者与实践工作者共同协作的结晶。湖南大学博士、教授、博导贺爱忠编写第一、二、五、六章,广州医学院博士、副教授范阳东编写第三章,湖南商学院副研究员舒莉编写第四章,浙江工商大学博士、副教授李颖灏编写第七、八章,云南财经大学博士、教授、云南汇元生物有限公司董事长聂元昆编写第九章,保险职业学院讲师谭诣编写第十章,原沃尔玛中国区总部高级采购经理、原大商集团副总经理、现康源餐饮集团总裁向忠诚博士编写第十一章。湖南大学硕士研究生何安康、唐杰甫为本书绘制了知识结构图,湖南大学硕士研究生刘盼、宿兰芳、蔡玲、李希凤校对了书稿。全书由贺爱忠、聂元昆任主编,李颖灏、向忠诚任副主编,贺爱忠、聂元昆负责拟定全书大纲及最后审定,李颖灏、向忠诚参与了书稿的修改、定稿。

本书在编写过程中参考了大量国内外文献资料,并借鉴、吸收了其中的某些成果,在延伸阅读文献和参考文献中列出了作者姓名和文献名称,在此向有关作者一并致以真挚而深切的谢意。

由于编者水平所限,本书存在一些不足乃至错误之处,敬请读者批评指正。

贺爱忠(电子邮箱:haz6526@163.com)
聂元昆(电子邮箱:nyk526@vip.sina.com)

2014 年 11 月

第一章　零售管理导论 … 1

本章学习目标 … 1
引例 … 1
本章知识结构图 … 2
第一节　零售商 … 3
第二节　零售业态 … 7
第三节　零售管理要素 … 13
本章小结 … 14
思考题 … 15
案例分析 … 15
本章实训 … 16
延伸阅读 … 17

第二章　零售战略规划 … 18

本章学习目标 … 18
引例 … 18
本章知识结构图 … 19
第一节　零售战略环境分析 … 20
第二节　零售战略内容设计 … 25
第三节　零售战略类型设计 … 29
本章小结 … 34
思考题 … 35
案例分析 … 35
本章实训 … 39
延伸阅读 … 40

第三章　零售组织与人力资源管理 … 41

本章学习目标 … 41

引例 ……………………………………………………………………… 41
　　本章知识结构图 ………………………………………………………… 42
　　第一节　零售企业组织设计 …………………………………………… 43
　　第二节　零售企业人力资源获取与培训 ……………………………… 56
　　第三节　零售企业绩效考评与薪酬管理 ……………………………… 65
　　本章小结 ………………………………………………………………… 70
　　思考题 …………………………………………………………………… 71
　　案例分析 ………………………………………………………………… 71
　　本章实训 ………………………………………………………………… 72
　　延伸阅读 ………………………………………………………………… 73

第四章　零售企业财务管理 …………………………………………… 74

　　本章学习目标 …………………………………………………………… 74
　　引例 ……………………………………………………………………… 74
　　本章知识结构图 ………………………………………………………… 75
　　第一节　零售企业资金筹集管理 ……………………………………… 75
　　第二节　零售企业资产运营管理 ……………………………………… 78
　　第三节　零售企业财会报表分析 ……………………………………… 84
　　本章小结 ………………………………………………………………… 90
　　思考题 …………………………………………………………………… 90
　　案例分析 ………………………………………………………………… 90
　　本章实训 ………………………………………………………………… 91
　　延伸阅读 ………………………………………………………………… 92

第五章　零售选址 ………………………………………………………… 93

　　本章学习目标 …………………………………………………………… 93
　　引例 ……………………………………………………………………… 93
　　本章知识结构图 ………………………………………………………… 94
　　第一节　零售选址类型 ………………………………………………… 95
　　第二节　零售选址理论 ………………………………………………… 97
　　第三节　零售商圈分析 ………………………………………………… 99
　　第四节　零售店址选择 ………………………………………………… 107
　　本章小结 ………………………………………………………………… 111
　　思考题 …………………………………………………………………… 111
　　案例分析 ………………………………………………………………… 112
　　本章实训 ………………………………………………………………… 112
　　延伸阅读 ………………………………………………………………… 113

第六章　零售购物环境管理 ... 114

本章学习目标 ... 114
引例 ... 114
本章知识结构图 ... 115
第一节　店面设计 ... 115
第二节　店面布局 ... 123
第三节　商品陈列 ... 128
本章小结 ... 132
思考题 ... 133
案例分析 ... 133
本章实训 ... 134
延伸阅读 ... 135

第七章　商品采购管理 ... 136

本章学习目标 ... 136
引例 ... 136
本章知识结构图 ... 137
第一节　商品结构与来源选择 ... 137
第二节　零售采购目标与制度 ... 148
第三节　零售采购决策 ... 153
本章小结 ... 157
思考题 ... 158
案例分析 ... 158
本章实训 ... 160
延伸阅读 ... 161

第八章　零售定价管理 ... 162

本章学习目标 ... 162
引例 ... 162
本章知识结构图 ... 163
第一节　零售定价目标与政策 ... 163
第二节　零售定价方法 ... 169
第三节　零售定价策略 ... 173
第四节　零售价格调整 ... 176
本章小结 ... 179
思考题 ... 180
案例分析 ... 180

本章实训 …………………………………………………………………… 181
　　延伸阅读 …………………………………………………………………… 182

第九章　零售促销管理 …………………………………………………………… 183

　　本章学习目标 ……………………………………………………………… 183
　　引例 ………………………………………………………………………… 183
　　本章知识结构图 …………………………………………………………… 184
　　第一节　零售促销概述 …………………………………………………… 184
　　第二节　零售促销组合要素 ……………………………………………… 187
　　第三节　零售促销管理 …………………………………………………… 195
　　本章小结 …………………………………………………………………… 198
　　思考题 ……………………………………………………………………… 199
　　案例分析 …………………………………………………………………… 199
　　本章实训 …………………………………………………………………… 203
　　延伸阅读 …………………………………………………………………… 204

第十章　零售服务管理 …………………………………………………………… 205

　　本章学习目标 ……………………………………………………………… 205
　　引例 ………………………………………………………………………… 205
　　本章知识结构图 …………………………………………………………… 206
　　第一节　零售服务概述 …………………………………………………… 206
　　第二节　零售服务策略 …………………………………………………… 209
　　第三节　零售服务质量 …………………………………………………… 213
　　本章小结 …………………………………………………………………… 220
　　思考题 ……………………………………………………………………… 220
　　案例分析 …………………………………………………………………… 221
　　本章实训 …………………………………………………………………… 221
　　延伸阅读 …………………………………………………………………… 222

第十一章　零售连锁经营管理 …………………………………………………… 223

　　本章学习目标 ……………………………………………………………… 223
　　引例 ………………………………………………………………………… 223
　　本章知识结构图 …………………………………………………………… 224
　　第一节　连锁经营的基本模式 …………………………………………… 225
　　第二节　连锁经营商品采购管理 ………………………………………… 228
　　第三节　连锁经营商品库存管理 ………………………………………… 235
　　第四节　连锁经营物流配送管理 ………………………………………… 238
　　本章小结 …………………………………………………………………… 245

思考题 ·· 245
　　案例分析 ·· 246
　　本章实训 ·· 247
　　延伸阅读 ·· 248

参考文献 ·· 249

第一章 零售管理导论

 本章学习目标

了解零售业的重要性和功能、零售商的分类与特征、零售管理者成功的条件,熟悉零售业态的基本类型、零售管理方法和框架,掌握零售、零售商、零售业态的概念及零售业态变迁理论。

 引例

卓越的管理典范

Marks & Spencer(M&S)马狮起源于 1884 年,至今已拥有 130 年的悠久历史。现在在英国拥有 770 多家门店,并同时在欧洲、中东及亚洲的 50 多个地区拥有超过 430 家门店及 6 家国际性购物网站。因售卖高质量的流行服饰、广受赞誉的食品以及款式新颖的家居用品而被全球人们所熟知和喜爱。马狮是西方管理学界公认的卓越管理典范,管理大师德鲁克(Peter Drucker)曾称马狮为"西方世界管理巨人"。

出类拔萃的市场策略

马狮突出市场取向在企业经营中的关键作用。在创立阶段便开始思考"我们的生意是什么,将是什么和应是什么"的问题。不断界定目标市场,确定市场到底需要什么,同时组织和创造了所需的货源来满足市场。尤其是把满足顾客需要的质量标准定得尽可能高,而同时用效率尽可能高、成本尽可能低的方法去达到这一高标准,两方面同样都要与竞争对手保持相当远的距离,合起来便把竞争对手远远抛离了。

全面而彻底的品质管理

马狮高管曾说过:"品质优良绝非幸事,它是我们竭尽心思的结果。人们必须有无比的决心才能生产出优质货品。"自 1935 年开始,马狮成立了自己的纺织品实验室进行品质控制。20 世纪 30 年代末期,马狮开始试着向供应商提供详细规格,规定产品的数量、品质、可能采用的原料,而在可能范围内,甚至把需用的生产方法也定了下来。1936 年成立货品发展部,倡导货品发展的"技术导向",投入巨大力量推广"按规采购法"。从而建立了较为系统的品质保证机制。20 世纪 60 年代,马狮更是迈向全面品质控制和全员品质控制。例如,大力推行品质监察、大力教育和训练不同阶层的员工时时刻刻以品质为念,视品质控制为所有部门都应努力集中精神注意的要点,领导层维持品质标准和争取优质成就的意愿十分坚决。

创新的人力资源管理

德鲁克在其1985年的著作《革新与创新》中写道:"近五十年来,英国规模庞大的零售商马狮百货公司所表现的创新及革新精神,恐怕整个西欧的公司也无一可及。"马狮提出,尊重员工、关心员工的一切问题,全面和坦诚地与员工双向沟通,对努力和贡献作出赞赏与鼓励,不断的训练和发展。为此,建立了富有创新性的人力资源管理制度:每一位经理皆为人事经理,每一位董事皆为人事董事,建立起一个训练有素、强有力的人事部门。

应对新挑战的绿色管理

无论是对待员工、保护环境还是服务社区,马狮一直恪守信誉第一的理念。2007年1月,推出了一项名为A计划的新经济和道德计划来应对21世纪新一轮的挑战。A计划制定了100项环境和社会承诺,计划于2012年实现。目前已经实现了大部分,被英国同行誉为最有责任感的企业;欧盟保护环境典范前五强;被世界零售奖评为责任感最强的零售商;被《新闻周刊》评为全球十大公司典范和零售商典范。马狮并没有满足于此,已经将在2015年A计划实现的承诺增加到了180个,力争成为全球最具可持续发展能力的零售商。

(资料来源:谢家驹.卓越的管理典范马狮百货集团经营剖析[M].北京:生活·读书·新知三联书店,1988. Marks & Spencer官网.)

本章知识结构图

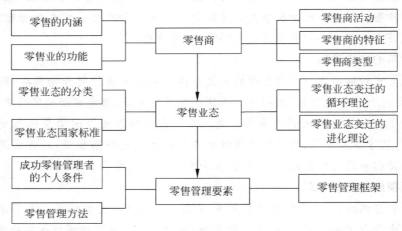

零售业既是一个国家和地区经济社会发展的晴雨表,也是一个国家和地区主要的就业领域,还与人们的日常生活如影随形。据中华全国商业信息中心发布的《2013年中国零售百强排行榜》显示,2013年中国零售百强企业实现销售额27 718.2亿元,同比增长19.8%;零售百强企业中,过千亿的超大型零售企业达到6家,过百亿的大型零售企业达到64家。可见,这些大型零售企业的管理是比较复杂的,也是十分重要的。同时,零售业的商业竞争十分激烈,建筑费用、租赁费用、人工成本迅速上升。所有这些表明,零售经营管理十分不易。了解和掌握零售管理活动的内在联系及其变化规律,对于零售业从业者及经济管理类专业大学生来说,至为重要。

第一节 零 售 商

一、零售、零售业的内涵与功能

(一) 零售

"零售"一词源自法语动词"retailler",意思是"切碎(cut up)",是指大批量买进并小批量卖出的活动。本书用的"零售"这个术语,是指向最终消费者销售供其个人、家庭或社会集团使用的物品与服务的所有活动和步骤。因此,任何一个向顾客销售物品或者提供服务的企业,都在履行着零售职能,无论这个企业销售产品的方式是通过商店还是通过邮寄、电话、互联网、自动售货机,或者上门服务。

这一定义包括以下几点:

- 零售是将商品及相关服务提供给消费者作为最终消费之用的活动。
- 零售活动不仅向最终消费者出售商品,同时也提供相关服务。
- 零售活动不一定非在零售店铺中进行,也可以利用一些使顾客便利的设施及方式进行。
- 零售的顾客不限于个别的消费者,也包括集团消费者,非生产性购买的社会集团也可能是零售顾客。
- 零售是商品流通的最终环节。商品经过零售,卖给最后消费者,就从流通领域进入消费领域。

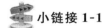 小链接 1-1　　　　　　　　什么是零售

零售是将产品和劳务出售给消费者,供其个人或家庭使用,从而增加产品和服务价值的一种商业活动。人们通常认为零售只是在商店中出售产品,其实零售也出售服务,比如汽车旅馆提供的住宿、医生为病人进行的诊治、理发、租赁录像带或是将比萨饼送货上门。

——美国迈克尔·利维,巴顿·A.韦茨.零售学精要

零售包括在将商品或服务直接销售给最终消费者,供其个人非商业性使用这一过程中所涉及的一切活动。任何组织向最后顾客的销售活动都是零售活动。至于这些商品或服务是如何出售的,或是在什么地方出售,则无关紧要。

——美国菲利普·科特勒.营销管理第 11 版

(二) 零售业的内涵

零售业是指向最终消费者(包括个人、家庭和社会集团)提供所需商品及其附带服务为主的行业。由多业种、多业态、多种经济形式构成,担负着促进生产、繁荣市场、引导和满足消费者多方面生活需要的重任。要理解零售业的内涵,必须把握如下几点:

零售业是流通产业的基础,是城市的基础产业。零售业处于商品流通的第一线,体现了流通产业的基本职能,是流通产业的基础。城以市兴,市以城在,零售业构成城市基本的经济功能,直接关系城市的生存和发展。世界上存在没有工业或农业的城市,如政治中心、宗教圣地、旅游城市,但不存在没有零售业的城市。零售业是城市的基础,是世界共有

的经济现象。

零售业是一个国家最重要的行业之一。零售业是国民最终消费支出实现的最终环节,是生产领域价值实现的重要环节,是国家财政收入的重要来源。

零售业是反映一个国家和地区经济运行状况的晴雨表。以中国为例,2008年职工年平均工资29 229元,较1950年增长了400多倍;城镇居民年人均可支配收入15 781元,较1978年增长了45倍;农村居民年人均纯收入4 760.6元,相比1978年增长了34.6倍。与此相应,直接反映零售规模的社会消费品零售总额2008年突破10万亿元,达到108 487.7亿元;1950年至1978年增长了8.6倍;1978年至2008年增长了68.6倍;新中国成立60年间共增长了667倍。而经过近30年的发展,中国商业建立了相当于发达国家商业100多年发展所形成的各种零售业态。

零售业是一个国家和地区的主要就业渠道。2007年年底中国商业服务业职工总数达到6 700万人,增长速度大大超出同时期全国总人口增长速度和就业人员增长幅度。美国总劳动人口的1/6就业于零售业。

现代零售业是高投资与高科技相结合的产业。现代零售业为了更好地服务顾客、提高经营效率、赚取更多利润,在高科技的应用或开发上往往投资巨大。如沃尔玛曾投资7亿美元租用卫星传递信息,建成了美国最大的民用数据库。许多现代零售企业引入条形码技术、扫描技术、无线射频技术及更先进的信息和沟通技术去经营。数据库管理、互联网络经营、在线服务应用越来越广泛。

(三)零售业的功能

零售业在国民经济中主要承担如下功能:商品分类、组合、备货功能;为生产者、消费者提供服务的功能;减少消费者成本负担的功能;商品储存与风险负担的功能;信息传递功能;金融功能和娱乐休闲功能。

二、零售商活动与特征

(一)零售商或零售企业

零售商或零售企业是任何向个人、家庭或社会集团出售商品并提供售后服务的机构。零售商是连接生产者和消费者分销渠道中的最终业务环节。通过货物(以小批量)与服务(给予适当的支持)的组合满足特定顾客的需求与欲望。

(二)零售活动组合

零售活动组合是指零售商用以满足顾客需要并影响其购买决策的各种活动的组合,包括零售选址、商品分类、商品采购、商品定价、广告和促销、店面设计和布局、顾客服务、商品销售等要素。零售商最基本的特征表现在零售商所从事的各种零售活动中。不同类型的零售商有其零售活动的特有方式。特别有利于区分零售商的零售活动组合的四大要素是:所经销的商品类型、所经销商品的品种和种类、为顾客所提供服务的水平和商品的价格。

(三)零售商的特征

零售商显著区别于制造商的特点有三个:平均每笔交易量小;最终消费者经常进行

无计划的或冲动性购买;多数顾客更喜欢亲临商店购物(如图1-1所示)。

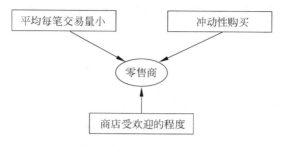

图1-1　零售商的特征

三、零售商分类

零售商分类标准众多,最常用的有以下四类:

(一) 按所有权分类

独立商店:个人所有和管理的小规模零售组织。一般只拥有一家零售单位。

连锁商店:经营着多家分店(商店单位),它们同属于一个所有者,通常还实行一定程度的集中(或协调式)采购和决策。

特许经营商店:特许权授予人(制造商、批发商或服务提供商)与零售受许人签订合作协议,允许受许人使用某个已注册的名称和某种特定的经营模式开展经营活动。通常受许人必须缴纳特许费。

租赁商品部:零售店中被租赁给其他外部企业的部门。租赁该商品部的所有者需对业务经营的各个方面负责,并按销售额的一定百分比向商店支付租金。

消费者合作社:由消费者所有的零售企业,由消费者投资,选择管理层和管理运营,并分享获取的利润或节省的成本。

(二) 按有无店铺分类

有店铺零售商:有固定的进行商品陈列和销售需要的场所和空间,并且消费者的购买行为主要在这一场所内完成的企业。例如,便利店、超级市场、仓储店、专业店、杂货店、工厂直销店、百货商店等。

无店铺零售商:借助其他形式而非固定实体商店独立从事商品的零售业务,并对经营的商品拥有所有权的企业。例如,自动售货机、网店、智能信息亭等。

(三) 按规模分类

根据中华人民共和国国家统计局关于《印发统计上大中小微型企业划分办法的通知》(国统字〔2011〕75号),从业人员300人及以上、年营业收入2亿元及以上的为大型零售企业;从业人员50人及以上300人以下、年营业收入500万元及以上2亿元以下的为中型零售企业;从业人员10人及以上50人以下、年营业收入100万元及以上500万元以下的为小型零售企业;从业人员10人以下或年营业收入100万元以下的为微型零售企业。

(四) 按经营客体分类

商品零售商:以经营有形(实体)商品为主的零售商。

服务零售商：以经营无形服务为主的零售商。

在服务零售商和商品零售商之间主要有四个方面的不同,他们具有无形性、紧密性、易坏性和异质性。

1. 无形性

从本质上说,服务本身是一种非实体的现象,是无形的,是为顾客解决实际问题的直接途径,直达顾客的"终极目标"。而实物商品是有形的,是顾客达到某种目标的工具和方式。对于顾客来说,很难评价一项服务的好坏、价格的高低。例如,顾客很难判断轿车上无线电调音的准确性。零售商也很难评估服务质量,因为服务不像实物商品那样容易检查。例如,医院就很难评估医生和其他工作人员的工作质量。许多文献指出,人们应该通过采用各种具体、形象的规章制度,比如记分卡等形式,使得服务对于顾客而言变得具有有形性。当然,也可以通过开发能代表公司的有形标志物,处理服务商品的无形性问题。

2. 紧密性

服务产品的供应商是同时生产和提供服务商品的。服务商品的生产和消费是紧密结合、不可分割的。例如,顾客接受理发师的设计和服务后服务也即告结束。服务商品的这一独有特性决定了服务零售商在第一次提供服务时就做到"服务到位"是至关重要的。通过雇佣合适的人选,正确恰当地培训和激发他们的工作积极性,服务零售商就可能避免种种服务失败。当然,并不能避免所有的服务失败。在发生服务失败时,服务零售商必须坚持一点:顾客的满意度最终将战胜一切。

紧密性还表现在服务的生产与服务零售商的企业文化和战略的关系比实物商品零售商更为密切。密切关注客户的需求并把客户当作自己组织中设计服务项目团队中的一员,需要有浓厚的服务于顾客的企业文化为背景,这种企业文化的特征受这样一种理念驱动:把为客户提供高品质的服务作为核心内容。

3. 易坏性

服务生产与消费的紧密性往往要有企业内部的一线员工参与,这就意味着服务不可能和其他实物商品一样列入库房的清单之列,更不能进行质量保证的定期检查。因为服务产生的时间和地点具有独立性,所以服务本身常常是容易过期作废的。例如,如果飞机的座位或者酒店的房间没有售出,那就不可能放进仓库里储存起来。与此相关的问题是顾客经常需要特定的人来提供这些服务。服务零售商不得不储备一些服务商品的供应商,以便顾客在需要服务时不必等候。那些依赖于其他设备来运送他们服务商品的零售商,比如保龄球馆和航空公司,必须在需求高峰时保持过量的供给能力。

4. 异质性

由于接受服务和提供服务的人的变化性,因而服务零售具有异质性。一方面,服务的接受者是人,因此即使是相同的服务,不同的人将以不同的方式体验他们。例如,两位顾客相继接受自动取款服务,两个人对屏幕显示的指示在理解上会存在差异。另一方面,服务的提供者是人,同样可能不会一直传送同样的表现行为。因为在不同场合下的社会关系是不同的,当然还有其他原因。例如,有些美发师就比另一些更好。服务的异质性产生了服务营销管理中的一个主要问题:如何保持稳定的服务品质。雇佣最好的人员、制定标准化的服务程序、良好地训练服务商品供应商,都是服务零售商用来减少异质性服务的重要方法。

第二节　零售业态

一、零售业态的基本概念

（一）零售业态

一般认为，"业态"一词来源于日本，大约出现在 20 世纪 60 年代，20 世纪 80 年代引入中国。零售业态是指零售企业为满足不同的消费需求而形成的不同的经营形态，其实质是指零售企业为了实现销售目的所采取的组织形式和经营方式。它是零售企业市场定位的核心问题和先决条件。零售业态的分类主要依据零售业的选址、规模、目标顾客、商品结构、店堂设施、经营方式、服务功能等确定。

零售业态产生的基础主要有四：一是生产力发展与制度创新。在不同的历史时期，生产力实现了飞跃发展，商业制度出现了创新，引发了超市连锁、快餐连锁、百货连锁等新的业态出现。二是消费需求发展与消费力的提升。任何一种业态都是经济发展的产物，尤其是消费需求扩大与消费力提升的产物。没有一定的消费需求和消费能力，一站式消费就无法实现，仓储商店、购物中心的产生就没有基础。三是适宜的本土市场环境。任何一种业态的产生都有一个本土化的过程。百货商店之所以产生于法国，超级市场之所以源于美国，仓储商店之所以出现在荷兰，7-11 便利店之所以在日本获得迅速发展，皆因其存在特定的市场环境。各国各地经济发展水平不同，社会风俗、消费习惯、价值观念不同，从而导致业态发展不平衡，形成各具特色的零售市场业态结构。四是效益。任何一种经济行为最终都是为了资本增值，这是社会发展的基础。同样，衡量一种零售业态是否成功，基本标准是能否以低于社会平均价格销售，同时又能获得合理的利润，即效益。没有效益，企业将失去继续发展的条件。

（二）零售业种

要准确理解零售业态的概念，必须了解另一个概念——零售业种。零售业态是零售业种发展演变而来的。零售业种是按所经营的商品类型划分或组建的零售商店。例如，布店、粮店、肉店、鞋店、杂货店等。业态与业种在如下几方面不同：一是目的不同。业种商店的主要目的是推销自己所经营的商品；而业态商店的主要目的是满足目标顾客的需要。二是核心不同。业种商店的经营是以商品为核心；而业态商店的经营是以顾客为核心，体现了营销观念由销售导向向消费导向的转变。三是经营重点不同。业种商店强调的是卖什么；而业态商店强调的是怎么卖。

（三）零售业态的构成要素

零售业态的内在构成要素包括目标顾客、商品结构、服务方式、店铺环境、价格策略等因素。目标顾客是指零售店铺所选择的服务对象；商品结构是指零售店铺为满足目标顾客需求所确定的经营各类商品的比例；服务方式是指零售店铺采取的售货方式和提供的服务内容；店铺环境是指店铺的内部装饰与商品展示所营造的购物氛围；价格策略是指零售店铺所采用的价格高低策略。缺少其中任一要素，就无法确定它的零售业态类型。

零售业态的实质就是这些要素的组合,组合不同,业态不同。

二、零售业态的分类

根据中国零售业态分类国家标准 GB/T18106-2010,零售业态从总体上可以分为有店铺零售业态和无店铺零售业态。有店铺零售业态有 10 种,无店铺零售业有 6 种。有店铺零售是指有固定的进行商品陈列和销售所需要的场所与空间,并且消费者的购买行为主要在这一个场所内完成的零售业态。包括食杂店、便利店、折扣店、超市、仓储会员店、百货店、专业店、专卖店、购物中心、厂家直销中心。无店铺零售,是指不通过店铺销售,由厂家或商家直接将商品递送给消费者的零售业态。包括电视购物、邮购、网上商店、自动售货亭、直销电话购物。在此介绍 10 种主要业态。

(一)百货商店(department store)

百货商店是一种经营品种广泛(商品组合既宽又深)的商品和提供多种服务的大型商店,通常按购买目的、促销、顾客服务和控制等设立多个独立的商品部。它是最古老的大型商店形式,号称世界第一家百货商店的是 1852 年在巴黎开业的 Bon Marché 百货店和 1848 年在纽约开业的 Marble Dry Good Palace 百货店。而具有百货店的一些交易特征、本身不是百货店的商店,最早可以追溯到 1673 年的日本三越百货。

世界主要城市的百货店不仅是零售企业,也是旅游景点和娱乐场所。如伦敦的 Harrods、巴黎的 Printemps、纽约的 Macys。

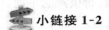

小链接 1-2　　　　　各国对百货店的定义

美国:百货店是提供各种服装和纺织品、家纺用品和布匹类产品、家具和装饰品及器皿等商品的商店,至少要有 25 个雇员。

德国:百货店是供应大量产品的零售商店,主要产品是服装、纺织品、家庭用品、食品和娱乐品;销售方式有人员导购和自我服务;销售面积超过 3 000m²。

法国:拥有较大的营业面积,自由进入,在一个建筑物中提供几乎所有的消费品;一般实行柜台开架售货,提供附加服务,每一个商品部都可以成为一个专业商店;销售面积至少为 2 500m²,至少有 10 个商品部。

英国:百货店应设多个商品部,经营范围至少覆盖 5 大类产品,至少雇佣 25 人。

荷兰:百货店销售面积至少为 2 500m²,至少应有 175 名员工,营业额超过 1 000 万法郎,至少要有 5 个商品部。

(资料来源:黄国雄.王强.现代零售学[M].北京:中国人民大学出版社,2008.)

(二)超级市场(supermarket)

超级市场是开架售货,集中收款,满足社区消费者日常生活需要的零售业态。根据商品结构的不同,可以分为食品超市和综合超市,又称标准超市。1930 年产生于美国纽约,经过初期的迅速发展,到 20 世纪 60 年代在发达国家进入成熟期。进入 20 世纪 80 年代,开始发生一些重要的变化:超级市场向大型化发展;商品和服务向多样化与综合化发展;在经营业态上转向更多的细分化。

（三）便利商店（convenience store）

便利商店是以满足顾客便利性需求为主要目的的零售业态。商店相对较小，位于住宅区附近，营业时间长，每天开门，并且经营周转快的方便商品，售价稍高。最先倡导便利店概念的某些基本元素的是一些独立商店，这些基本元素包括较长的营业时间、商品种类根据商品的购买频率以及满足顾客补缺型购物需求进行筛选。现在的便利店大都是在自愿连锁、合作社、特许经营以及大型连锁店的推动之下获得广泛发展的。世界上最著名的便利店是 7-11 便利店。便利店在不同国家的地位不一样。日本的便利店在食品市场的份额占到 70%；在意大利占到近 40%。在英国，由没有结盟的独立商店经营的便利店占便利店总数量的一半，但是其销售额只占便利店销售总额的 36%。在西方国家，便利店早已成为使用电子商务购物的消费者的提货点，或成为"就餐问题解决中心"。

（四）专业商店（speciality store）

专业商店是以专门经营某一大类商品或服务为主的零售业态。例如，办公用品专业店（office supply）、玩具专业店（toy stores）、家电专业店（home appliance）、药品专业店（drug store）、服饰店（apparel shop）等。专业商店不仅限于销售产品，许多专业商店向顾客提供服务产品。例如，快餐店、咖啡馆、饭店、银行、建筑协会、维修中心、干洗店、理发店、修指甲店和美容店等。美国通常把位于城郊或城市边缘的、价格相对较低的特大型专业商店称为品类杀手（category killer）。品类杀手的产品系列被限定在较窄的商品领域，但商店规模很大，在这一类产品中有非常丰富的选择。玩具反斗城、宜家、百安居就是这类商店的例子。

（五）专卖商店（exclusive shop）

专卖商店是以专门经营或被授权经营某一主要商品为主的零售业态。专卖店一般选址在市、区级商业中心，专业街以及百货店、购物中心内，目标顾客以中高档消费者和追求时尚的年轻人为主。例如，盖普服饰连锁专卖店、海尔空调专卖店。

（六）购物中心（shopping center/shopping mall）

购物中心是多种零售店铺、服务设施集中在由企业有计划地开发、管理、运营的一个建筑物内或一个区域内，向消费者提供综合性服务的商业集合体。购物中心分为三种：一是社区购物中心（community shopping center），指在城市的区域商业中心建立的，面积在 5 万 m^2 以内的购物中心。二是市区购物中心（regional shopping center），是在城市的商业中心建立的，面积在 10 万 m^2 以内的购物中心。三是城郊购物中心（super-regional shopping center），指在城市的郊区建立的，面积在 10 万 m^2 以上的购物中心。购物中心的雏形产生于 1910 年美国的巴尔的摩，第一个标准的购物中心产生于 1930 年美国德克萨斯州的达拉斯。购物中心不同于一般的业态，它是多业态的集合体。其特点主要是大（规模大、共享空间大、停车场大）、专（以专业店为主，即使是百货店也采取大而专、专而全的经营方针）、全（功能全）。对大多数购物中心来说，正确的店铺组合是保证其吸引力的主要因素。

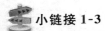 小链接 1-3　　　　　　　美国的购物中心

美国现有 47 000 多个购物中心，每年为政府带来近 840 亿美元的销售税。美国最大的购物中心 Mall of America 位于明尼苏达的伯明顿，39 万 m^2，占地 78 英亩，12 750 个停车位，主力店由 4 间本地的百货公司组成，分置于商场内 4 个主要零售位置的 4 个角落。还有 520 多家专卖店、80 多家餐饮店分布于 3 个楼层。每周有 60～90 万人次光顾。附近有 7 000 间房的酒店，占地 7 公顷的史努比主题公园，一个 120 万吨的水族馆，一个两层高、18 洞的小型高尔夫球场。

（资料来源：关晋勇.美国：购物中心组合优化专业管理[N].经济日报，2006-02-21.）

（七）仓储商店（warehouse club）

仓储商店是以会员制为基础，实行储销一体、批零兼营，以提供有限服务和低价格商品为主要特征的零售业态。1968 年首家现代化的仓储商店在荷兰创建，名字叫"万客隆"。大多建在城郊接合部，营业面积在 20 000 m^2 左右，附设大型停车场。商场内装修简单，采用开架式货架陈列商品，商品主要以日用消费品为主，所售商品直接来自厂家或国外进口，质优价廉。20 世纪 70 年代初美国出现与之类似的"价格俱乐部"、"平价商场"。20 世纪 80 年代末中国台湾、1993 年中国香港和广州分别引进这一模式。1996 年一些国际上享有盛名的跨国零售公司，如美国沃尔玛、德国麦德龙、荷兰万客隆等，均以仓储式商店抢滩中国市场。仓储商店的最大经营特点是实行会员制，目标市场是诸如餐馆、小食店、小型零售店、生产企业、学校、政府机关等机构用户，而不是普通消费者个人。

（八）电视购物（television shopping）

电视购物是以电视作为向消费者进行商品推介展示的渠道，并取得订单的业态。采用 Ceefax 等信息提供网络购物是最早的电视购物形式。最近的电视购物运用屏幕图像的三维视觉展示技术增加平面零售广告的动感，有专门的购物频道。电视购物节目的一个难题是需要为消费者提供机会，使他们能够跳过不想买的产品。因此基于屏幕的互动式零售最有可能成为向潜在顾客提供一切必须模拟"通常购物体验"的产品的零售形式。数字电视和宽带互联网服务将大大促进互动式电视购物的发展。

（九）网上商店（shop on network）

网上商店是通过互联网进行买卖活动的零售业态。网上商店使基于家庭的信息技术成为西方零售企业战略的主要核心。网上购物主要集中于更富有、更年轻的家庭。那些真正使用互联网购物的人，主要是为了方便和节省时间。

（十）电话购物（tele-shopping）

电话购物是主要通过电话完成销售或购买活动的一种零售业态。根据不同的产品特点，目标顾客不同；商品单一，以某类品种为主；送货到指定地点或自提。其不足是被许多人视为骚扰电话，不能对产品做任何展示。

小链接 1-4　零售业态分类国家标准 GB/T 18106—2010 的要点

受国家标准委员会和商务部委托，中国连锁经营协会对零售业态分类标准

GB/T 18106—2004进行了修改，经国家标准化管理委员会批准，以 GB/T 18106—2010实施。GB/T 18106 与 GB/T18106—2004 的主要差异：在有店铺零售中，对超市业态重新进行划分，分为便利超市、社区超市、综合超市和大型超市；将百货店划分为高档百货店、时尚百货店、大众百货店；将"家居建材商店"并入专业店中；将专业店划分为"专业市场"和"专业超市"两种业态；在无店铺零售中增加直销业态。修改稿按照零售业态分类原则分为食杂店、便利店、折扣店、超市、仓储会员店、百货店、专业店、专卖店、购物中心、厂家直销中心、电视购物、邮购、网上商店、自动售货亭、直销、电话购物等 16 种零售业态。

（资料来源：《零售业态分类》GB/T 18106—2010，《零售业态分类》GB/T 18106—2004.）

三、零售业态变迁理论

（一）车轮理论

零售业态发展的车轮理论由哈佛商学院的零售学权威麦克内尔（McNair M. P.）教授 1958 年提出，后来由霍兰德（Hollander）做了进一步的分析。这一理论认为：创新型零售商在开始进入市场时总是以低价格、低毛利和低定位为特点和优势，从而在与业内原有零售商的竞争中取得优势。而随着这一业态的进一步发展，它们会不断购进新的昂贵设备，不断增加新的服务，从而不断提高其经营成本，逐步转化为高成本、高价格和高毛利的传统零售商，并最终发展为衰退型的零售商，同时又为新的零售业态留下了生存和发展的空间，而新的业态也以同样的模式发展。最常见的例子就是百货商店的发展。百货公司刚出现时，由于它的低价格和高度便利性而备受消费者欢迎，从而在与小型零售商的竞争中占得先机，成为几十年来占统治地位的业态。而时至今日，百货商店却在与超级市场、折扣商店的较量中处于下风。

（二）手风琴理论

主要思想是由布兰德（Brand E.）1963 年提出的，1966 年赫兰德（Hol-lander S. C.）则将其命名为零售手风琴假说。零售手风琴假说主要是从商品组合宽度的扩大与缩小的角度来解释新业态的产生。这一理论认为，在零售业态的发展过程中，存在着商品种类由综合化到专业化，再到综合化的循环往复的过程。也就是说，商品系列从注重深度，再到注重宽度的循环往复过程。按照这一理论，可以将美国的零售业发展分为五个阶段：杂货店时期——综合化；专业店时期——专业化；百货店时期——综合化；便利店时期——专业化；商业街、购物中心时期——综合化。

（三）生命周期理论

1976 年由达卫德森（Davidson W. R.）、伯茨（Bates A. D.）和巴斯（Bass S. J.）三人共同提出的。该假说应用产品生命周期理论来解释业态从产生到衰退的发展过程。这一理论认为，零售业态具有像人一样的生命现象，即存在一个从产生到消亡的过程，而在每一不同阶段，零售业态表现出不同的特征。生命周期理论将零售业态的发展分为四个阶段：

创新阶段：在此阶段，出现新型的零售业态，由于新型的零售业态有许多特点都与传统的零售业态不同,因此,新型业态具有差别优势。企业的投资回报率、销售增长率和市场占有率都迅速提高。

加速发展阶段:由于新型的零售商在竞争中获得优势,因此有大批模仿者开始效法,而最早进入市场的新型零售商也开始进行地区扩张。市场竞争异常激烈,市场占有率和收益率达到最高水平。

成熟阶段:此阶段,更新型的零售业态进入市场,原有业态失去朝气和生命力,市场占有率和收益率降低。成熟期可能持续很长时间,处于此阶段的业态可以进行创新以维持中等赢利水平,以避免被市场淘汰。

衰退阶段:市场范围明显萎缩,反应迟钝,最终退出市场。

(四)辩证过程论

美国的吉斯特(Gist R. R.)于1968年首先提出,得到马罗尼克和沃克的支持。该理论主要来自于黑格尔的辩证法思想,与中国古代哲学家老子的思想也有异曲同工之处。该理论认为,任何观念,就其本性而言,均会导致对其本身的否定,起初提出观念,称之为"正",对它的否定称之为"反",其结果称之为"合",又称之为"正",从而又开始新的辩证过程。例如,百货商店是高价格、高毛利、低周转率的零售业态,而其对立面——折扣商店,则以低价格、低毛利、高周转率为特点。而随着零售业的发展,这两种相反特点的融合形成新的零售业态:折扣百货商店,如凯玛特和沃尔玛等。

(五)自然选择论

2001年由Levy和Weitz提出。此理论以达尔文的"适者生存"为基础,认为零售业态的发展必须与社会环境的变化相适应,只有那些能够适应消费者需求与社会、文化和法律环境变化的零售商才能生存下来。例如,第二次世界大战以后,在美国发生了城市人口向郊区转移的情况,原来的百货商店由于都开设在市中心而发生经营困难。为应付这一变化,百货商店进行革新,在店内开设专门店,并在郊区的购物中心开设分支机构。又如,近年来,由于妇女参加工作的人数增加,一些零售商为迎合这一变化而开设了以职业女性为目标市场的女性用品专门店等。

(六)真空地带理论

1966年由丹麦学者尼尔森(Nielsen O.)提出,即根据消费者对零售商的服务、价格水平存在着偏好空隙来解释新零售业态的产生。这种理论认为,零售商业形态取决于消费者的偏好,而消费者的偏好主要表现为对零售商提供的价格或服务的偏好。在现实生活中,既有偏好低价格的消费者,也有偏好高服务的消费者,这样有些零售商为了满足偏好低价格消费者的需要,就尽量向低价格的零售商业形态靠拢;相反,有些零售商为了满足偏好高服务消费者的需要就尽量向高服务的零售商业形态靠拢。于是就出现了未被满足的"真空地带",一些创新者就会以这个"真空地带"为经营目标从事零售经营,从而意味着一种新的零售商业形态的出现。

第三节　零售管理要素

一、零售管理者

在一定意义上,零售管理者须是商业全才。在从事零售管理工作过程中,需要处理以下问题:提供什么样的产品或者服务;针对什么样的顾客群体;商店在何处选址;如何培训和激励员工;采取什么样的价格政策;如何设计店面布局;采取什么样的促销手段;提供哪些服务;如何利用互联网来完成任务。

一个零售管理者取得成功,需要具备以下个人条件:

(1) 分析能力。一个零售管理者必须能够通过对事实和数据的定量分析来解决问题,运筹帷幄。

(2) 创造能力。能够创造并识别新思想和新方法的能力被称为创造力。零售商的成功取决于敏感的、有洞察力的决策,而这些决策又需要富有想象力和创新力。

(3) 决定能力。能够对有关情况迅速作出判断、作出决定,采取行动,并直至完成的能力。零售业外部环境变化迅速,即使无法获得完全信息,一个零售管理者也必须能够迅速、自信、正确地作出决策。

(4) 应变能力。能够对瞬息万变的市场环境及时作出调整的能力。零售管理中意外的变化不可避免,零售企业的销售计划、产品、价格一定适应外界的变化,迅速予以相应的改变。

(5) 主动精神。亲自掌握第一手资料,马上开始某项行动的能力。

(6) 领导能力。能够激励其他人相信并且尊重自己的判断,以及能够委派、指导、指挥其他人工作的能力。任何大型零售企业,单凭个人力量难以成事,必须依靠所属人员的共同努力。

(7) 组织能力。能够安排工作中的优先事项和计划并一直跟进直到任务完成的能力。零售管理者每天都要同时处理许多复杂的问题,必须能够分清主次、合理安排时间。

(8) 承担风险的能力。零售管理者应当愿意承担经过全面分析和明智判断之后仍然存在的风险,也应当愿意对结果承担责任。

(9) 承受重压的能力。零售业是一种快节奏、对人有很高要求的职业。零售管理者必须能够顶住经营管理中遇到的压力,坚韧不拔,勇往直前。

(10) 对工作的狂热。即对工作有强烈的热情。

二、零售管理方法

零售管理者普遍采用以下三种工作方法:

(一) 分析方法

零售管理者一定要重视调查研究,对有关情况系统地进行综合分析,作出正确的决断。为了达到这个目的,零售管理者还需运用一些适用于零售现象的模型和理论,对整个零售企业进行全盘考虑,有了这种系统分析,就可以形成一整套行之有效的规章制度和经营方针。

（二）创新方法

富有创造力的零售管理者很会出主意、想办法。这些管理者一般思路比较开阔，富于想象力，善于利用洞察力、直觉和广博的知识，发现新奇的方法解决零售难题。大多数情况下，单凭创造性可以经营管理好零售企业。但从长期来看，只有创造性是远远不够的。

（三）双管齐下

从长期来看，那些同时实施分析性和创新性管理的零售商们将总是能够获得更可观的利润。例如，星巴克管理者的创新能力表现在商标名称和标识的开发上；而分析技巧则体现在标准化店面布局、设施、器具和员工培训的安排上。正是创新能力和分析技巧的结合，星巴克才有了如今蓬勃的发展。

三、零售管理框架

研究零售管理一般有三种视角：原理视角，即描述零售商的各种类型及其发展；功能视角，即着重研究零售商从事的活动（如采购、定价和人员培训）；战略视角，即以定义零售企业、设定目标、迎合恰当的顾客市场、开发总体规划、实施综合战略和定期检查经营状况等内容为主。

零售商为实现长期繁荣，需要制定战略规划，并具有不断改进的意愿。因而本书侧重从战略视角阐述零售管理框架。即制定零售战略，通过人、财、物管理实施战略。具体包括：零售战略规划；零售组织与人力资源管理；零售企业财务管理；零售企业营销管理（零售选址、零售购物环境管理、商品采购管理、零售定价管理、零售沟通管理、零售服务管理、零售连锁经营管理）。

本章小结

零售，是指向最终消费者销售供其个人、家庭或社会集团使用的物品与服务的所有活动和步骤。零售商或零售企业是任何向个人、家庭或社会集团出售商品并提供售后服务的机构。零售商是连接生产者和消费者的分销渠道中的最终业务环节。通过货物（以小批量）与服务（给予适当的支持）的组合满足特定顾客的需求与欲望。零售业是流通业的基础产业、国民经济的重要行业，是一个国家和地区经济社会发展的晴雨表。

零售业态在不同的国家有不同的分类标准，其共同的类型主要有10种：百货店、专业店、专卖店、购物中心、便利店、超市、仓储会员店、电视购物、网上商店、电话购物。一些学者总结了一些理论加以说明，其中经常被人提及的理论主要有：零售车轮理论、手风琴理论、生命周期理论、辩证过程理论、自然选择理论、真空地带理论。虽然所有这些理论都受到了批评，但他们却从历史中汲取了重要的教训，强调了对积极的、长期营销计划的需求。想在零售市场成功的任何人都要理解这种演进，这是关键。

零售业中没有任何两天是完全相同的，一个零售管理者要获得成功，需要具备分析能力、创造能力、决定能力、应变能力、主动精神、领导能力、组织能力、承担风险的能力、承受重压的能力、对工作的狂热这十个方面的个人条件,必须能够同时运用分析性和创新性的经营管理方法。

思考题

1. 试比较商品零售商和服务零售商。
2. 你最喜欢哪家餐饮企业?说说你的选择标准。竞争企业如何才能把你从最喜欢的企业那里吸引过去?
3. 解释零售车轮理论。该理论在今天仍适用吗?为什么?
4. 超市为什么宁愿将营业空间租给外人经营而不自己经营?此方式有何风险?
5. 本书给出了零售管理者成功的10个条件,你认为哪一个(哪一些)是最重要的?为什么?

案例分析

湖南养天和凭什么迅速发展成为中国著名药品零售企业

湖南养天和大药房企业集团有限公司是一家从事医药零售连锁经营为主体,兼营药品保健品批发和健康产业开发推广等业务于一体的大型民营企业集团。2002年8月注册成立时才7家门店几十名员工,10年时间迅速发展成为拥有9家子公司以及800余家门店,4 000余名员工,年销售额超过11亿元,上缴利税过千万,市场遍布湖南、海南、北京、广州、甘肃、日本,综合实力和品牌价值在中国药品零售企业中名列前茅的知名企业。2013年12月,"养天和"商标被国家工商行政管理总局认定为"中国驰名商标"。

企业发展,理念先行

养天和成立伊始,便重视企业文化建设,用先进而具有行业特色的理念指导企业生产经营活动。2002—2008年,养天和坚持"扎根社区,便利百姓"的发展之路,高举"养天和始终为您省钱"的品牌大旗。2009—2011年,提出"健康生活,颐养天和",倡导健康生活理念。2012年,推出"药品安全最重要,养天和用药更安全",强调安全用药理念。2013年1月,李能总裁提出"强化企业执行力,推动创新思维,打造'善心文化',构建和谐家园"的企业文化理念。2013年8月,李能总裁提出全面建设以"孝、德、福"为核心的养天和家文化,开始在公司推广传统文化的学习和教育,倡导存孝守礼,谦德唯善,身体力行,共同幸福。

企业发展,差异化定位

养天和成立之时,本土药品零售企业既有全国药品零售巨头老百姓大药房,也有百年老字号九芝堂药店,还有规模不一的众多其他药店。养天和在分析竞争格局、竞争对手情况后,把业态定位为社区药店,把特色定位为低价取胜。

企业发展,规范管理

养天和的网络拓展以加盟连锁为主。为了加强连锁总部对加盟店的控制力,养天和形成了一整套完善的加盟管理模式——"六统一"管理,即统一品牌标识、统一运营管理、统一人事培训、统一财务结算、统一采购配送、统一商品价格。同时独创了加盟商片区长管理机制,片区长由加盟商一年一次民主选举,片区长对所在片区的加盟商进行业务指导和合规检查,总部定期召开片区长会议,听取情况反映,指导片区长工作。此外,还成立了门店管理评审委员会、商品物价评议委员会、福利基金管理委员会等民主管理机构,对加盟商培训、考核、提供全方位后勤服务支持和协调指导。

企业发展,品牌引领

养天和为打造自营品种的品牌,每年拿出1 000多万元,在当地电视台、报纸投放广告。如此举动,业内鲜见,"自营品种品牌化"的思路,为门店提振销量提供了强大助力。

从2010年开始,养天和积极建设自有品牌,引进国外高端保健养生产品,合作对象除了国内生产厂家之外,还包括日、韩等地企业,并成立日本太和堂株式会社,着力开发和研究医药外用品、化妆品等品类。非药品开发是养天和的重要战略举措。养天和围绕时尚、低碳、环保和"新、奇、特"的市场定位,按照护理用洗剂、居家生活品、厨卫消毒用品、卫生清洁用品、食品五大系列,陆续开发和引进了1 000多个品种,使得门店非药品线条清晰;自有品牌方面,则开发了纽西莱特螺旋藻、维生素E、复方氨基酸片等40多个自有品牌产品;太和堂株式会社是养天和药妆与日化品的主要来源,产品涵盖了洗涤、厨房、清洁、护肤、美妆、食品等系列。

企业发展,创新与执行平衡

集团总裁李能曾对媒体记者形容,在竞争激烈的湖南零售市场里,养天和就像鲶鱼效应中的沙丁鱼,每天都充满危机感。正因为这种危机感,从养天和起步开始,李能就一直对下属强调创新力与执行力。在他看来,养天和的成绩完全可以用"创新"与"执行"两个词来概括,"一直与竞争对手追跑,所以不断寻求经营创新,并强化企业团队的执行力"。如果说加盟店是对养天和执行力最好的体现,那么,对健康生活馆模式的全面改造以及大胆在日本设立太和堂株式会社引进日本健康品类,则是养天和在创新方面最贴切的写照。

(资料来源:本书主编对养天和集团副总裁朱希先生访谈记录的整理.)

【案例思考】

1. 从经营管理角度分析,养天和大药房的成功经验是什么?
2. 养天和大药房的成功给零售药店连锁经营者带来了哪些启示?

一、实训目的

1. 明晰零售管理的概念与框架。
2. 通过实地调查,了解零售管理者具备的技能。
3. 锻炼调查收集资料、分析问题、团队协作、个人表达等能力。

二、实训内容

以小组为单位,拜访一位零售管理者,观察他同时具有哪些技能。

三、实训组织

1. 指导教师布置实训项目,提示相关注意事项及要点。

2. 将班级成员分成若干小组,成员可以自由组合,也可以按学号顺序组合。小组人数划分视修课总人数而定。每组选出组长 1 名,发言代表 1 名。

3. 以小组为单位,选定访谈的零售管理者,拟定调查提纲,深度访谈收集资料。写成书面调查报告,制作课堂演示 PPT。

4. 各小组发言代表在班级进行汇报演示,每组演示时间以不超过 10 分钟为宜。

四、实训步骤

1. 指导教师布置任务,指出实训要点、难点和注意事项。

2. 演示之前,小组发言代表对本组成员及其角色进行介绍陈述。演示结束后,征询本组成员是否有补充发言。

3. 由各组组长组成评审团,对各组演示进行评分。其中,演示内容 30 分,发言者语言表达及台风展现能力 10 分,PPT 效果 10 分。评审团成员对各组所评出成绩取平均值作为该组的评审评分。

4. 教师进行最后总结及点评,并为各组实训结果打分,教师评分满分为 50 分。

5. 各组的评审评分加上教师的总结评分作为该组最终得分,对于得分最高的团队予以适当奖励。

延伸阅读

1. [美]巴里·伯曼,乔尔·R·埃文斯.零售管理[M].第 11 版.吕一林,宋卓昭,译.北京:中国人民大学出版社,2011:1-21.
2. 夏春玉,汪旭辉.中国零售业 30 年的变迁与成长[N].中国商报,2008-12-16.
3. 谢家驹.卓越的管理典范——马狮百货集团经营剖析[M].北京:生活·读书·新知三联书店,1988.

第二章 零售战略规划

本章学习目标

了解零售战略规划过程，熟悉零售战略环境分析的内容与方法，掌握零售战略、零售一般环境、行业环境、竞争环境的含义和各种零售战略的内核及其适用性。

"大苏宁"战略

从2010年苏宁易购成立以来，苏宁一直在品类扩展和渠道深耕上下功夫，力求打通线上线下优势。

通过引入新的连锁品牌和升级改造原有店面，苏宁实体店系统已经实现商品品类扩充，由单纯的3C产品向日用百货、家居装饰等多品类模式发展。2011年苏宁将LAOX品牌引入国内，在国内成立乐购仕生活广场(LAOX Life)，除了售卖中高端3C产品外，还售卖家居、玩具等日用品，并在核心商圈打造EXPO旗舰店与之相呼应，共同抢占一、二线城市的中高端消费市场。截至2011年7月，苏宁已完成47家EXPO旗舰店于一、二线城市核心商圈的布局，据悉这47家面积均在1万平方米以上。

电商方面，苏宁亦投入大量资金、资源，加速网购平台苏宁易购的扩容进程，将苏宁易购的业务范围由单纯的3C产品不断扩充，目前已发展为包括图书、服装、家居、洗护、充值服务等各类商品在内的综合性销售平台。

这种(3C—百货)—(实体店—网购)的新经营模式，实际上就是人们所称的"大苏宁模式"。按照苏宁管理层的规划，大苏宁战略将充分发挥苏宁在采购、仓储、物流、渠道等环节的优势，在扩大销售规模的同时降低运营成本。

为适应"3C—百货"的商品结构，苏宁计划大幅扩张公司采购部门和物流系统。2012年苏宁计划将采购总部下属采销管理中心扩充至19个，新成立百货、图书、虚拟产品、金融产品等采购中心，以满足品类拓展的需要。2012年苏宁还将加强对全国60个物流基地的规划布局，预计到2015年，将建成覆盖全国除西藏之外所有省区的后台物流体系。

此外，苏宁还加大了对目前仍然较为薄弱的网络平台苏宁易购的投入，计划在互联网上再造苏宁。苏宁易购于2010年正式推出，当年实现销售约20亿元，被苏宁高层寄予厚望，并提出2011年实现销售80亿元、2012年实现销售300亿元的目标。2011年苏宁易购实际销售59亿元，虽然远未实现预定目标，但增长速度超过200%，远高于国内其他

B2C 网购平台的增长速度。2012 年苏宁计划将苏宁易购的 1 000 人扩充至 4 000 人,采用商品品类事业部制,并在北、上、广、深等 12 个重点城市设立分部。

(资料来源:李刚.解析大苏宁战略.解析大苏宁战略[J].新领军,2012(5).)

本章知识结构图

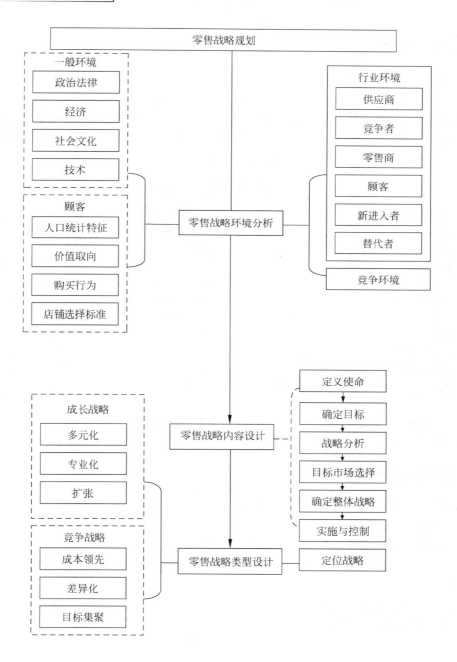

零售企业与外部环境是相互作用、相互影响、相互制约的。随着顾客需求与顾客价值取向的变化,随着外资零售企业在中国市场扩张步伐加快、扩张力度加大,加上新的零售业态和零售技术的出现,全球绿色运动的蔓延,零售业竞争日益激烈。环境的变化迫使零售企业花更多的时间、精力考虑长期的战略,以便在竞争中获胜。

第一节 零售战略环境分析

一、零售一般环境

零售一般环境是指影响零售行业和企业的较广泛的社会力量或因素,包括人口的、经济的、技术的、政治的、法律的以及社会文化方面的力量和因素。一般用 PEST 分析法分析企业的一般环境。PEST 分析法是指针对一般环境中起作用的政治、经济、社会文化、技术等各要素(如表 2-1 所示)的分析。具体考察:当前影响零售企业的一般环境因素是什么?其中哪个因素最重要?将来还会出现哪些新的因素?

表 2-1 零售商 PEST 分析示例

政治/法律的	经济的	社会文化的	技术的
政局稳定性	GDP	绿色运动	高新技术产品
税收政策	区域经济	消费者保护运动	食品加工/提供
劳动法	可支配收入	工作形式发生变化	互联网/互动电视
最低工资	储蓄率	社会阶层收入差距	电子货币转移
营业时间限制	利息率	假日/休闲时间	电子数据交换
商业网点法规	汇率	参加体育锻炼	仓储技术
垄断法	燃料价格	关心食物安全	绿色汽车
交易准则或法规	就业率	教育程度	卫星定位跟踪
有关折让的规定	国内竞争	人口老龄化	国际电信会议
环境法	国际竞争	晚婚晚育	安全技术

零售企业不可能直接控制这些一般环境因素。成功的零售企业会收集相应种类和数量的信息,了解一般环境各方面因素及其意义,以便制定和实施适当的战略。

二、零售行业环境

零售行业环境是指对一个零售企业及其竞争行为和反应,以及行业的利润能力有直接影响的因素。包括这样一组因素:新进入者的威胁、供应商、购买者、替代产品或服务以及当前竞争对手之间竞争的激烈程度。在波特"五力"模型的基础上,麦戈德瑞克(Peter J. McGoldrick)把购买者分为零售商和顾客,改造出适应零售业特点的竞争力模型(如图 2-1 所示)。

经过对行业力量的分析,零售企业应该能够对该行业的吸引力做出判断,看是否有机会获得足够甚至超常的投资回报。

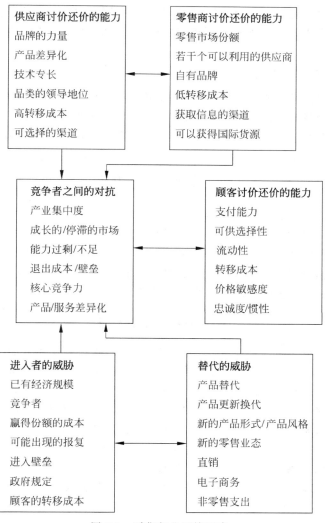

图 2-1　零售行业环境因素

三、零售竞争环境

零售竞争环境是指与零售企业直接竞争的每一个公司,即竞争对手。主要分析每一个主要竞争对手的未来目的、当前战略、想法和能力。即什么东西驱动竞争对手;竞争对手正在做什么,能做什么;竞争对手对自己的行业是怎么看的;竞争对手的能力是什么。

有效的竞争对手分析的关键,是收集相关的数据和信息。除竞争对手信息外,还要收集全世界所有国家有关的公共政策信息。当然,零售企业收集竞争情报时应当遵从法律法规和社会认可的伦理标准。

四、零售顾客

顾客需求是零售企业生存的土壤,零售企业将自己与竞争者区分开来的最简单的方法就是能够比竞争者更好地满足顾客们的需求。因而,认识并了解顾客需求是一件非常重要的事情。如果零售企业不了解顾客的需求,就不可能吸引顾客进店并购买商品,最终只能关门倒闭。

(一)顾客人口统计特征

从市场营销学的角度来看,市场＝人口＋购买欲望＋购买力。因而,人口的总体规模是影响零售消费市场规模的重要因素,人口结构决定了消费市场结构,人口的收入状况和分配状况决定了购买能力和购买水平。中国是世界上人口最多的国家。2009年年末全国总人口约为13.35亿人,其中城镇人口约为6.22亿人,占总人口的46.6%;乡村人口约为7.13亿人,占总人口的53.4%。从总的趋势来看,中国人口规模不断扩大,城市人口比重增加,农村人口比重下降,人们收入水平不断提高。因而,中国零售消费市场是全球规模大且增长潜力大、消费结构升级潜力大的市场之一。

具体而言,要分析顾客的年龄分布,尤其要关注14岁以下人口和老龄人口及其趋势;要分析人们的工作方式及其变化;要分析农村居民人均纯收入,城镇居民人均可支配收入,贫困人口、富裕阶层收入状况,居民家庭食品消费支出占消费总支出的比重,居民消费结构;居民的居住地及居民在地理上流动的趋势;等等。

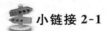
小链接2-1　　　　　　　中产阶级的划分标准

中产阶级这一概念最早出现于18世纪末的法国,指那些处于劳动阶级与权贵阶级之间的人群。目前,社会经济学界普遍认为对中产阶级的定义应包含以下几个方面:受过高等教育,在较大的公司或非公司机构内任专家或中层管理职位,在正常生活开支外有较充足的可自由支配收入,薪资水平高于国家人均收入且主要居住于城市地区等。

以下是一些国家对各自中产阶级标准的定义:美国,年均收入在3万～10万美元的人群,约占总人口的80%;俄罗斯,年均收入在1.2万～2.5万美元的人群,约占全国人口8%;日本,年收入在4.4万～6.8万美元的人群;韩国,年收入在2万～3.6万美元间;法国,年收入约在1.4万～4.1万欧元间;英国,年收入在2.5万～5万英镑间;印度,年收入在700～3 000美元的人群。

(资料来源:环球时报,2010-9-2.)

(二)顾客价值取向

价值观或信仰支撑一个人的几乎所有行为,尽管其变化是缓慢的,但是在不断进行中。英国社会研究所对40多个国家进行调查发现,对环境的关注最早出现在瑞典,后来依次扩展到德国、法国和西班牙。在20世纪的早、中期,英国人的兴趣点从更稳定、更安全转移到伦理与社区,之后又转移到更为全球化的视角。

就中国的情况而言,随着人们生活水平的提高和社会福利的改善,以及全球绿色运动在中国的传播,消费者的价值取向变化呈现如下趋势:更加寻求物美价廉;更加关注自然环保;更加重视健身美体;更多倾向家庭购物;更多购买中国商品。

(三)顾客购买行为

1. 购买者行为的SOR模型

心理学的刺激-有机体-反应(stimulus-organism-response,S-O-R模型)认为外在环境会影响个体的感知评估和情绪状态,从而影响其心理反应,并通过心理反应间接影响个体表现的行为(如图2-2所示)。应用到零售营销活动中,"刺激"是指商店里看见的、听到的、闻到的、触摸到的任何东西;"有机体"是指商店的顾客;"反应"是指顾客购买行为或是在购买者的头脑中对商店或商店的产品产生积极的态度。简单地说,一个购物者的行为被他所感受到的所有刺激所影响。由于人类行为的复杂多变,欲100%准确预测行为其可能性很低,但是能够在一定程度上影响购买者行为就有价值。

图 2-2　SOR 模型

2. 购买者行为的 MR 模型

MR(Mehrabian-Russell)模型是对 SOR 模型的扩展。其基本假设是:一个购物者在一种零售环境下的感知和行为是这种环境创造的情绪化状态的结果。简单地说,一个购物者的行为受环境(例如,店内布置、商品陈列、商店氛围等)的直接影响。这一模型包括了环境刺激、情绪化状态、行为三个因素(如图2-3所示)。其中,"情绪化状态"包括愉悦和激昂两个变量。愉悦指购物者在店内感到惬意的程度;激昂指购物者感到兴奋或激励的程度。"行为"包括进取行为和逃避行为,进取行为指愿意进入环境,更广泛地参与和增加愿意购买的倾向;逃避指逃离环境,减少参与和愿意购买的倾向。

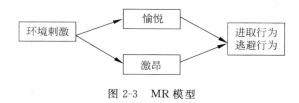

图 2-3　MR 模型

3. 购买者行为的 ELM 模型

心理学家佩蒂和凯希奥伯1986年提出的态度改变模型——精细加工可能性模型(elaboration likelihood model,ELM),将态度的改变归纳为两条基本路径:中央路径和外围路径。中央路径认为态度改变是受众认真考虑和整合说服信息的结果,即受众进行精细的信息加工,综合多方面的信息与证据,深思熟虑,然后形成一定的态度。其显著的特点是它需要高水平的动机和能力去加工说服信息的核心成分,即用中央路径加工的人将更深刻地考虑说服信息,需要较多的认知资源。外围路径认为态度的改变不在于认真思考说服信息的内容,无需进行逻辑推理和深入思考,而是根据一些外围线索得出结论来形成态度。更多的时候,中央路径和外围路径一起影响消费者的态度。

ELM 模型是对 SOR 模型的扩展,能够用于描述购买者受店内外劝说(影响)的情况。尽管相对于采用外围路径的购物者,采用中央路径的购物者倾向于更谨慎的态度,但两条路径都被环境因素所影响。

4. 影响购买行为的因素

零售商店的实物环境,如大小、店堂设计、清洁与否,对商店质量感觉的形成和发展以及购买者是否光顾商店具有重要作用。良好的质量感觉起着"沉默的推销员"作用,糟糕的质量感觉可以从根本上延迟购买者光顾商店的时间。

购买者个体的社会环境指所有与社会其他成员之间的互动因素,如其他的购买者或商店职员。影响这种互动的因素有文化、社会阶层、参考群体和生活方式。在零售情景中,文化因素(价值观、态度和信念)将会影响购买者店内和店外的行为,影响购买者对商店、购物以及消费习惯的感觉。许多研究发现,购买习惯、媒体选择、广告展示等因素与社会阶层成员有紧密联系。参考群体是指对一个人的态度和行为有直接或间接影响的一群人。最重要的参考群体之一是家庭,因为成员之间具有紧密互动性。生活方式是一个人的生活模式,用活动、兴趣和意见表示,具体表现为购买习惯。

购买目的、购买者的内在特点(例如个性、态度、信念等)、时间因素(主要包括购买时机、外出持续时间、外出频率、时间限制)也会影响消费者的购买行为。

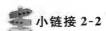

小链接2-2　　　　　　　"高考房"生意火爆

本报讯　记者王芳报道:一年一度的高考已进入倒计时,考生紧张备考的同时,当家长的也不轻松,除了为考生加强营养、减轻压力,他们还忙着到酒店为考生预定"高考房"。记者昨日走访珠海市考点附近酒店获悉,中档经济型酒店最受家长和学生青睐,平价"高考房"已被抢先预订60%以上。

"家有考生,不轻松啊!"家住斗门的张阿姨这几天虽说一直叫女儿以一颗平常心来备战高考,但是她自己却不敢放松。请了假的她这些天不仅为孩子准备清淡可口的饭菜,而且还要在考点附近找个既舒适又安静的临时住所,家长们谓之为"高考房"。

"'高考房'距离学校近,环境又比较安静,孩子休息好才能从容不迫的上考场。"张阿姨说。据了解,目前珠海市考点附近的中档经济型酒店生意火爆,这些房间平常价格在200元以下,但在高考期间价格却一路升温,周末价最高涨至248元。

"高考期间,酒店的双人房已全部提前被订出,只余下十多间单人房。"一中附近的U派酒店的工作人员表示。据了解,有些家长先自己看过房间后,还带孩子来"认床","要事前做好充足准备,如果孩子不习惯房间的感觉,我们会把家里孩子用的床单和枕头都带上。"陈先生说。

据了解,为了给考生提供良好的迎考环境,酒店也使出浑身解数,为考生和家长提供贴心服务。红山楼的工作人员说,目前订房量不断增长,订房率已超过60%。在考试期间,酒店会在房间里为考生准备新鲜水果、鲜花、矿泉水等。

(资料来源:珠海特区报,2010-6-2.)

(四)顾客店铺选择标准

消费者选择某家商店而不选择另一家商店的原因,是零售理论界和实业界一直在探寻的目标。总体而言,当消费者考虑去哪里购物时,店铺特色的吸引力起着重要作用。店铺特色具体表现在哪些方面呢?尼尔森和英国竞争委员会均认为,便利、价格、商品种类和停车位都是很重要的因素。当然,就这些因素重要程度的判断、各自选取的关键性特征是不同的。就日用品购买者选店标准而言,尼尔森认为依重要性排序是如下11个特征:物有所值;便利位置;便利泊车;价低;商品齐全;店铺干净整洁;自有品牌质量好;生鲜食品质量好；产品质量高；店内促销；乐于助人的员工。英国竞争委员会认为依重要性排序是如下 11 个特征：每周同一地点购物；日用品价格；商店在居所附近；琳琅满目的日用品；充裕的泊车位；产品随到随有；营业时间灵活；附加设施加油站、咖啡店等；店铺的购物体验和风格；邻近其他店铺或娱乐设施[①]。

消费者零售店铺选择标准在很大程度上受购物及购物者情况的影响。例如，购物者所在地区、购物者所处的季节、不同的购物群体、购物者的购物目的、购物成本、购物风险等都会影响店铺选择标准。

第二节 零售战略内容设计

零售战略是指导零售商的整体经营规划或行动框架。考虑的是零售商如何确定一系列行动从而对环境及时作出反应。内容涵盖零售商的使命、目标、顾客、整体经营计划和具体行动方案以及控制方法。有效的战略规划能够保护零售商免受竞争性攻击的伤害。

战略规划的首要步骤是定义企业的使命，确定目的与目标，并进行战略分析；接下来，选择目标市场；之后，确定企业的零售组合。寻找机会，努力在竞争中寻找一种差别优势，实现企业目标。

一、定义零售企业使命

零售企业使命是零售企业对业务类型及其在市场中的独特角色的承诺，反映了企业对消费者、员工、供应商、竞争者、政府及其他相关者的态度。主要回答以下三个问题：

一是业务应基于商品和服务种类，还是基于目标消费者的需求？例如，经营五金的商店是否可以经营一种浴室梳妆台？如果基于商品和服务种类，五金店可能不会选择经营梳妆台；如果基于目标消费者的需求，则将经营消费者装修房屋需要的任何东西，包括梳妆台。

二是企业打算在市场上充当领导者还是跟随者？零售企业可能制定一种独特的战略，成为市场领导者；也可能效仿竞争者的方法，但比竞争者做得更好。

三是市场范围确定为广泛的顾客群，还是较窄的顾客群？大型连锁商店因其资源和品牌认知度所致，通常追求广泛的顾客群；小型零售商集中于一个较窄的顾客群通常是最好的选择。

以下是国内外几例经典的零售企业使命：

荷兰银行使命——透过长期的往来关系，为选定的客户提供投资理财方面的金融服务，进而使荷兰银行成为股东最乐意投资的标的及员工最佳的生涯发展场所。

沃尔玛公司使命——给普通百姓提供机会，使他们能与富人一样买到同样的东西。

联邦快递使命——信奉员工—服务—利润的理念。我们将提供完全值得信赖、比竞争对手更卓越的全球急件快递运输服务，从而创造出巨大的经济收益。我们利用实时电子追踪系统掌握每一包裹的运输情况。每一份运单的完整记录都会附上费率报价。我们

---

① 资料来源：[英]麦戈德瑞克.零售营销[M].原书第 2 版.北京：机械工业出版社，2004：69-70.

相互之间及对公众都将十分友好、礼貌,同时不失职业风范。我们将努力使每位客户在每次快递服务完成后都感到满意。

二、制定零售企业目标

零售企业目标,指零售企业所希望达到的长期或短期绩效标准。应该来自于零售商的使命,并能够对使命进行详细、精确的描述和指导。目标不仅有助于制定战略,而且有助于将企业使命转化为行动。零售企业追求的目标一般分为两种:市场绩效,即将一个企业的市场行为与它的竞争者进行对比;财务绩效,即分析企业是否可以获得一个能够维持运营的利润水平。此外,有些零售商可能也会建立社会目标及个人目标(如图 2-4 所示)。

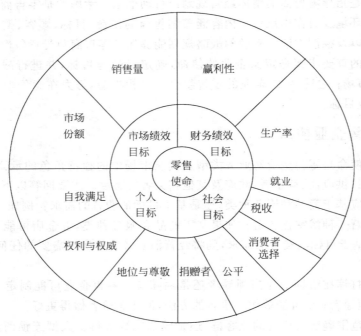

图 2-4 零售目标

市场绩效目标最流行的衡量标准是销售额和市场份额。

财务绩效目标可以很方便地分为两种:赢利性目标和生产效率目标。

销售目标与零售商所销售商品/服务的数量有关,可以用金额和销量两种形式表示。销售增长率、稳定性和市场份额是最常见的销售目标。稳定性强调保持销量、市场份额、价格等。小型零售商通常寻求稳定的销售额,一些零售商非常重视培养忠诚的顾客。市场份额(给定企业的销售额占同类企业销售总额的百分比)通常是大型零售商或零售连锁店的目标;小型零售商更关心街道或邻里商店之间的竞争,而不是城市、地区的总销售额。

利润指零售商在既定时期(通常是一年)内至少应达到最低利润水平,可以用金额或销售额百分比两种方式表示。在土地、建筑和设备方面拥有大量资本的零售企业常常设立投资回报率(ROI)目标。投资回报率描述了企业利润与资本项目投资之间的关系。

生产率目标说明零售商希望从每单位的资源投入中得到多少产出。零售商投入的主要资源有空间、劳动、商品,零售商会确定每种资源的生产率目标,如空间生产率、劳动生产率、商品生产率。

社会目标强调了零售商对社会中更广泛问题的关注,引用最频繁的社会目标有五个:就业目标、纳税、消费者选择、公平、捐助者。

个人目标指零售机构中任何一位员工的个人目标。一般来说有三种类型:自我满足,地位与尊敬,力量与权威。

三、进行战略分析

战略分析是对即将或已经开业的零售商所面临的机会和威胁并结合零售商的优势和劣势进行客观评价的过程。常用分析工具是SWOT分析。SWOT分析指的是对一个企业的优势(strengths)和劣势(weaknesses),以及面对的机遇(opportunities)和威胁(threats)的识别和分析。它把PEST分析和竞争力分析的成果结合在一起,并和零售企业的战略能力结合起来。

优势:我们商店拥有哪些重要的竞争性优势(更低廉的价格、更恰当的店址、更勤奋的员工等)?擅长什么?顾客如何理解我们商店的强项(例如,钱花得最值)?

劣势:竞争者拥有哪些我们不具有的竞争优势?竞争者在哪些方面做得比我们好?我们最大的内部缺点是什么?

机遇:什么样的环境趋势能够使我们的企业受益?我们商店所面对的市场竞争情况如何?与我们紧密相关的行业领域中有哪些还没有发展起来?

威胁:我们商店将来的经营会受到哪些不利环境趋势的影响?市场中将会出现哪些影响我们商店的新技术?

SWOT分析可能涉及的问题纷繁复杂,分析的重点主要集中在与战略规划和实施具体相关的方面。

四、选择目标市场

目标市场是指零售商希望吸引和满足的消费群体。零售商在选择目标市场的过程中,可供选择的策略有三种:大众营销,即向范围广泛的消费者销售商品和服务;集中营销,即圈定一个有限的消费群体;差异化营销,即以两个或更多有明显差异的消费群体为目标市场,并对其采取不同的零售策略。

超市和药店一般选择大众营销,小型高档女装店选择集中营销,百货商店一般选择差异化营销(如表2-2所示)。

各类零售商成功的关键在于确定目标顾客群,并以独特的方式迎合顾客需求的能力。

表 2-2 目标市场定位技术及其战略含义

战略含义	目标市场定位技术		
	大众营销	集中营销	差异化营销
零售店位置	靠近大量人口地区	靠近少量或者中等规模人口地区	靠近大量人口地区
商品和服务组合	宽品种,中等质量的产品	深组合,优质或低质的商品	针对每个细分市场的独特商品/服务
促销活动	密集的广告	直邮、电子邮件、订购	针对每个细分市场采用不同的媒体和消息
价格导向	流行的价格	高价或者低价	价格依细分市场而定
战略	针对大量的同质(类似)消费群体采取一种通用战略	针对具体的、有限的消费群体采取一种特殊战略	针对各个不同的(异质)消费群体采取几种特殊战略

五、确定零售整体战略

零售商在对企业可以直接加以影响的变量及企业无法控制而只能适应的变量进行研究之后,确定零售整体战略。这一战略主要包括三个任务:设法让购物者走进你的商店;通过他们购买商品,把这些购物者转变为顾客;在保持顾客期待的服务水平的同时,尽可能地降低上面两步(使购物者进入你的商店并把他们转变为顾客)所需要的运作成本。

六、战略实施和控制

战略实施由零售商日常和短期的经营活动即战术构成。具体如下:

(1)商店选址。主要包括商圈分析和具体的店址选择。

(2)商店管理。主要包括组织结构设计与人力资源管理、财务管理、购销业务运营管理。

(3)商品管理与定价。主要包括商品经营结构确定、商品采购管理、定价策略。

(4)顾客沟通。主要包括店面设计与布局,商品促销。

(5)战略控制是战略规划的最后一个步骤。

零售企业应根据企业使命、目标和目标市场,对已制定和实施的战略与战术做出评估。通过评估,零售商可以了解其优势与劣势,战略实施过程中运行良好的方面与运行欠佳的方面,然后,强化良好的方面,调整欠佳的方面,使之与零售企业的使命、目标和目标市场相一致。

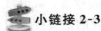 **小链接 2-3**　　　　　美国塔吉特公司的战略

1962年,第一家塔吉特商店在美国明尼苏达州的罗斯维尔开设,目前为全球零售前十强。塔吉特公司自成立以来,始终遵循一种持续发展、高瞻远瞩、顾客导向的战略。具体如下:

以增长为导向的目标。"我们的使命是:通过提供卓越价值、持续创新和极佳的顾客体验,通过始终如一地履行我们'期待更多,花费更少'的品牌承诺,让塔吉特成为顾客喜

欢的购物目的地。为完成这一使命,我们以超值承诺、大众化、多样性和环保为经营指导。"

迎合高收入市场。商店的顾客主要是中产阶级、受过良好教育的人群。顾客家庭年均收入约6万美元。

独特的公司形象。塔吉特公司将自己定位为"在干净、宽敞和友好的商店中,以诱人的价格销售高品质商品的高端折扣百货商店"。

专注。不断提供顾客支付能力之内的新产品,满足其购物需要的新型商店设计,还包括食品、药品和星巴克产品与服务的便利组合。

出色的顾客服务。通过不断增加新的尝试,提供新款式和新商品的完美搭配,超越顾客期望,使他们满意。通过大量的广告、分店和免费电话服务中心每周7天、每天17小时与顾客保持联系。

为员工提供广泛的免费福利。包括退休金计划、养老金计划、内科和牙科计划、退休医疗计划、短期和长期的伤残保险、带薪假、学费报销、各种团队成员支持计划、人寿保险及商品折扣。

创新。率先采用智能、独创的新东西,在新技术方面投入相当大。

融入社会。重视回报社会,近几年每周的捐赠额都超过300万美元。

持续的绩效监控。

(资料来源:巴里·伯曼,乔尔·R.埃文斯.零售管理[M].第11版.北京:中国人民大学出版社,2011.)

第三节 零售战略类型设计

一、零售定位战略

零售战略的一个关键因素是以企业参与竞争的细分市场为基础进行决策。根据市场细分为市场规模、增长潜力、竞争状况、企业能力、所需投资、获利潜力等因素进行。之后,评估并选择最适合的目标市场。然后,对零售组合进行定位,以便更有效地服务目标顾客,赚取更多的利润。

定位是由美国著名营销专家艾尔·里斯(Al Ries)与杰克·特劳特(Jack Trout)于20世纪70年代早期提出来的,认为定位就是确定产品在人们头脑中所期望的位置。定位的真谛就是"攻心为上",消费者的心灵才是营销的终极战场。

零售定位是在目标顾客心目中形成并维持零售企业有别于竞争对手的价值形象的过程。定位可以有意使本企业与市场上的其他企业区别开来,也可以使本企业尽可能地接近一般购物者心目中特定细分市场上理想零售企业的看法。美国威拉德·N.安德、尼尔·Z.斯特恩提出零售商的定位战略是必须在以下某一方面对特定的顾客群体做得最出色:价格、品种、时尚、服务、迅捷。

最佳价格指的是零售企业出售的商品要比竞争对手价格更低。其前提是顾客对商品的质量满意。

最佳品种是指零售企业在特定类型的商品上提供最齐全的品种。这类零售企业被称为"品类杀手"。这里所说的商品,不仅仅是货物,而且包括了为顾客排忧解难的解决方案。

最佳时尚是指零售企业拥有顾客刚开始大量购买的对路商品,依靠大众时尚来赢得顾客。

最佳服务是指零售企业帮助顾客特别是那些不清楚自己想要什么的顾客解决问题。也就是说,为顾客提供优质的服务和合适的商品。

迅捷是指零售企业努力用最快的方式来满足特定需求,以快捷的服务取胜。

威拉德·N.安德、尼尔·Z.斯特恩认为,零售企业在某个特定定位上得到顾客认同是及格水平,低于及格水平就会遭到市场淘汰;在某个领域中已经站稳脚跟但还没有什么特别之处是平均水平,早晚会被淘汰。零售企业要实现持续经营,必须在每个方面达到及格水平,在某些方面达到平均水平,并且要在某一方面做得最好。

二、零售成长战略

(一) 多元化与专业化

零售"手风琴理论"认为,零售业的主导模式有两种:以追求商品品种多样为主导的零售商和专注于某一类商品经营的专业零售商。这一理论重申:在某些特定环境下,多元化战略和专业化战略都取得了成功。

促使零售企业实施多元化战略的主要原因是:退出所在的行业,分散风险,克服消费周期的影响,开发未充分利用的资源和能力,发挥不同业态的合力。例如,特易购利用自己规模较大的店铺,在这些店内设立特色店中店,包括:电器、小餐馆、保健和美容、婴儿和儿童世界、音乐和休闲、运动世界、印刷和纸张,还包括视力测试和配镜服务、信用卡发行、保险和其他金融服务。

专业化是向顾客提供专业建议的能力,同时也使店铺更紧凑、更专业的特性更为突出。商品品类的范围广而目标市场狭窄、商品品类的范围窄而目标市场特定、商品品类的范围窄而品类内的选择度深,都是专业化战略。其中影响力最大的是"品类杀手"战略。"品类杀手"是通过把深度的选择性和低价格两个卖点结合在一起,力图主宰某个狭窄的非常规性购买的商品市场,并成为消费者"首选"的目标商店。"品类杀手"战略最适用于每次采购的产品比较单一而且购买频率低的零售场合。办公设备、家居用品、家具和家用电器就属于此类。

(二) 内部扩张与外部扩张

1. 内部扩张

内部扩张战略是通过整合内部资源,维持并发展企业竞争优势。常用的内部扩张战略有:市场渗透、市场开发、产品/种类开发和多元化。

市场渗透战略是以现有零售品种/产品系列瞄准现有的顾客,通过吸引现有商店所在地域内的更大份额的总销售额提高市场占有率。涉及的零售营销活动主要有:提高商品布置的视觉效果,扩建商店,提高顾客忠诚度,降低价格,加大促销力度,增加便利性,等等。这种战略最适用于仍在增长的目标市场。

市场开发战略是用现有的商品种类瞄准新的细分市场。市场开发战略比市场渗透战略使用的资本更多、面临的风险更大。

产品/种类开发战略是指开发新的产品/服务组合满足顾客更多的需要,以此增加在现有市场上的销售额。例如,大型杂货零售企业增加许多文具、书刊、服装和电器等商品。

多元化战略是用新的产品/零售形式瞄准新的市场。多元化包括相关多元化和无关联的多元化。

2. 外部扩张

外部扩张战略是通过吸纳和整合外部资源,实现企业发展。常用的外部扩张战略有:并购、联合和租赁。

并购(merger and acquisition)是兼并和收购的统称,是企业扩张和发展的一条途径。通过并购,两个相互独立的具有不同公司特性、文化和价值体系的组织包容在一起,共享达到共同目标的资源。并购可以解决市场的饱和、停滞、衰退等问题,进一步提高市场份额、扩大经营规模,通过分享、交流双方的技术和长项产生协同利益,开发新的分销渠道等。并购要冒相当大的风险,实践表明,并购成少败多。不过,与其他产业的企业相比,零售企业的并购活动相对比较成功。

联合是两个或两个以上的零售企业形成一个联盟,联合开发与经营一种有吸引力的新产品、新业态。既可以是松散的、机会型的联合,也可以是正式的合资经营。主要是解决消费者对产品可选择深度的要求不断提高又希望产品更加多样、不受现有市场局限的两难处境。

租赁,有时称作"店中店",但严格说来,两者是有区别的。"店中店"一般是指零售商在店内租赁场所进行经营,而出租经营在更多的情况下是指由一个更类似于生产厂家的租户在店内租赁场地经营。出租经营对租户来说,可以共享所在商店的集客力和源源不断的客流,对于业主来说,租户可以增强整个商店的吸引力。但是,有时也会对租户带来一些制约因素,业主如果过多采取出租经营的策略,也会面临一些风险。

三、零售竞争战略

(一)零售竞争优势

1. 零售企业竞争优势的内涵

竞争优势(competitive advantage)是一个企业相对于另外一个企业或一组企业,在任何一种维度、特质或层面上的、实际的或想象的不对称性或差距,这种不对称性或差距使得该企业能够比对手更好地为顾客提供更有价值的产品和服务。

根据迈克尔·波特的竞争优势理论,企业竞争优势的基本形式有两种:低成本或差异性。差异性就是企业力求就客户广泛重视的一些方面在产业内独树一帜。如产品本身,销售交货体系,营销渠道及一系列其他因素。就零售商业企业的具体情况而言,其竞争优势的基本形式有廉价、(品种)丰富、(商品)流行、便利、快速、简而精等。

2. 零售企业竞争优势的来源

总的来说,零售企业竞争优势来自零售企业外部的自然滋生和内部的战略寻求。自生性的起因主要是指环境变迁带来的运气,战略性的起因主要是管理举措、战略制定和实施,包括创新(creation)、控制(control)、竞争(competition)、合作(cooperation)、拉拢(co-option),又称"五C"。

3. 零售企业持久竞争优势的创造

持久竞争优势(sustainable competitive advantage),一般认为是指零售商具有可以在市场竞争中长期保持竞争优势的能力,它往往来自于企业的核心能力。

创造持久竞争优势的主要途径:

- 便利的位置;
- 建立顾客忠诚度;
- 与供应商结成密切的关系;
- 高效的物流和供应链管理;
- 良好的信息系统;
- 独家商品;
- 采购上的规模经济;
- 更好的顾客服务;
- 丰富的知识;
- 积极努力的销售队伍。

(二)零售竞争战略

零售竞争的基本战略有三种:成本领先战略、差异化战略、目标集聚战略(如图2-5所示)。

	战略优势	
	被顾客察觉的独特性	低成本地位
全行业范围	差异化或标新立异	总成本领先
仅特定市场	目标集聚	

图2-5 零售竞争战略

1. 成本领先战略

就是指零售企业通过采用一系列针对本战略的具体措施在本行业中赢得总成本领先。与采取其他战略的企业相比,尽管它在质量、服务以及其他方面也不容忽视,但贯穿于整个战略中的主题是使成本低于竞争对手。总成本领先通常与持续投资和可获得资本、严格的劳动监督、低成本的分销渠道和严格的控制系统联系在一起。对于零售业而言,可能还包括强有力的采购、商品管理技术和高效的店面管理系统。

零售企业成本领先战略的实施主要体现在商品购、存、销流转过程的成本和费用的控制,只有降低商品的进价成本、储存成本和销售费用,才能实现对商品流转全过程的成本费用的控制。而大多数零售企业的主要成本是商品销售成本,因此采购规模和讨价还价能力成为实现成本领先战略的关键。

实施成本领先战略要避免两个盲区:第一个盲区是过分强调成本优势而忽视了其他战略;第二个盲区是人们极易将成本领先看成简单的价格竞争,从而步入低价竞争的风险之中。

小链接2-4　　美国百年老店伍尔沃斯

美国著名的百年老店伍尔沃斯,一向以低价著称于世,当外部环境发生巨大变化时,也一味死守低价,不思改革。为了实施低价策略,伍尔沃斯拒绝售卖更多更新的商品,甚至取消了一些必要的服务。有些美国中年人回忆说:"小时候,我经常跟着妈妈到伍尔沃斯,在我的记忆里,那是个很好玩的地方,有许多小孩感兴趣的东西。然而,长大后就很少光顾了,原因是那里的服务态度越来越差,当人们需要什么特别帮助时,总找不到人帮忙。"这正是伍尔沃斯逐渐走下坡路的真正原因,当它一味追求价格低廉时,却失去了原先的竞争基础——忠实的消费者。进入20世纪90年代,伍尔沃斯年年亏损,到1997年7月,该公司不得不宣告破产。

(资料来源:肖怡.国外著名公司企业缘何败走麦城[J].企业管理,2001(8).)

2. 差异化战略

差异化战略,就是零售企业力求就顾客广泛重视的一些方面在产业内独树一帜。零售企业选择在本行业内许多顾客视为重要的一种或多种特质,并为其选择一种独特的地位以满足顾客的需要,它将因其独特的地位而获得溢价的报酬。零售企业实现差异化的程度,决定了它在某一市场上的成败。

差异化战略一般与较强的营销能力、创新能力以及在质量或创新方面的良好声誉相关。在零售业中,可以解读为产品品种范围、商店位置、店面设计/环境气氛、服务或促销等特定方面的优势。

零售业中的最大失败之一是太多的零售商都仅仅过分关注于一种差异化手段——价格。实际上,价格促销通常只能吸引顾客,但不可能留住他们。除非一个零售商的经营成本明显低于其竞争者,不然这将是一个非常危险的战略,因为它很容易被竞争者模仿,最后的竞相降价将会使这些商店的利润骤减,甚至严重亏损。

小链接2-5　　伦敦Topshop公司千方百计取悦顾客

Topshop公司位于伦敦牛津大街,每平方英尺的年销售额达2 000美元(而盖普商店只有400美元)。让Topshop公司如此吸引人的原因在于它能够很好地实现折扣零售、奢侈品牌定位以及时尚前沿之间的平衡。

Topshop公司向顾客提供了一个"享乐的世界"。伦敦的大型商场中设有美发沙龙、美甲站、糖果铺,甚至向顾客销售摇滚音乐会门票的代售点。许多商店还设有购物顾问,帮助顾客挑选整套商品。该连锁商还设有Topshop快递部门,负责将顾客购买的商品在三小时内送至顾客的家中或办公室。这些设施在大众市场零售商吸引顾客的手段中并不常见。

为保持吸引力并保证新款商品的供应,该旗舰店每天进货三次。这促使购物者频繁光顾,以看看商店又有了什么新款时尚商品。

(资料来源:Elizabeth Esfahani,"High Class, Low Price ",www. money. cnn. com/magazines/business2 (February 16,2007); and Jennifer Reingold,"The British Invasion,www. money. cnn. com/2008/07/01(July 3,2008).)

3. 目标集聚战略

目标集聚战略是零售企业着眼于本行业内一个狭小空间内作出选择。这一战略与其他战略不同,零售企业选择行业内一种或一组细分市场,并量体裁衣使其战略为这一细分市场顾客服务。通过为其目标市场进行战略优化,集聚战略的企业致力于寻求其目标市场上的竞争优势,尽管它并不拥有在全面市场上的竞争优势。目标集聚战略有两种形式:成本集聚战略和差异化集聚战略。前者是指零售企业寻求其目标市场上的成本优势,后者是指零售企业寻求其目标市场上的差异化优势。

集聚战略可以包括不止一个细分市场,可以包括具有强烈关联的数个细分市场,但是,零售企业对于任何一个细分市场的优化能力通常都随目标的拓宽而减弱。也就是说,目标越集中,其服务的优越性越强。集聚战略者的价值链和服务于其他细分市场所要求的价值链相差越大,集聚战略就越持久。如果某细分市场和其他细分市场间的差异随着时间的推移而减少,如果技术变革减少了服务多个市场的折中成本,或者如果为细分市场而特制的价值链相对于较为标准化的价值链变得过于昂贵的话,集聚战略的持久性就会受到损害。

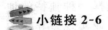
小链接 2-6　　　　　"想好再分手"餐厅生意旺

在吉林长春市一条并不起眼的深巷里,有家名叫"想好再分手"的餐厅,这家餐厅每天总是顾客爆满,生意格外红火。餐厅老板程莉是一位经过离异创伤的下岗女工。27岁时,她孤身一人拿着小额的失业补偿金和四处借来的 5 万元盘下了一间小吃店,取名"分手餐吧",并在餐吧外打出"情感发生障碍与即将分手的夫妻准入,其他食客免进"的广告牌就开张了。这种欲擒故纵的营销把戏引起了人们与生俱来的猎奇心理,于是餐吧的生意很快就火起来了。

程莉并不是胡闹,她专门聘请有关专家设计了 15 间包房:为情感发生暂时裂变的情侣开设了"老地方"、"勿忘我"、"情未了"等包间,为即将分道扬镳的夫妻开设了"今生缘"、"手牵手"、"连理枝"等包间。夫妻包间的设计朴素、温馨,墙上的镜框镶嵌温馨的全家福照片,四周还陈列着婴儿的摇篮和老情书等。她还聘请了一位心理咨询师,专门给进餐的那些情感产生裂痕,或即将分手的情侣、夫妻解开心结,餐厅也赢得不少回头客。三年来,这家创意独特的餐厅给程莉带来了近150 万元的收益。

(资料来源:农业科技报,2007-12-29.)

本章小结

外部环境对零售成功有着重要影响。零售商在制定战略时,必须尽力适应占主导地位的环境状况,并在竞争性的市场上可行。不论作为群体还是个体,顾客都对零售企业具有重要意义。深入了解顾客需求变化,了解顾客对产品和商店的偏好,零售企业可以针对顾客开展营销活动,使他们提供的产品和服务比竞争对手更有吸引力。购买者的行为影响零售商的营销战略和战术。基本的行为模型显示购买者行为既受到内部因素(购买者特点)又受到外部因素(环境刺激)的影响。零售商要面对许多来自环境的刺激,并以独特的方式做出反应。由于消费者、竞争者、市场集中度、科学技术等方面的发展变化,零售企业面临的竞争环境越来越激烈,市场竞争越来越多采用非价格竞争手段。

战略决定着组织的长期发展方向和范围。制定零售战略要确定零售企业的使命和目标,分析形势,确定及评估战略机会,制定利用这些机会的营销战略,确定满足顾客需要和有效参与市场竞争的零售组合及有效的实施方法。PEST分析侧重于对宏观环境中的政治/法律、经济、社会和技术等问题的研究,这些问题与零售企业未来计划和发展具有潜在的相关性。"五力模型"关注的主要对象是:供求双方讨价还价能力的变化,市场上出现的替代产品/渠道和新进入者所造成的威胁。SWOT分析通过结合零售企业自身的劣势和优势,评估市场上存在的机会和威胁,进而把这些因素有机地结合起来。零售企业要想实现可持续的竞争优势,必须在各种零售定位战略、零售成长战略、零售竞争战略中做出选择。零售定位战略是必须在以下某一方面对特定的顾客群体做得最出色:价格、品种、时尚、服务、迅捷;零售成长战略主要包括多元化战略、专业化战略、内部扩张战略、外部扩张战略;零售竞争的基本战略包括成本领先战略、差异化战略和目标集聚战略。所有这些战略都存在战略创新与战略控制平衡问题。

思 考 题

1. 你在多大程度上同意购物者比零售企业处于劣势的说法?
2. 讨论中国正在发生的人口变化。指出哪些零售企业因此获益,哪些零售企业因此遭受打击。
3. 回顾不同的购物动机。对每种动机举出一个购物的例子。
4. 解释成本领先战略、差异化战略和目标集聚战略的不同。
5. 零售企业可以选择的主要成长战略有哪些?举出采用每种战略的零售企业的例子。
6. 为什么有那么多的企业在通过市场定位形成有效的差异化时遭遇到失败?

案例分析

沃尔玛的战略调整

1. 全面退出德国市场

2006年7月28日,全球最大的商业巨头沃尔玛与德国零售企业的领头羊麦德龙达成协议,将沃尔玛在德国19个地区的房地产,包括在杜塞尔多夫附近的"沃尔玛德国总部"和两个"物流配送中心"、85个大卖场全部转让给麦德龙。至于转让的价格,双方都没有透露。

对于这笔交易,沃尔玛的解释是,"在德国目前的商业环境下,要想实现规模经营的目标是极为困难的"。与其如此,不如退出德国,去加强那些可以实现抱负的业务领域。其言外之意是,自沃尔玛进军德国以来,德国经济连续几年的不景气是造成其无法实现经营目标的原因之一。沃尔玛的另一个理由是,公司在德国总共只有"85家大卖场,这实在太少了"。

不可否认,这两个解释都有其一定的道理,就连德国媒体也说,"沃尔玛来的不是时候"。1997年,沃尔玛进军德国,当时德国经济确实不景气。而且从那时以来,德国人的生活水平不但没有上升,反而还下降了3%。由于沃尔玛在德国建立了两个大型物流配送中心,但仅负责供应85家大卖场,确实显得有些"大材小用",有"英雄无用武之地"之感。为此,沃尔玛曾试图收购经营同样不景气的麦德龙子公司"雷阿尔",但遭到了拒绝,致使大卖场扩张受阻,规模经营受到严重影响,而且最终导致了今天的结局。不过,这些解释和理由还是禁不住推敲,因为就在2006年6月,沃尔玛德国公司总裁大卫·威尔特还对外界宣称,"德国是继美国和日本之后的世界第三大零售市场,作为全球公司,我们不可能忽视这一市场。"

1997年年底至1998年,在一年多的时间里,沃尔玛以极低的价格连续收购了"韦尔特考夫"和"因特斯帕尔"两家连锁店的95家超市,迅速进入了德国市场。表面上看,这一商业举动是很成功的,但是沃尔玛却忽略了许多诸如"入乡随俗"等现代经营管理要求的细节。例如,作为首任公司总裁的美国人不会说德语,沃尔玛以为只要凭借美国廉价的销售模式就可以"席卷德国市场"。殊不知,在德国人的心目中,只有阿尔迪(ALDI)连锁集团才是德国市场上货真价实的廉价商品零售商。所以,沃尔玛不得不与阿尔迪大打价格战,以赢得消费者,结果沃尔玛德国公司开业当年就出现了巨大的收支漏洞。至2003年,沃尔玛德国公司的亏损已达4.87亿欧元。也就是说,每销售1欧元商品,沃尔玛就亏损20欧分。为了扭转亏损,新上任的公司总裁又被迫调整商品的价格。价格上的忽高忽低,不仅严重影响了沃尔玛的信誉,更使人们怀疑,沃尔玛自进军德国市场之日起,可能从来就没有认真制定过在德国激烈的市场竞争中如何取胜的战略。

舆论普遍认为,频繁换将也是沃尔玛在德国经营失败的重要原因之一。从1997年年底至今,在不到8年的时间里,沃尔玛在德国的公司总裁换了四五个。最长的,在总裁的座椅上坐了4年;最短的,只有3个月。其间,没有一位总裁能够扭转乾坤。究其原因,专家们发现,沃尔玛在德国市场经营失利还有许多"水土不服"的管理模式问题。比如,在沃尔玛的经营管理模式中,早点名、唱晨曲和集体训话是一个重要管理项目,但德国员工对此不适应。他们"宁肯躲进厕所也不愿意参加这种仪式"。"商场入口处站立的'礼仪小姐'或'迎宾先生'也让德国顾客感到'不舒服'"。更让沃尔玛感到伤心的是,他们提供的一项特殊服务,将顾客购买的商品由专人负责装进塑料袋。这本来应该是方便顾客且让顾客感到舒适的一项额外服务,但德国顾客却"不领情"。因为,在德国人开办的商店是没有这种服务的。顾客在那里要塑料包装袋是可以的,但前提是"请掏钱"。德国人这样做不仅是为了节约成本,更重要的还是出于环保的需要。结果,沃尔玛落得花钱吃力不讨好。

德国人说,沃尔玛不了解德国当地的文化。一个例子是,德国人很看重休假和正点下班。但沃尔玛为了扭转亏损局面却强令员工加班,这种管理方式既不符合当地法律和民情,也极大地削弱了企业的向心力。

此外,沃尔玛在德国威信不高也与它失掉的另一场官司有关。沃尔玛不愿公开自己的经营业绩。但出于统计的需要和德国法律的规定,2004年当地法院强迫其公开在德国的收支情况。根据官方公报事后追加的统计结果,2000年沃尔玛德国公司仅在4家自选商场的经营就亏损了2 600万欧元。在整个德国的经营情况是,营业额近30亿欧元,但亏损额已有数亿欧元。据德国《在线明镜周刊》的消息,2005年沃尔玛在德国的亏损也是数亿欧元。也就是说,沃尔玛在德国市场的经营状况没有得到任何好转。

2. 撤离韩国市场

2006年5月22日韩国新世界与沃尔玛韩国公司联合召开新闻发布会,宣布新世界将以8 250亿韩元(相当于8.82亿美元)收购沃尔玛韩国公司的全部股份。新世界表示,将把沃尔玛韩国公司留作独立法人,以分公司形式来运营,并100%雇用原有的员工,薪水和福利制度将逐渐向新世界看齐。

沃尔玛1998年通过收购韩国Makro公司进入韩国市场,8年间开设了包括仁川店、一山店、龟城店、江南店等在内的共16个卖场,总资产达到8 740亿韩元,拥有3 356名员工。虽然沃尔玛在全球零售业排名第一,但在韩国市场沃尔玛始终屈居第五位。2005年沃尔玛韩国公司的营业额为7 287亿韩元,相比2004年减少了6.1%;而去年沃尔玛韩国公司的亏损额已达到了99亿韩元,与前年56亿韩元的亏损额相比,增长了76%。沃尔玛亚洲区总裁表示,面对韩国市场激烈的竞争环境,沃尔玛韩国公司在今后五年很难达到公司预想的目标,基于这种判断,沃尔玛作出了撤离韩国的决定。但他同时表示,作为全球货源的沃尔玛采购韩国分公司还将继续留在韩国,其生产的服装和玩具等商品将直供沃尔玛在全球的卖场。

实际上,沃尔玛与新世界早在今年3月份就开始协商,并于7月初在日本东京达成了具体协议。

沃尔玛因何会兵败韩国,被迫撤离呢?业内人士认为,沃尔玛选择的经营战略无法适应韩国市场,最终导致了失败。

在经营方面,沃尔玛照搬了其惯用的仓储型经营模式,商品堆放高度达到3~5米,韩国人普遍对此不适应,而且沃尔玛卖场中生鲜食品较少,便利设施相对不足,这也不符合韩国人的购物习惯;与其相反,韩国本土零售企业卖场中货品陈列架的高度一般只有1.6~1.8米,副食、蔬菜、生鲜食品丰富,同时韩国零售企业还着力营造一种适合本国民众消费口味的"消费文化",将餐饮和娱乐服务引入卖场,提供丰富的便利设施,"百货超市"型的经营模式为顾客提供了良好的消费环境。

在商品采购和销售方面,沃尔玛过于强调"低价"概念,在引入廉价产品的同时,忽视了商品的品质和多样性,卖场中的商品也多采取大量捆绑式销售,这都给韩国消费者留下了"商品种类不够丰富,并且以低价产品为主"的不良印象,自然很难受到他们的欢迎。

在管理方面,沃尔玛很少任用韩国人进入高级管理层,导致公司高层与普通员工间的融合难度加大。普通员工在工作中直接感受到的消费市场的细微变化难以很快传递到高层,致使沃尔玛很难在变化迅速的韩国零售市场抓住先机。同时,沃尔玛韩国公司的一些具体业务都要同总公司协商,决策效率低下,使得沃尔玛很难跟上韩国竞争对手的步伐。

在经营规模方面,沃尔玛在韩国市场没有坚持规模经营理念,8年时间仅仅设立了16家门店,销售额仅为新世界的10%,较小的规模使得沃尔玛在商品采购方面只能以较高的价格购入同样的商品,丧失了商品的价格竞争力。在门店选址方面,沃尔玛也不重视对核心商业圈的竞争,其门店都远离韩国的主要商业区,因而在与韩国对手的比拼中更难获得优势。

一些业内人士从另一个角度对沃尔玛撤出韩国进行了分析。他们认为,沃尔玛撤离韩国在某种程度上也是一种"以退为进"的战略举动。尽快退出毫无胜算的韩国零售业,全力投入更富机遇的中国市场。

3. 沃尔玛中国战略的转换

2006年第一季度,沃尔玛宣布将大力拓展中国市场,计划在中国开设约20家新店,并且在今后5年内将招募中国员工15万名。而沃尔玛目前在中国地区拥有58家分店,约3万名员工。沃尔玛的这一计划,充分彰显了其在中国的扩张雄心,大大加速了其在中国的推进速度。

在沃尔玛2006年中国扩张计划与以往发生如此大的变化的背后,反映的是沃尔玛的中国战略正在发生转换,总的战略转换特征是转"守"为"攻",从保守扩张战略转换为积极扩张战略。1996年,沃尔玛首次进入中国,在深圳开设了其在中国的第一家购物广场和第一家山姆会员商店。而沃尔玛进入中国后一直采取保守的扩张战略。综观沃尔玛在中国的发展,从首次进入中国到目前为止,其在中国的发展呈现出三个战略阶段:"低调发展"、"扩张调整"与"加速发展"。

1996—2001年,是沃尔玛在中国的"低调发展"阶段。2001年11月,中国加入WTO。在这之前,沃尔玛只在中国的深圳、昆明、福州、汕头、东莞、大连、沈阳七个城市开设了18家连锁店,其中深圳就占了六家,可见沃尔玛在这个阶段的发展相当缓慢。从2001年年底到2004年,为沃尔玛在中国的"扩张调整"阶段。自中国加入WTO后,沃尔玛开始试探性地加快在中国的投资速度,在中国的投资区域不断扩大,开始进入天津、哈尔滨、重庆、厦门,并于2003年进入北京和上海。到2004年,沃尔玛已经进入长春、南昌、南京、济南、青岛等包括上述城市在内的18个城市,开设了约40家店,包括沃尔玛购物广场、山姆会员店和沃尔玛社区店三种形式,其中购物广场占32家。从2005年开始,沃尔玛在中国的投资进入"加速发展"阶段。2004年12月中国零售业对外资全面放开,这推动了沃尔玛在中国的投资。沃尔玛于2005年在中国开店数为13家,并将2006年在中国的开店数定为20家,其扩张速度大大增加。

这里要说明的一点是,虽然沃尔玛在中国的早期扩张比较保守,但是一直把中国作为主要的货源地,目前已与近2万家中国供应商建立了合作关系。沃尔玛把中国作为主要的货源地,是因为中国原材料和配件的供应能力与配套能力已越来越完善。随着中国经济的发展和实力的提升,对原材料和配件的生产和配套能力明显增强,造就了一个品种齐全、品质优良、价格低廉、更新加快的供应环境。除了沃尔玛之外,其他一些大型跨国公司也把它们的采购业务放到中国来,比如家乐福、百安居、欧倍德等零售商,福特汽车、通用电气、联合利华、西门子等制造商,都在中国设立了国际采购部或国际采购中心。

(资料来源:摘自经济日报,2006-8-8.)

【案例思考】

1. 沃尔玛为什么要进行战略调整?
2. 你是如何理解"零售业是一个非常本土化的业务"的?
3. 你认为这一案例对中国民族零售企业开展跨国经营有何启示?

本章实训

一、实训目的

1. 明晰零售战略环境对战略规划、战略类型的影响。
2. 了解中外著名专业商店在战略方面的异同。
3. 锻炼比较研究、观点提炼等能力。

二、实训内容

以小组为单位,从网上收集中国家用电器零售商苏宁和美国家用电器零售商百思买(bestbuy)的战略管理资料,比较这两家零售商战略的异同以及百思买战略对苏宁的启示。

三、实训组织

1. 指导教师明确实训目的、任务和评价标准。
2. 学习委员将班级成员分成若干小组。成员可以自由组合,也可以按学号顺序组合。小组人数划分视修课总人数而定。每组选出组长1名,发言代表1名。
3. 以小组为单位,从网上广泛收集苏宁、百思买战略管理方面的资料。根据资料和战略理论,提炼观点,写成书面分析报告,制作课堂演示PPT。
4. 各小组发言代表在班级进行汇报演示,每组演示时间以不超过10分钟为宜。
5. 鼓励同学们在每个组发言后提问、讨论、质疑。

四、实训步骤

1. 指导教师布置任务,指出实训要点、难点和注意事项。
2. 小组成员分工收集、整理案例企业资料。
3. 各小组组织讨论,按实训任务要求形成、归纳要点,完成书面分析报告。
4. 演示之前,小组发言代表对本组成员及各自承担的任务进行介绍陈述。演示结束后,征询本组成员是否有补充发言。
5. 班级演示之后,指导教师进行最后总结及点评,并为各组实训结果打分,对表现优秀者提出表扬。

延伸阅读

1. [美]威拉德·N.安德,尼尔·Z.斯特恩.零售商的定位策略[M].北京:电子工业出版社,2005.
2. 马浩.竞争优势[M].北京:中信出版社,2004.
3. 曹立生.外商投资我国零售业的调查[J].经贸参考,2008(18).
4. 何济海.站在历史的新起点.中国商业联合会网站,2008-12-19.

第三章 零售组织与人力资源管理

 本章学习目标

了解零售企业组织设计原则和企业组织结构模式，零售企业人力资源管理的特殊性；熟悉零售企业组织设计的一般程序，零售企业人力资源的招聘来源和特点；掌握零售企业人力资源培训的目标、职责和基本流程，零售企业人力资源培训的类别和绩效考评的常用标准。

 引例

国美电器公司的培训制度

竞聘成功成为国美的成员会接受国美电器公司的一系列培训训练，以加强成员管理技能以及工作协调能力。国美电器总部下派专门的培训师进行培训，对于那些能力不足的员工会展开专门培训，以提高其能力。培训的主要地点会选择在国美电器的各个具体的卖场以及各分区的行政总部。一般培训的主要内容有国美企业文化知识、对国美的规章制度和纪律章程的了解、接受实地实践即门店参观和互动交流、了解老管理员工的行为模式、学习改进创新。管理人员要正确定位，明白自己不是一个销售人员，不用具体学习某些产品知识，在培训中始终认识到自己是一个管理者，主要是加强团队合作和协调能力建设，管理团队的能力，要有团队领袖的意识。而厂商招聘的销售人员主要由厂商对其进行产品具体知识的培训，熟练掌握产品的性能等。培训有入职培训、岗位培训和在职培训等多种形式。

2009年国美电器门店培训日历手册

主题：阳光微笑五月

第一周

（1）五一期间门店优秀案例挖掘和分享

　　挖掘优秀案例，精彩陈述，与众人分享，店长结合企业文化进行点评，弘扬精神，优秀事迹张贴宣传栏、学习、分享。

（2）五一销售、服务、售后总结表彰，提高员工士气

（3）门店客诉处理标准

- 重点客诉行政扣罚20分，解除劳动合同，退回厂家，进入公司黑名单，永不录用

- 一般客诉50元罚款,一个月三次行政扣罚20分,解除劳动合同,退回厂家,进入公司黑名单,永不录用
- 因个人行为过失由当事人赔偿

第二周

(1) 情感关注顾客案例分享

收集情感关注顾客案例,进行全场分享,学习,实际运用

(2) 专业服务礼仪和个人形象修炼

- 语言礼仪　如"对不起"、"请稍候"、"请问"、"劳驾"等
- 服务礼仪态度　学会微笑、目光、站姿、行姿和手势的运用

(3) 员工的协作与沟通

- 沟通技巧　有意识的使用身体语言(热情、坦诚、执着、微笑)
- 语言表达
- 耐心倾听　不管顾客的态度如何,都要始终做到耐心,倾听他们的牢骚抱怨。

(4) 差异化商品知识培训

第三周

(1) 微笑练习

(2) 微笑服务案例讲述

(资料来源:蔡慧娟.人力资源实地调查案例分析——以南昌北京东路国美电器为例.http://wenku.baidu.com/view/f56fdb2458f770bf78a5524.html.)

本章知识结构图

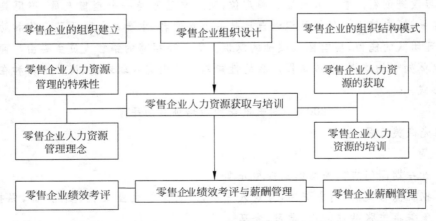

凡是由两个以上的人所从事的事业,都不能离开组织。零售企业同样如此。为了实现零售企业的目标,就必须建立一定的机构和组织体系,并划分各级组织机构的职责范围和协作关系。正确管理一个零售企业有三个最基本步骤:建立组织结构,聘用和管理员工,运营管理。本章主要探讨零售企业如何建立组织,聘用和管理员工。

第一节 零售企业组织设计

一个零售企业组织的建立必须同时满足目标市场、员工和管理者的需要。同时,零售企业组织的设计需要综合考虑多种因素(如图 3-1 所示),从而形成多种多样的组织模式,并随着社会经济的发展而不断演化。

```
目标市场的需要
是否有足够的员工为顾客服务?
员工是否有丰富的知识和友善的态度?
店内设施是否得到很好的维护?
分店顾客的特殊需要能否得到满足?
员工的需要
职位是否有挑战性并能给员工带来满足感?
是否具有有序的晋升计划?
员工能否参与决策制定?
沟通渠道能否透明通畅?
权责是否明确?
员工是否得到公平待遇?
良好业绩能否得到回报?
管理层的需要
能否获得并留住有能力的员工?
人事制度是否有明确的规定?
每名员工是否只向一名主管汇报?
每位管理者是否都能有效监督那些向他汇报的员工?
运营部门是否得到足够的人员支持?
组织层次是否恰当?
组织计划是否统一?
员工是否受到适当的激励?
缺勤率是否较低?
是否有一个合适的岗位人员替换制度?
组织能否灵活适应顾客和环境的变化?
```

图 3-1 零售企业组织设计时需要考虑的因素

一、零售企业的组织建立

零售企业组织建立的程序一般为:确定工作任务、分解工作任务、归类职位、职位分类、形成组织。

(一)确定工作任务

零售企业的工作任务是其作为分销渠道终端的任务。零售企业典型的工作任务有:
- 采购商品;
- 运输配送商品;
- 接收商品;

- 检查进货数量；
- 确定价格；
- 贴商品标签；
- 存货的盘点和控制；
- 商品准备和橱窗陈列；
- 设施维护(如保持店面整洁)；
- 客户调查和信息交换；
- 接触顾客(如广告、人员推销)；
- 创造便利的购物条件(如便利的位置、快速结账)；
- 顾客回访,处理顾客的抱怨；
- 员工管理；
- 商品修理和更换；
- 给顾客开账单；
- 处理单据和财务记录；
- 信用业务；
- 礼品包装；
- 送货；
- 退换货；
- 销售预测和预算；
- 管理协调。

(二) 分解工作任务

上述确定的工作任务多由零售分销渠道来执行,但它们并不一定由某个特定的零售企业来执行。一些任务也可以由制造商、批发商、专业公司或顾客来执行完成。到底由谁来执行这些任务,就涉及工作任务分解这一问题。在对任务进行分解时,应考虑通过分担或转移任务是否能够实现成本的节约。同时,零售企业的组织结构也会影响任务的分解。例如,特许经营者可以联合起来拥有自己的自有品牌,而独立经营者则很难做到这一点。零售企业对零售任务的分解具体如表 3-1 所示。

表 3-1　零售任务的分解

执行者	任　　务
零售商	能执行前面所列的从商品采购到管理协调的全部或一部分任务
产品供应商	能执行几种或多种职能,如运输配送、贴标签、存货的清查和控制、商品准备和陈列、调研、销售预测等
服务供应商	包括以下几类：采购部门、运输公司、仓储公司、市场调研公司、广告代理商、会计师事务所、政府信用机构、计算机服务公司等,它们都是专门执行一种特定任务的机构
顾客	可以承担的任务有：运送、信用(现金销售)、销售(自助或直复营销方式)、产品改进(自己动手做产品的顾客),等等

(三) 归类职位

零售企业一旦确定其所要执行的任务,并在供应商与顾客之间分解工作任务之后,就要将任务归集成职位,并必须明确这些职位的定义和构成。表 3-2 是一些职位归类的例子。

表 3-2 零售企业常见职位归类举例

职 位	任 务
销售人员	陈列商品;联系顾客;包装礼品;跟踪顾客
收银员	输入交易数据;处理现金收据;处理信用卡购买;商品包装;存货控制
仓库保管员	接收商品;检查来货;给商品标价;货物存储和控制;退货
陈列人员	装饰橱窗;布置内部陈列;顾客调查
信用业务人员	给顾客账单;信用卡业务;顾客调查
顾客服务人员	商品的修理和更改;顾客抱怨的处理;顾客调查
门卫	清扫商店;更换旧设备
管理人员	人事管理;销售预测;预算;定价;任务的协调

零售企业在将任务归集为岗位职责时,需要考虑实施专业化分工。在专业化分工条件下,每名员工只对有限的职能负责(与之对立的是每名员工执行多种职能)。专业分工的优势有任务范围明确、获得专业技能、降低培训费用和时间以及可雇佣受教育水平较低和经验较少的人员等。但是,过度的专业化也可能会产生一些问题:士气低落(因工作枯燥乏味);员工意识不到自己职位的重要性;需要雇佣更多员工;等等。

一旦任务归集完毕,职位说明书就形成了。职位说明书概括了每个职位的名称、目标、义务和责任等。它是对员工进行聘用、监督和评价的工具。表 3-3 和表 3-4 分别是采购总监及采购经理的职位说明书。

表 3-3 采购总监职位说明书

职 位 名 称	采 购 总 监
直接上级	区域经理或地区副总经理
直接下属	各部门采购经理
主要职责	① 在区域经理的领导与授权下,直接负责采购部门的各项工作,并行使采购总监的职权 ② 在公司总体经营策略指导下,制定符合当地市场需求的营运政策、客户政策、供应商政策、商品政策、价格政策、包装政策、促销政策、自有品牌政策等各项经营政策 ③ 在遵循公司总体经营行政策略下,领导采购部门达成公司的业绩及利润要求 ④ 给予采购人员相应的培训 ⑤ 与采购本部及其他地区公司密切沟通与配合
主要工作内容	① 制定、督导各项经营政策及措施的实施 ② 制定并督导各部门各月、季、年度各项销售指标的落实,利润及各项业务指标的落实 ③ 协调各部门经理的工作并予以指导 ④ 负责各项费用支出核准,各项费用预算审定和报批落实 ⑤ 负责监督及检查各采购部门执行岗位工作职责和行为动作规范的情况 ⑥ 负责下属员工的考证工作,在授权范围内核定员工的升职、调动、任免等 ⑦ 定期给予采购人员相应的培训

表 3-4 采购经理职位说明书

职位名称	采 购 经 理
直接上级	采购总监
直接下级	采购主管
主要职责	① 对公司分配给本部门的业绩及利润指标进行细化,并进行考核 ② 负责本部门全部商品群商品的品项合理化、数量合理化及品项选择 ③ 负责本部门全体商品价格决定及商品价格形象的维护 ④ 制定部门商品促销的政策和每月、每季、每年的促销计划 ⑤ 督导新商品的引入、开发特色商品及供应商 ⑥ 督导滞销商品的淘汰 ⑦ 决定与供应商的合作方式、审核与供应商的交易条件是否有利于公司运营 ⑧ 负责审核每期快讯商品的所有内容 ⑨ 参与 A 类供应商的采购、为公司争取最大利润 ⑩ 在采购主管需要支援时予以支援 ⑪ 负责本部门工作计划的制订及组织实施和监督管理 ⑫ 负责部门的全面工作,保证日常工作的正常运作 ⑬ 负责执行采购总监的工作计划 ⑭ 负责采购人员的业务培训和管理

(四) 职位分类

零售企业的职位分类大体可以按照职能、产品、地理区域、顾客类型或综合情况来进行划分。

(1) 按职能划分。根据职能范围可以把职位分为促销、采购、运营以及一些辅助职能,如人事、财务、审计等。其分类如图 3-2 所示。

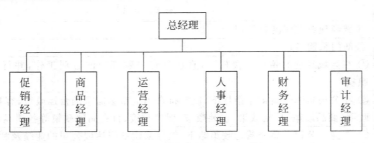

图 3-2 按职能划分职位

(2) 按产品划分。按照产品分类是根据商品或服务来划分职位。例如,一家百货商店可以聘用服装、家具、礼品、家用器具等方面的人员。这种方法承认不同商品对人员的要求存在差异,从而使更为严格的控制和更明确的责任划分得以实现。其分类如图 3-3 所示。

(3) 按地理区域划分。当零售企业存在多家分店并分布在不同地区时,按地理区域划分职位的方法就非常恰当。员工应适应当地的情况。职位说明和任职资格由各地分店经理把握。其具体职位划分如图 3-4 所示。

(4) 按顾客类型划分。当零售企业面对的顾客类型不多,也不复杂时,可以考虑按照顾

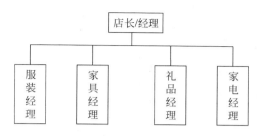

图 3-3　按产品划分职位

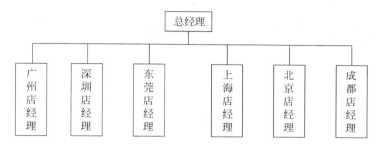

图 3-4　按地理区域划分职位

客类型划分职位,以便更好地为他们提供服务。按顾客类型划分职位如图 3-5 所示。

(5) 按综合情况划分。对于大型的零售企业来说,它们往往不会局限于某一种职位划分方式,往往会把以上几种方法综合起来运用,从而形成比较复杂的职位分类如图 3-6 所示。

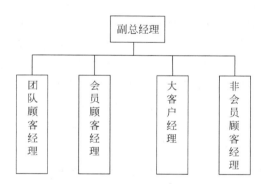

图 3-5　按顾客类型划分职位

(五) 形成组织

在筹建一个零售企业组织时,企业不能孤立地看待每一个职位,而应把每个职位看成是一个整体的组成部分。零售企业组织的形成必须要经过统一、协调的规划与设计,职位必须明确、清晰;同时,职位间的相互关系也应该明确、清晰。成功的零售企业总裁并不需要亲自开展业务,但需要有效地建立一个组织,然后开动这个组织,让其顺利运转。

权利层级是指通过描述企业内部员工之间的汇报关系(从最低层到最高层)来说明各个职位间的关系。这种等级关系可以实现组织的协调与控制。零售企业组织构建的过程中需要考虑其组织的权利层级是多少层,即从最低层到商店经理或董事会要通过多少层

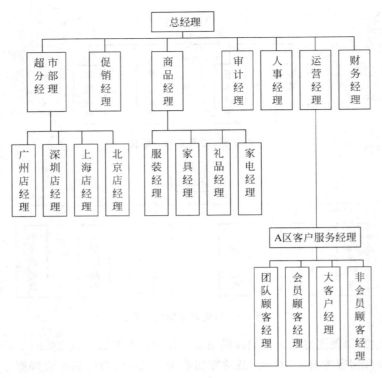

图 3-6 按综合划分职位

报告。如果零售企业有大量的下级向同一个上级汇报,那该组织就应属于扁平式组织。扁平式组织的优点是沟通良好,问题能得到迅速解决;但缺点是可能造成汇报的人数过多。与扁平式组织相对应的是高长式组织,该组织有多层管理人员,在这种层级结构下,可以实行密切监督,向每位管理人员汇报的员工数量较少。高长式组织的缺点在于沟通渠道太长,给员工缺乏人情关怀的感觉(无法接近组织内的高层人士)以及制度僵化。

综合考虑这些因素,零售企业便设计出适合自身的组织结构图,它以图示的方式表明了企业内部的层次关系(具体参考零售企业的组织结构模式部分)。表 3-5 列举了在建立零售企业组织结构图时需要考虑的原则。

表 3-5 零售企业的组织原则

- 组织应该关心员工。职位轮换、员工参与管理、业绩认可、工作丰富化等,都有助于提高员工士气
- 员工离职、迟到、旷工应得到控制,这些都是存在人事问题的征兆
- 权利应能从最高职位直达最低职位,以便员工明确他们向谁汇报和谁向他们汇报(命令链)
- 一个下级只能向一位直接主管报告。这样可以避免员工接到相互冲突的命令(统一指挥)
- 一个经理直接管理的员工数量要有限(管理跨度)
- 责任应该辅以足够的权利。一个对特定目标负责的人需要有达到目标的权利
- 虽然主管可以授权,但是他应对下属的行为负责。授权不能成为管理人员没有达到目标的借口。这就要求主管人员在下级为实现目标工作时,主动去评价他们的行为
- 企业应尽量控制组织的层级数量。层级越多,沟通所需要的时间就越长,协调的困难也越大
- 组织内除了正式组织外还存在非正式组织。非正式组织在组织内所起到的作用可能会超过正式的关系与程序

二、零售企业的组织结构模式

零售企业根据自身的企业规模与特点,为完成其组织目标,在综合考虑多种因素的前提下,设计出适合自己的企业内部层次关系,形成自己的组织结构模式。零售企业的组织结构模式主要分为直线型结构模式、职能型结构模式、梅热型结构模式、分部型结构模式、矩阵型结构模式以及委员会型结构模式等。

(一)直线型结构模式

直线型结构模式是指低复杂性、低正规化和职权集中在一个人手中的一种结构简单的"扁平"组织。它通常只有两三个纵向层次,员工队伍比较松散,决策权主要集中在某一个人身上。中小型独立零售企业通常采用这种直线结构模式,因为它们只有两三个人事层次(业主、经理与雇员),而且业主亲自管理业务、监督员工。它们的员工很少,也很少划分部门,而且没有分支机构,每名员工需要负责多项工作任务。图3-7是两家小型零售商店的组织结构模式。图A的服装用品小商店是按职能组织起来的:商店销售人员负责商品采购、销售服务、分类、陈列及广告;商店运营人员负责商店的维护和一些运营业务(如存货管理和财务报告)。图B的家具商店是以产品为导向组织起来的,人员按每类商品分工并负责特定的任务。

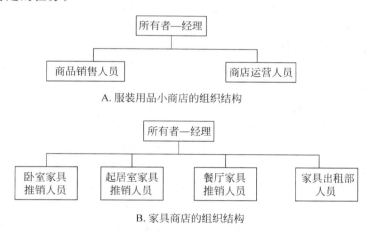

图3-7 小型独立零售企业采用的直线型组织结构模式

(二)职能型结构模式

职能型结构模式是按照职能导向来安排企业的组织结构,图3-8是一个零售企业职能型组织结构,它把整个零售企业的运作分为促销、商品管理、人事管理、商店运营与财务控制,并配备相应的经理和总会计师来行使其职权。

职能型结构模式的优点:第一,它从专业化中取得优越性。将有同类专长的人员归在一起可以产生规模效益,减少人员和设备的重复配备,以及通过给员工们提供与同行们交流与相互学习的机会而使他们感到舒适和满足,从而提高工作效率。第二,这种结构职责分工明确,有利于调动部门全体员工的积极支持,充分挖掘技术专家、企业信息及部门内其他资源的潜力,并形成很好的凝聚力,发挥团队精神。第三,部门的全体人员共同承

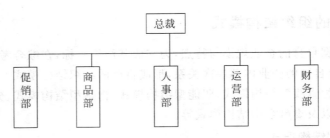

图 3-8　零售企业职能型组织结构图

担全部项目工作,人员由部门统一调度,一个人可以同时参加多个项目,人员的利用率是高效的,这对整个企业都是如此;信息及其他资源在部门内部共享,它们的利用在部门内是高效的。如果部门中项目不多,部门主管可以作为具体的项目负责人,项目的具体决策者距离项目的路径短,因而这种结构对风险有高效的预警能力。同时,在部门内部,项目人员只有一个直线领导,纵向沟通畅通,而部门内部无组织性的壁垒,横向沟通也无阻。第四,在公平性方面,由于有比较完善的组织章程,事权划分明确、清晰,职权平衡。同时,组织稳定,使得管理幅度与管理者的能力之间易于平衡。职能部门本身按专业原则划分,工作跨度较小,让工作跨度与承担者能力之间也易于平衡。

当然,职能型结构模式也有较为明显的缺点:第一,组织中常常会因为追求职能目标而看不到全局的最佳利益。没有一项职能对最终结果负有全部责任,每一职能领域的成员们相互隔离,很少了解其他职能的人员在干些什么。不同职能间利益和视野的不同会导致职能间不断地发生冲突,各自极力强调自己的重要性。职能经理们看到的只是组织的一个狭窄的局部,难以拥有看到整个组织的广阔视野,从而缺乏成为未来高层经理的锻炼机会。第二,对于主办部门,由于不承担最终责任,没有全力支持项目的机制保障,使得工作的协调主要靠部门主管的协作精神,自然容易造成部门间相互利益的冲突,部门间容易发生工作的摩擦。第三,各部门由于专业性分工不同,各自利益有一定的独立性,容易形成信息及其他资源的孤岛,信息及其他资源的跨岛流动存在障碍,在信息方面甚至可能失真。因此,信息在跨部门的利用中存在低效率。当遇到突发风险时,跨部门的紧急资源调配会面临低效的问题,从而难以有效处理风险。同时,因为部门间难以有效协调,使得组织面对风险的预警能力也自然下降。第四,团队激励不足,工作分配容易失衡。专业划分的组织中,部门之间没有工作可比性,部门间的相互激励性自然不足。同时,个人更专注自己的专业,对项目一般缺乏积极性,因此,也存在个人激励不足的问题。正因为专业分工明确,人员囿于正统专业的领域中,对环境变化,特别是突发性变化不够敏感,使得这种组织的创新能力一般不强。此外,因为组织的层次关系比较多,工作调整一般比较慢,使得工作分配容易失衡。

(三) 梅热型结构模式

梅热(Mazur)型结构已提出有近百年(1927 年),但许多大中型百货企业仍在沿袭这种结构的修正形式作为自身的组织结构,该结构实质上仍是一种职能型结构。梅热型结构把整个零售业务分为四个职能领域:商品销售、公关宣传、商店管理、财会与控制。这些职能部门的具体任务如下:

（1）商品销售。它的职能具体包括采购、销售、库存计划与控制、设计促销活动。

（2）公关宣传。它的职能具体包括橱窗设计和店内陈列、广告、计划并实施促销活动（与商品经理合作）、广告调研、公共关系。

（3）商店管理。它的职能具体包括商品保管、顾客服务、购买商店自用品和设备、商店保洁、运营活动（接收和运输商品）、商店和商品保护（如保险和保卫）、员工培训和报酬、工作场所管理等。

（4）财会与控制。它的职能具体包括信用和信用审查、开支的预算和控制、库存计划和控制、记录保存等。

这四个领域是根据直线（垂直授权和职责）和职能结构（建议和支持）组织起来的。例如，财会经理和公关宣传经理向商品部提供职能服务，但在各自职能部门内部是按直线组织的。图3-9列示了一个百货商店基本的梅热型结构模式。

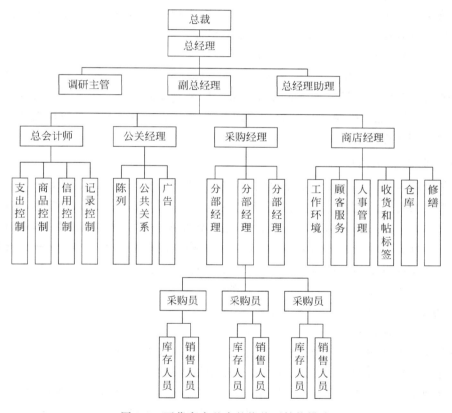

图3-9 百货商店基本的梅热型结构模式

在基本的梅热型结构中，商品销售经理领导的商品部负责采购和销售活动。商品销售经理通常被看作是商店中最重要的部门经理，其责任包括监督采购人员、为各部门设计财务控制系统、协调各商品部的计划和政策、对经济数据及其对商品的影响进行解释等。一些商店还会设置商品分部经理，以减少向同一个经理报告的采购员数量。

在基本的梅热型结构中，采购员对本部门的开支控制和利润目标负有完全责任。采购员的任务包括：进行初步预算、研究流行趋势、与供应商讨价还价、计划所需销售人员的数量、让销售人员了解商品购买和流行趋势方面的信息等。把采购和销售归集于同一个职位（采购员）中，可能会产生一个重大问题：由于采购人员并非一直待在商店中，这可能使人事控制（培训、日程安排以及监督）非常困难。

随着分店的增多，梅热型结构产生了三种衍生形式：母子型分店组织由总部人员对分店进行监控和经营；独立型商店组织由各分店负责采购；平等型商店组织则采购集中化，各分店是地位平等的销售单位。在母子型分店组织中，总店保留了大部分权利。商品计划和采购、广告、财务控制、营业时间表及一些其他任务都集中管理。在这种组织形式下，下级单位的行为被标准化了，分店经理负责聘用和监督本店员工，并且保证分店的日常运营和总公司的政策一致。在分店数量有限且顾客的购买偏好与总店类似，那么这种组织形式就十分有效。独立型组织直接把商品销售经理置于分店之中，分店拥有商品购销和经营决策自主权。这种组织可以使顾客需求很快得到重视，但它引发了总店与分店管理人员的重复设置，而且协调成本也会随之增加。分店之间的存货调运十分复杂，且耗资巨大，只有当分店规模很大、地理位置分散或顾客品位相差很大时，这种组织才是非常有效的。在平等型组织中，百货公司既要提高总体利润，又要顾及分店利润。一般包含多家分店的百货公司会采用这种组织形式。采购职能均采用集中管理，销售职能则由分店自行管理，各销售点的待遇是平等的，采购人员不受总店人员的监督。各种类型的连锁店通常采用平等型组织结构。

（四）分部型结构模式

分部型结构模式是指零售企业通过设计自我管理方式来组织企业，每个单位或事业部一般都是实行自治，由分部经理对全面绩效负责，并同时拥有充分的战略和运营决策权利。中央总部一般对各分部提供支援服务，通常包括财务和法律方面的服务，同时总部也是作为一个外部监管者，协调和控制各分部的活动。在既定范围内，各分部是相对独立的。只要在总部设定的总体指导方针下，分部经理常常可以按照他们觉得合适的方式自由地指导所属分部的活动。多元化经营的零售企业一般采用这种分部型结构模式。图3-10为某零售企业分部型结构模式。

分部型结构模式的零售企业内部其实包含着职能型结构，如图3-10中的超市分部中包含一个职能型结构。分部型结构模式创造了一系列自治的"小公司"。这些公司内部存在另一种组织形式，这些组织形式往往是职能型结构的变种。

分部型结构模式的优点在于强调结果。分部经理对一种产品或服务负完全的责任。分部型结构也使总部人员摆脱了关注日常运营具体事务的负担，从而专心致力于长远的战略规划。与职能型结构模式不同，分部形式更有利于培养高级经理人员。各分部经理们在运营其自治单位的过程中不仅获得了范围广泛的经验，也锻炼了他们独立承担责任、自我管理企业的能力。分部型结构模式所存在的主要缺点是：活动和资源出现重复配置，运营成本较高。例如，每一个分部都可能有一个市场营销部门，这样造成分部化后总的营销费用偏高。因此，分部型结构的职能重复配置会导致组织总成本的上升，而效率又有所下降。

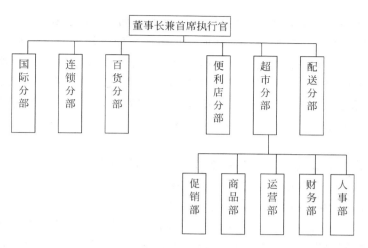

图 3-10　某零售企业分部型结构模式

(五) 矩阵型结构模式

矩阵型结构模式是由职能型结构与项目小组混合而成的组织模式。在职能型组织下,为了完成特定的工作,抽调有关人员,以执行某种特定任务。此种组织模式是功能组织与专案组织的结合,两者相互依存,交相运用。专案组织的主要目标在于完成其专案计划,功能组织则要对专案组织给予支持与合作。图 3-11 为某零售企业的矩阵型结构模式。

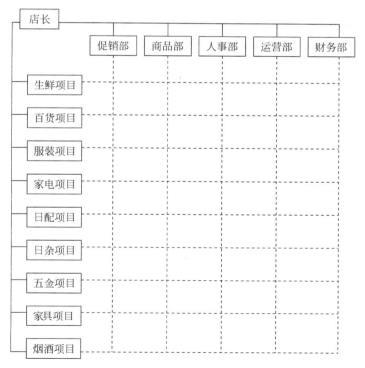

图 3-11　某零售企业的矩阵型结构模式

矩阵型结构中的员工有两个上司：他们所属职能部门的经理和他们所工作的产品或项目小组的经理。项目经理对于作为某项目小组成员的职能人员也拥有职权。例如，负责生鲜项目促销活动的销售人员，他同时要对促销部门经理和生鲜项目经理汇报工作，两位经理共同享有职权。一般来说，项目经理对项目小组成员行使有关项目目标达成的权力，而晋升、工薪建议和年度评价等决策的权利则留给职能经理。为了使矩阵型结构能有效运作，项目经理和职能经理必须经常保持沟通，并协调他们下属共同员工提出的要求。

由这种矩阵关系形成的总体结构，兼收了职能部门化和产品部门化的优点，但又能避免它们各自的缺点。矩阵型结构的优点在于能促进一系列复杂而独立的项目取得协调，同时，又保留将职能专家组合在一起所具有的经济性。矩阵型结构的主要缺点是造成了一定的混乱，并易于激发部门间的权利斗争。矩阵型结构放弃了统一指挥原则，就相当程度上增加了组织的模糊性。混乱存在于谁向谁汇报工作方面。这种混乱和模糊性反过来培植着权利斗争的种子。

矩阵型结构模式是职能型组织结构与项目型组织结构的混合，在这个结构中项目负责人既是项目经理又是部门经理。在领导项目时，对项目的结果负责，同时又对职能部门的业务负责。这种结构有效地利用了公司的资源，减少了部门间工作的冲突，增加了横向沟通，降低了每个项目的执行成本，使部门经理有机会通过领导和参与各种项目，获得更多领域的知识和技能，丰富多部门、多专业管理的经验和阅历，使他们的个人价值提高并能够胜任未来的高层职务，获得职业上的发展。企业为了鼓励中层经理的职业发展，在对他们的评价和考核中除了对他原先的部门工作业绩指标进行考核外，也加入了对他们所组织领导的项目的考核。通过公司的各项激励机制，保证在项目工作中的成员有充分的积极性和成就感。图 3-12 为项目化管理的组织结构。图 3-13 则展示了项目化管理的运作程序。

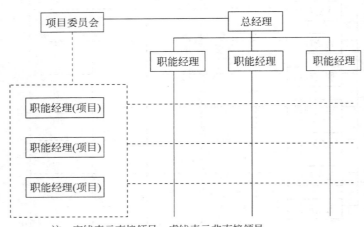

注：实线表示直接领导，虚线表示非直接领导。

图 3-12　项目化管理的组织结构

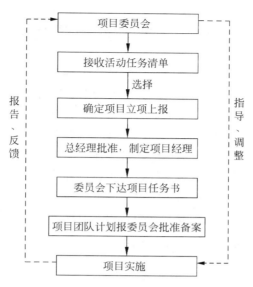

图 3-13 项目化管理的运作流程

(六) 委员会型结构模式

对于许多大型零售企业,特别是那些发行股票并上市的企业,它们越来越多地采用委员会型结构模式。委员会型结构就是将许多个人的经验和背景结合起来,跨越职能界限地处理一些问题。委员会可以是临时性的,也可以是永久的。临时性委员会通常等同于任务小组,永久性委员会与任务小组一样,都可以促进各种投入的统一,但永久性委员会更具稳定性和一致性。

永久性委员会结构与矩阵结构相似,但委员会只是一种附加的设计。委员会的成员们长久地属于某一职能部门,但他们定期或不定期地聚在一起分析问题,提出建议或做出最终决策;协调有关活动;监控项目的进行等。因此,委员会是将各职能部门的投入聚合在一起的一种手段。例如,一些零售企业会通过设立薪酬委员会来评审经理人员工资奖金方案,设立审计委员会来客观地评估组织的活动等。还有一些零售企业甚至会利用委员会来作为其组织的中央协调机构。

以上是零售企业六种组织结构模式的简单划分,下面我们将这六种结构模式的优点和适宜应用的条件进行了简单归纳(如表 3-6 所示)。

表 3-6 各种组织结构模式的优点与适宜应用的条件

结构模式	优点	适宜应用的条件
直线型结构	快速、灵活、经济	小型组织;发展的初期;简单、动态的环境
职能型结构	专业化的经济性	单一产品或服务的组织
梅热型结构	全局观	大型组织
分部型结构	对结果的高度责任感	大型组织;多种产品或多个市场的组织
矩阵型结构	专业化的经济性与对产品结果的责任感	有多个产品或规划、需要依靠职能专长的组织
委员会型结构	灵活性	需要跨职能界限的专门技能的组织

第二节　零售企业人力资源获取与培训

对于零售企业来说,无形的人力资源能决定企业的胜负。零售企业要想在将来获得成功,必须竭尽全力地雇用最优秀的员工并且不遗余力地留住他们。美国现在约有 2 300 多万人在零售企业工作,这使得零售业成为雇员数量名列第三的私营部门,也使得人力成本成了零售企业除商品成本之外的最大开支。因此,加强零售企业员工的管理,提高员工的效率与创收率,有利于员工薪资的上涨和员工流失率的下降。零售企业有必要建立科学的人力资源管理体系,最大限度地发挥人力资源的作用。零售企业人力资源管理是指零售企业为了提高劳动生产率,提高员工生活质量,提高经济效益,采用计划、组织、控制、监督和激励等有效措施和手段,充分开发和利用人力资源而进行的一系列活动的总称。

小链接3-1　　全球排名最高的中国零售企业——屈臣氏集团

屈臣氏集团起源于1828年,当时一家小药房在我国广东省开业,为贫苦大众赠医施药。走过漫长岁月,集团经历不断的发展,现已成为全球最大、引领健康、美丽和时尚生活的零售业翘楚,每周在全球33个市场的零售店铺内为超过2 700万名顾客服务。

集团以最多元化的零售品牌及模式,覆盖全球最多的地域,为各国的顾客提供服务。集团现聘用超过100 000名员工,是业务遍布全球的大型跨国综合企业和记黄埔有限公司(和黄)的成员。和黄业务遍及52个国家,经营港口及相关服务、地产及酒店、零售、基建、能源以及电信6项核心业务。

屈臣氏集团是:

全球最大、引领健康、美丽和时尚生活的零售业翘楚,旗下超过11 000家零售商店,在全球33个市场经营20个零售品牌;

亚洲最大的保健及美容产品零售商,业务遍布11个亚洲市场,包括中国内地、中国香港、中国台湾、中国澳门、新加坡、泰国、马来西亚、菲律宾、韩国、印尼及土耳其,经营超过3 300家屈臣氏个人护理店及900多家药房;

欧洲最大的香水及化妆品零售商,以 Marionnaud、ICI PARIS XL 和 The Perfume Shop 三个零售品牌,在16个市场经营超过1 600家分店。

(资料来源: http://www.aswatson.com/chi/html/company/history.html.)

一、零售企业人力资源管理的特殊性

零售企业所面对的人力资源具有独特的特殊性,其特殊之处在于非熟练的员工多、工作时间长、员工显露率高、兼职员工人数多、顾客的需求复杂多样。

(一)大量的非熟练劳动力

长期以来对于大多数零售企业来说,人力资源管理中最大的问题在于零售业需要大量劳动力,但是却经常招聘到工作经验很少或者几乎没有工作经验的员工,即大量非熟练

劳动力。造成这一问题的原因通常是和零售企业所招聘的职位要求比较低有关,例如零售企业招聘收银员、理货员、柜台销售人员等,对员工教育、培训和技能的要求都比较低。与此同时,零售企业对很多职位支付较低的工资,这也导致雇用大量非熟练员工。对于许多新进员工来说,零售工作可能是他们的第一份"真正的"工作。由于低进入门槛,导致零售企业员工的离职率普遍较高,员工迟到与旷工的事情时有发生。

(二) 工作时间长,员工显露率高

零售业的工作时间通常都较长,零售企业往往是一年365天都营业,甚至有些还通宵营业。随着社会的发展,零售企业工作时间还有延长的趋势,许多顾客希望零售企业在晚间或周末都能正常营业。这使得许多零售企业采用两班制或三班制,从而必须雇用至少两班全职员工。在零售业中,员工在顾客面前显露率很高。因此,零售企业在选择员工时必须格外注意他们的外表、举止和言谈。

(三) 兼职员工人数多

由于零售企业工作时间长,企业通常不得不雇用兼职员工。在许多大型超市中,兼职员工甚至超过半数,这就产生了相应的管理问题。兼职员工比全职员工更容易消极怠工、迟到、旷工或辞职,这都会增加零售企业的监控成本。

(四) 顾客需求变化大,人力规划难

零售企业每一天、每一个时期和每一个季节都会面对顾客需求的变化,这无疑增加了公司进行人力规划的难度。例如,在中国,大部分顾客都喜欢在周末到超市大量采购,那么与此相对应,零售企业应该在周末安排多少员工呢?一天内(上午、下午、晚上)的需求差异和季节(元旦、春节、元宵节、五一节、儿童节、中秋节、国庆节)的需求差异,都会对零售企业的人力资源规划产生影响。

二、零售企业人力资源管理观念

现代零售业对人才的要求和传统零售业有很大的不同。现代零售企业在技术、管理等方面已经有很大的转变,比如各种POS技术、网络技术、冷冻保鲜技术、物流配送技术、选址布局技术、商品促销策划、门店陈列、风险管理、顾客服务技术等,在现代条件下不断涌现和发展。这就要求零售企业的中高层管理人员应该是高素质的复合型人才。即使是一线操作的中低层管理人员,也需要兼通技术知识和管理知识。为此,零售企业人力资源管理必须要具有好的管理观念,才能适应现代零售企业发展的需要。

(一) 人本管理观念

人本管理是指在经营管理的一切活动中,始终把人放在中心位置;在手段上,着眼于最充分地调动所有员工的工作积极性和实现人力的优化配置;在目的上,追求人的全面发展以及由此而带来的企业效益的最大化。零售企业人本管理能有效地密切关注企业中人与人的关系,充分发挥人的聪明才智,有力地保证企业在竞争中的优势地位。

人本管理需要把人的因素当作管理中的首要因素和本质因素,围绕调动人的积极性、主动性和创造性进行企业运作的一切管理活动。管理进行的环境是人本管理的第二个基本要素。实施管理、领受管理的活动过程是在企业内外直接的和间接的外力与介质作用

下，在个人和团体、社会和物理的多因素复合系统中实现的。人本管理的第三个基本要素是文化。零售企业的成长必定受到地区文化、社会文化的影响，并日益受到开放条件下外来文化的冲击。人本管理所依托的企业文化是在一个企业团体内形成的具有特色的文化观念和历史传统，是在企业内所确立的价值标准、道德标准、文化信念，是企业组织赖以生存和发展的精神支柱。以人为本的价值观是人本管理的第四个基本要素。人本管理要从个人、团队、社会价值观的形成和优化的角度，着眼于企业人的价值观倾向及其变化与行为方式的状态及变化的相关性，努力营造适合于本企业发展目标的价值观体系，使其充分发挥内化、整合、感召、凝聚、规范、激励等作用，将社会价值观和企业预期的价值观渗透到企业的行为方式中。

（二）情感管理观念

以人为本的体现是情感管理。情感管理强调管理要以人为本，要关心人、爱护人。这种"爱的管理"、"人情味的管理"、"无为而治的管理"正受到企业界的关注和推行，成为一种新型的管理方式。

情感管理立足于"依靠人→关心人→培养人→提高人→收到管理效果"的逻辑程序，标志着零售企业"对人的管理"的内容和方法更全面。情感管理不仅强调人的心理因素，而且把全面关怀人的身心健康和机能的正常发展作为目标，视野更加开阔；不只是把人看成是管理的对象，更重要的是把人作为伙伴和朋友，强调采用体贴、关怀的方式构筑企业的和谐气氛；不仅关心员工的工作条件，而且把管理触角深入到员工的生活领域，深入到员工的家庭，把改善员工的生活质量作为主要目标；不仅注意减轻员工在企业的压力，而且努力帮助员工解决企业之外的压力；不仅重视软件开发，而且重视与人员管理有关的硬件开发。

（三）能本管理观念

零售企业正在实行的人本管理过程中，逐步走向对人的知识、智能、技能和实践创新能力的管理。能本管理是一种以知识、能力为本的管理，是通过采取有效的方法，最大限度地发挥人的知识潜能，从而实现知识价值的最大化，把智能这种最重要的人力资本作为零售企业的推动力量，并实现企业发展的目标。

能本管理源于人本管理，又高于人本管理。在市场经济、知识经济和网络高速发展的时代，人的实际创新能力这一人的核心本质将凸显出来，以人的创新能力为核心内容的人力资本也将在经济发展中发挥主导作用。以人的能力为本是更高层次和更高意义上的以人为本，能本管理也是更高阶段、更高层次和更高意义上的人本管理，是人本管理的创新发展。

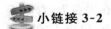

小链接3-2   华盛顿合作定律

华盛顿合作定律说的是：一个人单独做事时会敷衍了事，两个人合作做事时会相互推诿，三个人集体做事时永无事成之日。华盛顿合作定律的思想似乎类似于我国传统故事中的"三个和尚"。人们在做事情时仅仅通过一个人的力量往往不能完成，借助集体的智慧做事越来越成为现代社会的需要。所以人与人的合作不等于人力的简单相加，由于人员增加而造成的资源内耗是合作共事过程中需要充分考虑的。多人共同做事的时候就会使做事的过程变得更加复杂和微妙。其原因就在于人不是静止物,在合作过程中还有将力量倾向于分散的趋势。在所有人的力量倾向于向心时事半功倍,但是当所有人的力量倾向于离心时则一事无成。随着企业管理理论的发展,倾向于合作的理论越来越多,更多的研究者将其精力放在使管理制度和日常行为致力于减少人力无谓消耗的方面。有过钓螃蟹经验的人都知道,把钓到的螃蟹放到篓子里面时不用担心有螃蟹会爬出篓子,钓者也不必盖上盖子,因为螃蟹是爬不出来的。篓子里面的所有螃蟹都在向外爬,后面的一只要咬住前面一只的脚,所有的螃蟹这样拉拉扯扯最终导致一只螃蟹也不会爬出篓子。华盛顿合作定律非常发人深省,多人合作一定要尽力降低内耗,没有内耗或内耗尽量小的合作才能建设成为现代管理学意义上的团队。

(资料来源:孟祥林.人力资源管理案例分析[M].北京:经济科学出版社,2010:39.)

三、零售企业人力资源的获取

零售企业人力资源的获取途径有公司外部和内部两种渠道。外部的招聘渠道通常包括教育机构、同行业竞争对手、广告、职业介绍机构以及自发的应聘者等方面。而内部的招聘渠道则包括从现有和原有的员工中选拔、接受员工推荐等方面。表3-7显示了招聘的各种来源及其关键特点。招聘是在零售企业内部出现职位空缺时发生的系列活动,是零售企业获取人力资源的主要手段。零售企业招聘员工包括发布和传递企业用人信息,接收应聘者的简况和意愿,初步交流和理解的一系列前期活动。

表3-7 零售企业招聘的来源及关键特点

来源	特点
公司外部	
教育机构	a. 高中、商学院、职业学院、大学、研究生院; b. 有利于在职培训;确保满足最低教育要求;特别有用的是与教员们建立的长期联系
其他销售渠道、竞争者	a. 批发商、制造商、广告代理机构、竞争者的员工和骨干; b. 减少了培训力度;可以通过前任企业评价员工表现;必须在公司政策指导下进行;如果现有员工感到未被提升,将对士气产生不利影响
广告	a. 报纸、贸易出版物、专业期刊、网站; b. 大量应聘者;应聘者整体素质不高;费用/应聘者比率低;甄选的责任更加重大;可以在广告中说明职务要求以减少不可能录用的应聘者的数量
招聘代理机构	a. 私人组织、专业组织、政府、调研公司; b. 必须仔细选择;必须确定谁支付费用;有利于对申请者进行选拔;利用了人事专家
主动申请者	a. 上门求职者、写求职信者; b. 素质差别很大;必须仔细选择;资料应当保留,以便将来填补空缺之用
公司内部	
目前和以往的员工	a. 现有员工、兼职员工的提拔和调动;重新聘用被解聘的员工; b. 了解公司的政策和人事制度;提高士气;内部监督人员的真实评价
员工推荐	a. 朋友、亲戚、熟人; b. 推荐的价值取决于现有员工的诚实程度和判断力

零售企业人力资源管理部门首先要确定企业人员需求的数量和岗位工作的具体要求,包括岗位职责、权限、在企业组织系统中的地位和期望个人发展的方向等。其次,通过认真的岗位工作分析,规定对工作人员文化程度、专项技能、个性品质、工作经历以及健康条件等具体要求。管理人员的招聘和销售人员的招聘是零售企业人力资源招聘的重要内容。

(一)管理人员的招聘

招聘零售企业的管理人员,人力资源管理部门主要注重以下几个方面:

首先,学历。学历是零售企业管理人员的一个前提条件,担任大型零售企业中高级管理人员一般要求本科或研究生学历,具有大学商学院毕业证书的学生在零售企业求职处于有利地位。零售企业的一般管理人员也都要求具备不同程度的学历,以此提高整个管理队伍的层次。

其次,经历。零售企业在招收中高级管理人员时,求职者仅有学历是不够的,还要有从事这方面工作的经历。只有在某一个工作岗位上有若干年的工作经历,才能在新的企业担任同级或更高一级的职务。据日本关东经营者协会一份调查资料,在职工500人以上的34家公司中,由大学毕业进入公司后,提升到股长需要9.5年;由股长提升到科长要7.3年;由科长提升到部长要9.6年。也就是说,22岁大学毕业,48岁才能升为部长,如再提升为经理要在60岁上下。在日本的大企业里,没有大学学历和20年以上的实践经验是当不了经理的。经历在零售企业招聘管理人员过程中是非常重要的一个方面。

再次,能力。与经历相比,能力又更为重要。实际能力是企业判断一个管理人员是否"够格"的最主要依据。在现代企业制度治理下,专家在企业中的地位日益重要,对管理人员的能力更加强调。据日本有关资料显示,由经营管理专家担任经营者的,5亿日元以下的企业中占29.4%;200亿日元以上的大公司中则占56.3%,大企业的经营者,3/4是根据能力第一的原则,从经营、技术和商品销售等方面的专家中选拔出来的。能力具体包括四个方面的内容:一是基本能力,即一个人所具有的专业知识和专业技能;二是认识和统率能力,前者包括理解、判断、创造、计划和开发等方面的能力,后者表现为善于处理人际关系和领导艺术;三是干劲;四是贡献。

最后,健康条件。健康也是一个不容忽视的条件,管理人员不仅工作强度大,而且工作时间长。中高级管理人员一般都在中年以上,所以身体健康是很重要的。

(二)销售人员的招聘

一线销售人员是零售企业员工中非常庞大的队伍之一。零售企业在选择招聘销售人员时,需要注重考虑招聘对象的性别、年龄、个性、知识、智力、文化程度和经历。

首先,性别与年龄。鉴别与挑选销售人员时,对申请人的性别、年龄的考虑是最为重要的。不同的行业,对销售人员的性别、年龄的要求是不同的。比如,音像商店的主要供应对象是青少年,因此,选用30岁以下的销售人员较为适宜。高级妇女时装商店的主要销售对象是有职业的和上层社会的妇女,因此,在选择销售人员时一般不会选用文化素质低、年纪大的销售人员。

其次,个性。一个人的个性在一定程度上反映了他潜在的能力。零售企业的员工有着很高的显露率,特别是一线销售人员,他们时刻都要与顾客打交道。因此,零售企业要求销售人员待人友好、自信、稳健和富有风采,在展示自己个性的同时,给顾客一个良好的形象。在招聘的过程中,可以通过与申请人的互动交谈或有关个人的材料来考察其个性是否符合要求。

再次,知识、才智与文化程度。零售企业销售的许多商品在技术上是比较复杂的,这就要求销售人员必须具有丰富的商品知识,同时具有一定的才智与文化水平。只有具备较高的综合素质,销售人员才能对顾客的各种询问做出让顾客满意的回答,最终提高其销售的成功率,并让顾客满意。越是销售技术含量高的商品,越需要销售人员具有更高的素质。

最后,经历。初步考察销售人员业务能力最可靠的依据之一,就是他以前的工作经历,特别是从事销售人员的经历。但多数申请人往往都是第一次求职,那就需要根据申请人的个人特点,以及其显露出来的雄心、干劲和职业道德来做出评价。这是对招聘主管招聘能力的一种考验。

四、零售企业人力资源的培训

零售企业不断在招聘新员工,与此同时又存在大量非熟练员工,要想提高员工素质和改善服务质量,只有不断加强员工的培训。有效的员工培训体制,可以使零售企业员工队伍的素质、形象和业绩不断提升。同时,培训能提高零售企业的规范化经营,从而更有效地执行总部的决策,促进整个组织的规范化经营。零售企业员工培训是一项系统性工作,要达到预期目标,首先需要结合企业的整体发展战略,制定人才培养的长远规划;其次需要拟定各个时期和阶段的具体培训计划,明确培训对象、内容和要求;同时还需要采用科学的培训方法。

(一)培训的目标、职责和基本流程

零售企业人力资源的培训首先要有明确的培训目标,具体目标包括:
(1)达成对公司文化、价值观、发展战略的了解和认同;
(2)掌握公司的规章制度、岗位职责和工作要领;
(3)提高员工的知识水平,关心员工的职业生涯发展;
(4)提升员工履行职责的能力,改善工作绩效;
(5)改善员工工作态度,提高员工的工作热情,培养团队精神。

零售企业人力资源的教育培训工作是在公司总经理统一部署下由人力资源部统筹规划和具体实施,各部门配合,共同完成的。零售企业人力资源部的培训职责具体包括:
(1)根据公司的发展规划制定公司教育培训战略规划和实施纲要;
(2)制定员工职业生涯发展规划,并形成实施方案,督促各部门贯彻落实;
(3)根据公司年度工作计划、各项考核结果和各部门提出的培训计划,分析培训需求,并统筹安排;
(4)形成中短期培训计划,着重组织实施新员工培训、管理干部培训、业务骨干培训;
(5)负责制定公司年度培训的财务预算,并管理调控培训经费;
(6)负责培训资源的开发与管理;

(7) 根据公司培训工作的开展情况，做好培训项目和重点培养人才的培训档案的建立与管理工作，开展培训的效果评估工作；

(8) 管理、检查、监督、指导、考核各部门的培训工作；

(9) 负责编写公司培训教材，检查、审定各部门培训的讲义和教案。

零售企业其他各部门在教育培训中的职责具体包括：

(1) 根据工作需要，结合本部门员工需求，制订年度培训计划，并组织实施相应的培训工作；

(2) 指导本部门员工制定和实施职业发展规划；

(3) 建立和管理部门员工的培训档案；

(4) 负责向公司提供本专业的培训师和教材；

(5) 进行培训需求调研和本部门组织的培训工作的效果评估，汇总上报人力资源部。

零售企业员工在教育培训工作中的个人职责具体包括：员工享有参加培训的权利，也有接受培训和培训他人的义务。员工除了积极参加公司和各部门组织的各项培训外，重点在提高专业知识、工作技能和综合素质方面进行自主学习，同时对自己的职业发展做出具体规划，并在直接领导和公司主管部门的指导下实施。图 3-14 为零售企业全员培训体系。

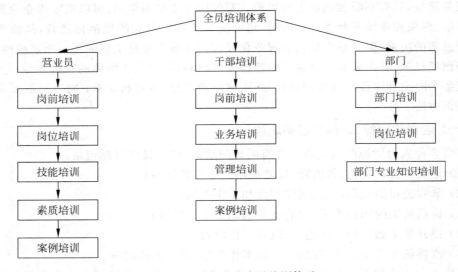

图 3-14　零售企业全员培训体系

零售企业人力资源培训的基本流程：

(1) 年度培训计划的拟定程序。首先，人力资源部每年年底应根据公司下一年度的业务规划，分析、判断所需要的技能和知识，根据绩效考评结果，对员工作出培训需求建议；其次，与各部门讨论员工所需培训课程的分配，制定出公共课程和特定课程，制作"年度培训计划表"、"月度培训计划表"；最后，人力资源部应根据各部门计划，统筹年度培训计划并上报公司总经理批准。

(2) 培训实施程序。人力资源部要进一步明确课程要求，根据课程要求联络讲师。

由讲师设计课程,进行教案设计,制定有效的培训方法。人力资源部公布课程大纲,相关部门根据自身需求填写报名表报人力资源部。人力资源部统筹学员名单,与受训员工的直接主管确认其对该培训的期望。同时安排讲师做培训前调查。课程实施包括:选择适宜的培训地点,保证良好的环境;准备培训设备及辅助材料;准备教材;课堂管理;培训评估等。

(二) 培训的种类

零售企业员工培训简单可以划分为三种类别:职前培训、在职培训和职务培训。每一种培训都有着非常重要的意义。

1. 职前培训

职前培训又称入店培训,是新员工进店后的基础培训。它主要是使新员工了解零售企业的规章制度和职业道德规范、礼貌,以适应工作岗位的要求。职前培训应从三方面着手:专业技能培训、规章制度培训、礼貌待客规划培训。职前培训的主要形式分为在职学习、传授和正规培训三种。在职学习是让受雇员工在干中学,这种培训方法省去了所有直接的培训费用,但是会带来比较高的间接费用。新手在边干边学中出现差错,会给企业造成一定的损失。传授则是让老员工带新员工,直到新员工将有关技能学到手为止。这种方法在很大程度上取决于传授者的才干和处理人际关系的技巧。这种方法对于小型零售企业来说是最好的方法。正规培训是根据新手即将承担的工作,规定一套学习方法和学习资料,学习时间根据培训对象而定,销售人员安排一周至两周,采购人员或分部经理则要安排更长的时间。正规培训有不同的方法,可以采用讲课、讲课加讨论、电化教学、专门训练、实习和案例分析等多种方法。

2. 在职培训

在职培训就其目的而言,可以分为三种情况。首先,改善人际关系的培训。此类培训主要是使员工对人际关系有一个比较全面的认识,包括员工与员工之间的关系、感情、交往,员工自身的心理状况和社会关系,员工对部门、企业整体的认同感或疏离感,以及整个企业内部各部门之间的关系等。其次,新知识、新观念与新技术的培训。零售企业要发展,就必须随时注意环境的变迁,随时向员工灌输新知识、新技术和新观念,否则员工必然落伍。最后,晋级前的培训。晋级是企业人力资源管理的必然过程,为了让即将晋级的员工在晋级之前有心理方面和能力方面的准备,并能获得相关的知识、技能和资料等,公司有必要对有培养前途的员工提前实施培训。在职培训的方式多种多样,可以采取的具体以下六种有效形式:一是工作更换。工作更换是使一部分员工到本公司的其他部门或岗位去工作若干时间,使这些员工更好地了解整个公司的全面情况。二是委派。专门委派某些员工去解决一项特殊问题,这既可以锻炼被委派的人员,也是企业本身所需要的。三是担任管理人员的助理。指派某些员工担任总经理或部门经理的助理,以培养其专门技能。四是设计内部专题课程。零售企业自己安排各类专题,例如关于目标和任务的管理、企业应用的计算机知识、个人销售方法等。五是外部短期课程学习。零售企业可以委托学校、商会或私人开设的培训公司、咨询公司,围绕某些专题或课程来培训公司员工。六是现代经营管理课程。零售企业可以采用选拔员工出国进修、进高等学校深造或攻读MBA等专业课程的方式,提高员工的经营管理能力。

3. 职务培训

零售企业的职务培训主要是对管理人员的培训。管理人员是零售企业生存发展的中坚力量。对这些人的培训尤为重要。零售企业职务培训可以采用的形式主要有：

(1) 以内部讲师制为特色的门店培训制度。内部讲师制度是指对于每门培训课程在每个门店都有相关营运管理人员担任讲解。例如，如何防止损耗这门课程会由专门讲师来讲解，这样既节省了人力成本，又使得课程更具有实践性和针对性，符合零售业培训内容的要求。

(2) 固定实习岗位制度。虽然门店课程都会有各门店相关的管理人员负责，但零售业的培训更重要的还是来自工作实践。因此，固定实习岗位制度的设计是较有针对性的一种方法。它就是在门店的关键岗位设置固定培训岗位，如培训店长、采购人员和财务人员，根据每个门店的实际情况，给这些固定培训人员安排专门的工作。这样一旦有新店开张，这些培训店长、采购人员和财务人员就完全熟悉了工作流程、方法以及员工情况，即可马上接替工作，进行管理。固定实习岗位制度不仅解决了人才储备和人力成本的矛盾，也让门店中各个层级的管理者充当了实践培训老师，使得实践培训既能充分接触工作实际而加快培训速度，同时也节省了培训师的人力成本。

零售企业的职务培训除了注重培养管理人员的技术水平、管理才能、综合协调全局的才干之外，还需要注意以下几个方面：①熟悉开展工作的环境。对于管理人员，应要求他们对公司的经营性质、管理制度、所分配部门的工作性质有更充分了解，只有这样才能有效开展工作。②注重团队能力的培养。管理人员在团队中生活，向具有经验的前辈或行家学习工作经验，有助于自身的快速进步。在安排工作时，最好从基层干起，使其确切了解基层人员的状况，为将来的主管工作积累最实用的经验。③提出工作报告。在初期的培训工作中应要求被培训人员定期提出工作报告，以了解该人员学习的进度和深度，随时作出相应调整。④随时进行工作考核。主管应以随机抽查的方式做不定期的考核。这种方式可使主管更深入地了解被培训人员的工作绩效和培训成果。⑤合理的工作分配。在管理人员对某一工作熟悉之后，最好能将其调至其他岗位，特别是一些能力较强、有潜力的新进人员尤不可使其长期做同一个工作，以免浪费精力、埋没人才。适当调动工作，使其能在最短时间内掌握较多的工作经验。

小链接 3-3　　　　　零售企业培训的新应用

许多零售分析家提出，当前零售企业开始逐渐采用最新的培训工具——在线学习（online learning）。根据一个市场调研公司的估计，2003年，花在在线学习上的费用将达到115亿美元。虽然信息技术培训是在线培训各部分中增长最快的一块，但是以服务为导向的培训也是非常重要的一个组成部分。

分析家们认为，在线培训有如下好处：节约成本，缩短了培训时间（一些专家感到培训时间可以缩短50%），减少人员流动，知识资源可以更好地在各个分店中传递。员工可以根据工作时间表来选择合适的课程，采用自定进度的方式练习。所有的员工都以同样的方式受到培训，这对于安全培训问题和灵活性培训问题至关重要（如烟酒行业）。

虽然有这些潜在的好处，一些专家还是警告零售企业：采用在线培训必须三思而行。

例如,零售企业必须注意把现有培训计划放到网上;要求录像设备具有相当高的质量。还有一些分析家不希望在线培训替代传统的培训方式,他们建议混合使用多种培训手段。

(资料来源:[美]巴里·伯曼,[美]乔尔·R.埃文斯[M].零售管理.吕一林,韩笑,译.北京:中国人民大学出版社,2007:382.)

第三节　零售企业绩效考评与薪酬管理

建立科学的绩效考评系统,对于所有企业都非常重要。零售企业拥有丰富的人力资源,其绩效考评系统尤为重要,应结合自身的特点建立科学的绩效考评系统。同时,薪酬永远是吸引人才、留住人才的一种重要指标,是对一个人总体评价的最根本性指标。薪酬管理是企业进行人力资源管理的一个非常重要的工具,运用得当,会获得员工工作热情升高而企业人工成本又比较合理的良好效果;反之,常常会造成员工满意度低、人才流失、企业效益下降等严重后果。

一、零售企业的绩效考评

绩效考评是指根据现有标准对零售企业员工的工作情况进行系统化的正式考核与评价,并将考评结果传达给员工。一般来说,员工们会非常重视自己的考评结果,这关系员工的薪酬、福利、晋升等各个方面,因而绩效考评系统的运作方式对企业的士气和企业氛围有重要影响。

(一)绩效考评的管理制度

零售企业进行绩效考评,第一,必须要有明确的考评原则和目的。零售企业绩效考评的原则:保持客观性、公正性、全面性、准确性、科学性、系统性、适用性。零售企业绩效考评的目的:提高员工的工作满足感与工作成就感,增强企业的竞争力和整体效率。

第二,零售企业绩效考评必须要有明确的考核标准。零售企业的员工考评应以绩效为主要标准。绩效是员工所做的工作中对企业的目标达到具有效益、具有贡献的部分。绩效,以性质来分包括可量化和不可量化;以效益来分包括即期与远期;以形态来分包括有形与无形。

第三,零售企业绩效考评必须要有考评的具体组织。零售企业绩效考评工作应由公司的行政事务部负责组织。行政事务部考评各部门和经理级以上员工,各部门经理考评各部门下属员工。

第四,零售企业绩效考评必须要有具体的考核方法。零售企业绩效考评一般分为定期和不定期两种。对于可量化的绩效部分,公司将进行定期考评,即每月考评、每季考评、每年考评;如考评商品部(楼台面)管理人员,对应的量化指标为销售额、毛利、完成销售情况等。对于不可量化的绩效部分,公司将采用不定期考评,随时进行奖惩、年终表彰等。例如,对公司的突出贡献、日常工作态度、行为表现、考勤等。

第五,零售企业绩效考评结果的上报和归档。由行政事务部组织的绩效考评,其所得到的结果要以表格的形式整理出来,上报公司领导和总经理,经总经理审批,行政事务部执行。绩效考评的定期、可量化部分在员工的工资中体现出来;绩效考评的不定期、不可量化部分,视具体情况在日常管理中以罚款、表彰、奖励的形式出现。

(二) 零售企业对各类人员的绩效考评

销售人员和采购人员是零售企业员工队伍中最为庞大的群体,因此,这里重点介绍这两类员工群体的绩效考评。

1. 对销售人员的绩效考评

零售企业对销售人员进行绩效考评应当制定系统考评办法,要为销售人员制定科学的、切实可行的考评标准。在这些标准中,有些只能用来考评销售人员的个人工作,有些既可以考评销售人员的个人工作,又可以对销售人员的集体工作进行考评。对销售人员绩效考评的常用标准有:

(1) 转变率。转变率是以购买商品的顾客的全部人数,除以进入商店的全部顾客人数来计算的。这种衡量指标反映了看物购货的人转变成顾客的百分比,以及全部销售人员的工作效果。转变率相对较差可能是由各种原因造成的:第一种原因可能是顾客需要销售人员帮助选购时,销售现场没有足够的销售人员;第二种原因可能是销售人员并不少,但是没有较好的销售工作;第三种原因可能是销售人员无法控制的一些因素,如准备的商品不充分、花色品种不齐、商店关门过早等。当转变率低于标准时,零售企业应力图寻找出原因,采取措施,纠正错误。

(2) 每小时销售额。衡量销售人员工作效果最常见的标准是每小时的平均销售额。这是以一定时间内的全部销售额除以销售人员时间来计算的。运用这种衡量手段时,一定要为销售人员规定一套专门的衡量标准,不同部门、不同的销售时间都会有不一样的每小时销售额。比如在百货商店,玩具部与珠宝首饰部每小时的销售额大不相同,7月份与12月份每小时的销售额也截然不同。

(3) 时间的利用。这是用来确定销售人员利用他们工作时间的标准。销售人员的工作时间可以花费在以下四个方面:一是销售时间。它是指应顾客购买需要,帮助顾客选购所花费的全部时间。包括接待顾客、与顾客交谈、进行商品介绍和宣传、开写销售单据,以及在其他可能为商店增加收入的方面为顾客提供的服务。二是非销售时间。这是指花费在非上述销售任务方面的任何时间。三是闲散时间。这是指销售人员在销货场所花费的与任何业务经营无关的时间。四是不在销货场所的时间。零售企业可以为以上各类时间制定一定的标准。比如,标准的时间分配为:60%花在销货上;28%花在非销售活动上;5%的闲散时间;5%的时间可以不在销货场所。一旦偏离这些标准,应当进行深入了解,如有必要,就应当采取纠正措施。

零售企业要为业务经营制定合适的标准,必然需要有关数据。转变率为多少才是正常标准?每小时平均销售额为多少才符合标准?怎样利用时间才是合理的时间分配标准?只能通过有关数据才能回答这些问题。获取这些数据可以通过零售商业同业公会、咨询服务公司以及零售企业自身的经验等。同时,零售企业也需要持续地收集更多的数据,或者至少是定期收集实际的执行结果、实际的转变率、每小时平均销售额以及时间的分配,以便进行纵向或横向比较。一旦出现标准差别较大时,就需要调查研究其中的原因。有利的差异和不利的差异,都应当给予调查研究。此外,标准也要随着时间推移而发生变化,应持续地收集数据,加以研究,以制定出符合实际的标准。

2. 对采购人员的绩效考评

在采购管理中,绩效考评不但是调动采购人员积极性的主要手段,而且也是防止业务活动中非职业行为的主要手段。采购人员绩效考评是防止员工腐败的最有力武器。好的绩效考评应当达到的效果是:采购人员主观上必须为公司的利益着想,客观上必须为公司的利益服务,没有为个人谋私利的空间。针对采购人员的绩效考评,跨国零售企业有许多较为有效的经验可以借鉴,例如,量化业务目标和等级评价制度。跨国零售企业每半年就会集中进行员工的绩效考评和职业规划设计。针对采购人员,主要对其采购管理的业绩进行回顾、评价并对未来的目标进行确定。在考评中,交替运用两套指标体系,即业务指标体系和个人素质指标体系。业务指标体系主要包括:

(1) 采购成本是否降低?卖方市场条件下是否维持了原有的成本水平?
(2) 采购质量是否提高?质量事故造成的损失是否得到有效控制?
(3) 供应商的服务是否增值?
(4) 采购是否有效地支持了其他部门,尤其是营运部门?
(5) 采购管理水平和技能是否得到提高?

当然,这些指标还可以进一步细化,如采购成本可以细分为购买费用、运输成本、废弃成本、订货成本、期限成本、仓储成本等。把这些指标一一量化,并同上一个半年的相同指标进行对比所得到的综合评价,就是业务绩效。在完成这些评估之后,再将员工分成若干个等级,或给予晋升、奖励;或维持现状;或给予警告或辞退。业务指标的考评与员工的切身利益紧密联系在一起。

关于个人素质指标体系,则相对比较灵活。因为它不仅包括现有的能力评价,还包括进步的幅度和潜力的评估。其考评的主要内容包括谈判技巧、沟通技巧、合作能力、创新能力、决策能力等。这些能力评价都是与业绩的评价紧密联系的。零售企业可以结合自身的特点,建立适宜的采购人员个人素质指标体系。

小链接3-4　　沃尔玛的主旋律——人力资源开发

沃尔玛存在的价值是为顾客提供有价值的商品。这意味着除了提供优质产品和服务外,还为顾客省钱。沃尔玛创始人山姆·沃尔顿说:"每一次我们浪费一块钱,就等于让顾客从口袋内多掏一块钱;而每一次我们替顾客多省一块钱,就等于在竞争中向前迈进了一步。"这是沃尔玛一直努力的目标。

沃尔玛的全新人才管理概念——公仆领导。也就是领导和员工之间是一个"倒金字塔"的组织关系,领导在整个支架的最基层,员工是中间的基石,顾客永远是放在第一位。领导为员工服务,员工为顾客服务。在沃尔玛,领导的工作就是指导、支持、关心、服务员工。员工心情舒畅,有了自豪感,就会更好地服务于顾客。沃尔玛为了让员工不断进步,采取了寓教于乐的培训方式,通过经验式培训,以生动活泼的游戏和表演,训练员工"跳出框外思考"。同时,强化员工多技能培训,提高员工对于整体工作运行的普遍性认识,从而大大提高工作团体的灵活性和适应性。沃尔玛永远的旋律包括以下方面:

忠于客户:每时每日提供有价值的商品给顾客

领导人员:天天做公仆领导

工作哲学：比我们的对手更勤奋、更灵敏的选择优质的商品
积极进取：永不满足
是的态度：以一种积极的方法待客
尽心尽力：提供优质、出色的服务

沃尔玛的企业精神
尊重个人　服务顾客　追求卓越
(资料来源：巫开立.现代零售精要[M].广州：广东经济出版社，2004：283.)

二、零售企业的薪酬管理

薪酬是零售企业吸引、留住和激励人力资源的重要变量之一。零售企业能够吸引到什么水平的普通员工或管理人员，与其愿意支付的薪酬水平直接相关。合理的薪酬体系应能实现内外均衡。内部均衡是指内部员工之间的薪酬水平应与他们的工作业绩成比例，即内部公平；外部均衡是指员工的薪酬应与同地域行业的水平基本保持一致。对于零售企业来说，实现内外均衡显得更为重要。零售企业在制定薪酬政策时，应注意以下几点：①科学地进行工作分析，以此作为零售企业薪酬政策的前提；②定期进行薪酬的市场调查，以实现薪酬水平的外部公平；③把报酬与绩效挂钩，以便通过报酬最大限度地激发员工的积极性，提高绩效水平；④注意薪酬结构的合理性。薪酬结构涉及固定薪酬与可变薪酬的组合问题。

(一) 报酬与效率

在发达国家的零售企业，人力上的花费，一般占业务经营费的50%，人力上的花费与企业的销售额、利润是密切相关的，管理好工资与报酬关系到企业的效率。报酬是吸引、保持、刺激人力资源的重要的可变因素之一。雇员的质量应该与报酬相称，素质越好的雇员，所付其的报酬也就要越高。尽管还有其他激励雇员的因素与方法，但报酬是使多数雇员对工作感到满意的最重要因素。

许多国家零售企业的经验显示，对销售人员实行低工资是得不偿失的，低工资只能吸引素质较差的销售人员，而且他们工作热情不高，结果自然影响到企业的销售额，造成低水平的恶性循环。提高销售人员的售货能力对零售企业的利润影响相当显著，如果销售人员的售货能力提高10%~15%，那就会在很大程度上直接转化成营业利润。因此，零售企业管理人员应当设法提高售货人员的售货能力。零售企业的薪资计划是吸引更高素质雇员并激发销售人员积极性的基本要素，零售企业应当制订有利可图的薪资计划。确定销售人员的薪资，关键不在于控制薪资开支，而在于控制利润收入，要确保零售企业的潜在利润达到最大限度，这就是效率问题。以高报酬获取高素质雇员，从而实现高效率，最终达到零售企业利润最大化。

(二) 薪酬管理

薪酬管理是零售企业用以指导与调节人们的生产关系，激励员工为实现企业目标而努力的最重要手段，它是一个系统工程。零售企业人力资源管理绝对不能忽视薪酬管理，要努力求得员工对薪酬的理解或满意，从而实现凝聚人心、激励奋进的格局。

1. 薪酬政策

零售企业所给付薪资水准的定位,首先取决于该企业在市场上竞争力的强弱;其次一般采取同业相比较或参照的方法。企业的薪酬政策要考虑:

(1) 企业负担能力,即企业的财务负担能力;

(2) 给付合理性,即其水准应与同行大体相当,并与员工对企业的贡献度相当;

(3) 内部公平性,即各职位的给付标准,须通过职位评价来决定;

(4) 工作激励性,即是否具有鼓励员工努力工作的诱因。

2. 薪酬制度

零售企业的薪酬体系包括三个基本组成部分:固定工资、可变薪酬和附加福利计划。当前,零售企业销售人员的具体薪酬制度可分为四个主要类型:

(1) 固定薪水。固定薪水使得销售人员每隔一定时间,不管销售额多少均可得到一份固定的薪水。绝大多数小型零售企业采取这种劳动工资办法,他们一般不给销售人员分派非销售的任务。如果销售人员在非销售方面出了力,可以另外得到相应的酬金。许多薄利多销的连锁商店也采用这种劳动工资办法,因为他们的销售人员不过是按顾客需要取货,是很少有可能产生许多额外的销售额的。这种薪酬制度使销售人员收入有保证,但它对销售人员的格外努力很少有激励。因此,要使这种薪酬制度有效,一定要与定期的考评结合起来,以便鉴别优秀的销售人员,对其确定更高的薪水待遇。

(2) 直接酬金。直接酬金是销售人员的收入按其销售额给一定比率的酬金。酬金的比率,可以是所有商品销售额均采用同一个比率,也可以根据不同商品的获利可能性确定不同的比率。零售企业销售人员所领取的直接酬金,一般达到销售额的2%～8%。支付直接酬金,有利于鼓励销售人员,提高销售额。但在买卖不景气时,销售人员就可能得不到足够的收入。为此,零售企业就有必要进行一些调整,在按规定比率支付直接酬金达不到规定的最低限度时,允许销售人员从今后的酬金中提取一些工资,直到达到每周的规定数。直接酬金办法尽管能激励销售人员的积极性,但也会造成他们为了多销售而损害零售企业在顾客中的形象和今后长期的业务经营。

(3) 薪水加酬金。薪水加酬金是企业对销售人员支付固定薪水,加上根据整个销售额或者超过定额部分的销售额给一定比率的酬金。在这种办法中,固定薪水一般比全部支付直接薪水要低一些,但是加上支付的酬金,整个收入一般比全部支付直接酬金要高一些。实行这种办法,销售人员的基本收入比较稳定,有利于鼓励他们执行非销售任务,还可以鼓励他们在销售中更努力。因此,它是固定薪水与直接酬金办法之间一种比较好的折中办法。实行提取部分酬金的办法,确定的定额一定要得当。实行以定额为基础的提成办法,一般包括四个步骤:首先,确定每个部门每周或每月的定额。这一般以过去的销售额为基础,根据情况或季节性变化予以调整。为有利促进销售,此定额应保持在所有销售人员均可达到的水平上。当然,这个水平也不能太低,以致任何人不经过努力就可以达到。其次,确定基本薪水。薪水要以过去工资为基础,根据销售额的一定百分比来确定。再次,为超过定额部分的销售额确定酬金比率。在实践中,酬金比率往往定为2%;在某些情况下,奖金为具体的钱数,而不是按超出定额部分的销售额的百分比来计算。最后,决定采用非累积办法还是累积办法。非累积办法是每周或每个月重新开始,而不管上一次完成定额的情况；累积办法是某个时期未完成定额的销售人员,必须补足差额才有资格在下一个时期得到酬金。一般零售企业采用非累积办法。

(4) 钟点计薪制。零售企业一般营业时间较长,在营业时间中各时段顾客人数差别较大,因此零售企业普遍雇用一部分钟点工或兼职员工,在高峰时段投入工作。这些员工的报酬一般按照钟点来计算。

(三) 附加的福利

零售企业为更好地吸引、留住和激励员工,一般在接受正规工资(薪水与酬金)以外,还可以为员工附加一些企业福利。

(1) 本企业员工购物享受优惠折扣。几乎所有的零售企业对销售人员或雇员在本店购买商品均会给予优惠折扣。除非某些行业业务经营的毛利比较低,如食品杂货行业。一般零售企业给本企业员工购物的优惠折扣在10%～20%,作为员工的福利之一。

(2) 保险和退休福利。以前,零售企业并不提供任何保险或退休福利。随着《劳动法》的进一步修正,零售企业不但会给正式员工提供保险和退休福利,而且也会为兼职员工提供免费的或缴纳较低的团体健康保险和人寿保险,甚至有些企业还会为员工提供利润分成、股权持有等。这一福利有利于零售企业员工的稳定,增强了员工对企业的忠诚度。

(3) 推销奖金、奖金与奖品。推销奖金、奖金与奖品是在基本薪水和正规酬金之外付给企业员工的,目的是鼓励企业员工做出更多的努力。推销奖金、奖金与奖品既可以由零售企业承办,也可以由供应商承办。零售企业为了鼓励销售人员销售过时的或滞销的商品,可以给销售人员推销奖金、奖金与奖品。推销得最多的销售人员可以免费去旅游,或者获得一些其他的奖金等。

(4) 其他福利。零售企业还可以给予员工包括休假、婚丧补助、生日礼物、节庆福利品、在职进修、国内外研修考察、资深员工奖励、分红奖金、员工入股、员工餐厅、健康检查、员工辅助等其他福利。

本章小结

零售企业的组织设计需要综合考虑多种因素,从而形成各种组织模式。零售企业的组织建立程序一般为：确定工作任务、分解工作任务、归类职位、职位分类、形成组织。零售企业的组织结构模式主要分为直线结构模式、职能型结构模式、梅热型结构模式、分部型结构模式、矩阵型结构模式以及委员会结构模式。

零售企业人力资源管理有其显著的特殊性,其特殊之处在于非熟练的员工多、工作时间长、员工显露率高、兼职员工人数多、顾客的需求变化大、人力规划难。为适应现代零售企业发展的需要,零售企业人力资源管理必须具有人本管理观念、情感管理观念和能本管理观念。

零售企业人力资源的获取途径有公司外部和内部两种渠道。招聘是在零售企业内部出现职位空缺时发生的系列活动,是零售企业获取人力资源的主要手段。管理人员的招聘和销售人员的招聘是零售企业人力资源招聘的重要内容。零售企业员工培训是一项系统性工作,首先需要结合企业的整体发展战略,制定人才培养的长远规划;其次需要拟定各个时期和阶段的具体培训计划,明确培训对象、内容和要求;最后还需要采用科学的培训方法。零售企业员工的职前培训、在职培训和职务培训都有其各自的重要意义。

零售企业根据现有标准对零售企业员工的工作情况进行系统化的正式考核与评价,并将考评结果传达给员工,这就是零售企业的绩效考评。为进行绩效考评,零售企业要形成相应的管理制度,并建立绩效考评的具体指标。为吸引、留住和激励员工,零售企业要强化薪酬管理,以凝聚人心。零售企业的薪酬体系一般包括三个基本组成部分:固定工资、可变薪酬和附加福利计划等。

思考题

1. 零售企业组织的建立需要综合考虑哪些因素?
2. 零售企业在将任务归集为岗位职责时,需要考虑专业化分工,请问岗位职责的专业化分工能够对企业产生什么效应?
3. 零售企业的组织结构模式有很多种,零售企业应根据自身的规模和特点,选择其适宜的结构模式,请比较各种组织结构模式的优缺点。
4. 零售企业管理人员和销售人员的招聘应分别重点注意哪几个方面?
5. 试比较零售企业四类薪酬制度的利弊。

案例分析

某电器大卖场的绩效考评

S市某电器大卖场A2层(该楼层主要经营家用小电器),过去考核员工是把员工的销售业绩、专柜卫生环境、账册管理和客户意见反馈等方面的情况汇总在一起考评,根据综合考评的结果发放奖金。在这样的考评方式下,经常会出现销售业绩单项突出,但其他考核项目得分一般,导致最后综合评价分数不高、奖金偏少的现象,严重影响了销售人员的积极性。2008年3月份起,该卖场人力资源管理部推出一套新的改革措施。该措施首先把总奖金的50%提取出来,作为销售奖金,按销售业绩排序分档:第一名拿一档,第二名拿二档……最后一名,如有客观原因(例如生病、家中急事等情况)而排在最后的,则可以按序拿最后一名的奖金;如果没有客观原因而排在最后一名的,则不能按序拿奖金,而只能得到所谓收底的100元。其次再把总奖金的15%提出来,作为销售服务奖,按服务态度、顾客的投诉情况等分档排序。再次,拿出总奖金的5%作为领班奖,奖励一些临时性的、不能进入业绩考评的工作。最后,剩下的总奖金的15%才按过去的办法进行卫生、专柜、账册等综合考评。不难看出,新方案与过去最大的不同是突出了销售员工的销售业绩,并把每个人的业绩摆在明处。

新措施实施后,确实极大地调动了销售员工的积极性,主动迎客热情服务。9、10月份销售额连续增长了20%。但是,与此同时也引出了一些负面效应,例如,一些销售员工争抢顾客,在一定程度上影响了团结,经常出现来了顾客,两人同时争着上去迎接介绍情况；顾客掏钱了，这个说是我先迎上去的，那个说是听了我的介绍他才买的。此外，也有一些员工平时劳动态度好，只因为不善与顾客沟通表达而销售业绩不突出，被排在了末档上，员工感到很委屈，觉得很没面子，心理压力会较大。

（资料来源：瞿晓理，姚乐.人力资源管理案例汇编[M].北京：经济科学出版社，2012：56-57.）

【案例思考】
1. 绩效考评改革后，为什么会出现上述的负面效应？
2. 为了消除这些负面效应，该电器大卖场的人力资源部应采取怎样的改进措施？

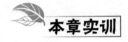
本章实训

一、实训目的

1. 理解职位说明书的重要性。
2. 掌握零售企业不同岗位职位说明书的撰写。
3. 锻炼岗位职责分析与工作内容描述的实际能力。

二、实训内容

假定国美电器公司需要招聘采购经理一名、普通销售人员若干名，请以小组为单位，分别撰写采购经理的职位说明书和普通销售人员的职位说明书。

三、实训组织

1. 指导教师明确实训目的、任务和评价标准。
2. 学习委员将班级成员分成若干小组。成员可以自由组合，也可以按学号顺序组合。小组人数划分视修课总人数而定。每组选出组长1名。
3. 以小组为单位，收集国美电器公司的基本资料，同时收集国美电器公司采购经理和销售人员的岗位职责与工作描述的相关信息。根据收集资料和零售企业职位说明书的基本要求，写一份采购经理的职位说明书或销售人员的职位说明书，上交指导教师。
4. 从中遴选最优秀的两组（采购经理职位说明书和销售人员职位说明书各一组）在课堂汇报演示，时间20分钟为宜。

四、实训步骤

1. 指导教师布置任务，指出实训要点、难点和注意事项。
2. 小组成员分工收集资料、分析岗位职责与工作内容描述。
3. 小组组织讨论，按实训任务要求形成、归纳要点，完成职位说明书的撰写。
4. 指导教师对上交的职位说明书逐一评阅，写出书面点评意见，并反馈给学生。
5. 遴选最优秀的两组在课堂报告，其他小组提问、质疑，发言代表和该小组成员答疑。
6. 指导教师即席点评、总结。

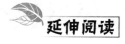

延伸阅读

1. [美]巴里·伯曼,[美]乔尔·R.埃文斯.零售管理[M].第9版.吕一林,韩笑,等,译.北京:中国人民大学出版社,2007.
2. [美]罗伯特·F.勒斯克.[美]帕特里克·M.邓恩,詹姆斯·R.卡弗.零售管理[M].第7版.杨寅辉,陈娜,译.北京:清华大学出版社,2011.
3. 巫开立.现代零售精要[M].第1版.广州:广东经济出版社,2004.
4. 瞿晓理,姚乐.人力资源管理案例汇编[M].第1版.北京:经济科学出版社出版,2012.
5. 魏秋立.国美人力资源管理的实践[J].中国人力资源开发,2012(2):9-10.
6. 楼旭明,王瑞萍.基于虚拟视角的零售企业人力资源管理职能转变研究[J].商业研究,2008(6):211-214.

第四章 零售企业财务管理

 本章学习目标

了解零售商资金筹集的目的与要求、资产运营的概念与方式、财会报表的主要类型，熟悉零售商资金筹集的渠道与方式、财务预算与资源配置，掌握三种主要报表的差异及其用途。

 引例

国美电器财务管理支撑企业持续发展

国美电器的财务管理工作秉承"轻形式、重实质"的工作方针，坚持"专业化、精细化、标准化、信息化"的原则，从财务专业角度为公司经营提供决策服务，通过税收筹划、资金融通为公司创造效益，有效地支撑了企业的持续发展。

2002年以后，随着标准的矩阵式管理体系和财务业务一体化管理体系的建立，国美财务管理工作也逐步覆盖到企业各个业务环节。一是建立与完善了以门店为利润考核单位的预算管理体系，从而实现集团精细化管理、提升单店经营服务水平。预算管理是企业财务管理的龙头，事关企业资源的有效配置和企业成本的控制，国美以零基预算为基础，在集团全面推行全面预算系统，使集团能更有效地配置资源和控制成本。特别在管控方面，下大力气进行费用的控制和成本的控制。二是设计并实施国内销售业务流程和内部控制流程。创建诚信氛围，确保公司经营公开、公正有序进行。按照功能来打造结算平台、资金平台、数据平台和预算平台。做组织结构和流程的梳理。优化内部与外部流程，打造具备核心竞争能力的零风险、高效率、低成本的业务流程。三是根据公司业务制定切实可行的资金管控办法，在收支两条线的基础上，逐步实现对分部资金的集中管控。资金运动是企业经济活动的本质，资金管理是企业财务管理的中心。随着公司的不断发展壮大，分支机构不断设立，国美越来越认识到，加强货币资金的内部控制在保障企业资产的安全完整、提高货币资金周转速度和使用效益并为企业参与市场竞争服务等方面发挥着重大的作用。国美着重从以下三个方面加强企业资金管理和控制：(1)资金预算及资金使用效率考核。提供现金预算编制、预算上报、预算审批、预算下发和预算控制，并对预算执行情况进行综合分析，提供现金预测、能自动产生现金流量表。同时，支持刚性预算和柔性预算，以满足具体应用的需要。建立起一套对运营资金使用效率进行及时分析和评价的机制。(2)资金风险管理。面对财务风险，国美电器进行了周密的财务预算、分析和筹划，通常采用回避风险、控制风险、接受风险和分散风险等策略，并对集团及各分支机构的到期解付款预留资金做好监控,维护公司在银行的信用。(3)货币资金理财管理。根据战略需要,国美电器结合公司实际现金状况,收集货币基金等非银行理财产品信息,进行对比分析,综合对比并制订综合的理财方案,设计适合公司的理财产品组合。通过财务分析,对可使用经营资金的投资方向进行合理安排,在资金充裕状态下,通过与供应商洽谈改变付款方式,通过预付款和现金付款方式,获得现金折扣,增加企业收益。(4)通过团队建设,带动专业高效的财务管理团队,致力打造中国一流的财务团队和财务管理水平。

（资料来源：连杰.构建科学的财务体系护航企业可持续发展.中国总会计师,2011年(2).）

本章知识结构图

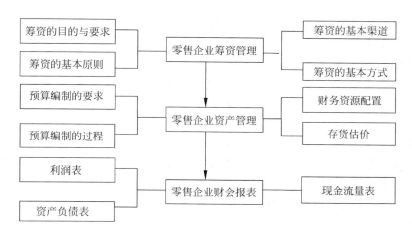

零售企业财务管理就是零售企业组织财务活动、处理财务关系的一种职能管理活动。所谓零售企业财务活动就是零售企业在经营过程中客观存在的资金运动,而零售企业财务关系则是指零售企业资金运动中所体现的经济利益关系。零售企业财务管理主要包括零售企业资金筹集、资产营运、成本控制、收益分配、信息管理、财务监督六大要素。本书择其要者,阐述零售企业资金筹集管理、资产营运管理、财会报表分析三个方面。

第一节　零售企业资金筹集管理

资金筹集是零售企业资金运动的起点。筹资管理是指对资金筹集的数量、获得资金的渠道以及如何最经济地筹集资金等问题的管理。

一、零售企业资金筹集的目的与要求

零售企业资金筹集是零售企业根据自身生产经营、对外投资、调整资本结构以及未来经营发展等需要,通过科学预测和决策,采用适当的方式、从一定的渠道获取所需资金的行为。

零售企业资金筹集的主要目的有三:筹集资金以便设立企业;筹集资金以便扩大企业经营规模;筹集资金以便偿还债务。

零售企业资金筹集的基本要求：认真研究和选择投资方向；根据实际需要，结合经济核算的要求合理确定资金数额和投放时间；适度利用债务资金，正确运用负债经营，降低零售企业财务风险；协调收益与风险之间的关系，选择适当的筹资渠道和筹资方式，降低零售企业的资金成本。

二、零售企业资金筹集的基本原则

零售企业资金筹集应遵循适当、及时、经济、合理原则。

1. 适当

零售企业筹集的资金并不是越多越好，资金过多会增加资金成本，造成资金闲置、积压，不能充分发挥每笔资金的使用效益。资金筹集不足，则会影响经营的正常进行。零售企业宜考虑自身经营状况和规模大小，采用比较科学的方法，通过预测和规划，确定一个适当的资金筹集量。

2. 及时

同等数量的资金，在不同时间点上具有不同价值。零售企业资金筹集人员应全面掌握资金需求的具体情况，熟知资金时间价值的原理和计算方法，合理安排资金的筹集时间，及时获取所需资金。

3. 经济

零售企业筹集资金必然要付出一定的成本、承担一定的风险，而不同筹资方式的筹资成本和财务风险高低不同。为此，零售企业在确定筹资数量、筹资时间、筹资渠道的基础上，对各种筹资方式进行分析、对比，选择经济、可行的筹资方式。

4. 合理

不同来源的资金，对零售企业的收益和成本有不同影响。零售企业在筹资过程中，要从多种筹资渠道和方式的结合中找到合理的筹资结构，以便提高资金收益、降低资金成本。在选择合理的筹资结构方面一般要考虑如下几个问题：筹资方式是否方便可靠，筹资还本付息的风险大小，筹资费用和成本的高低，筹资使用的期限长短。

三、零售企业资金筹集的基本渠道

零售企业资金筹集的基本渠道一般有：

1. 股权资本

股权资本来源于零售企业的所有者的投资。组成公司的零售企业可以在公司内外部出售股份，增加股权资本。股权资本增加，会扩大公司所有者的人数，削弱创业者对企业的控制。很多零售企业为了发展，都采取了吸收他人入股的方式来筹集资金。

2. 商业信用

商业信用主要来自供应商对零售商的赊销，零售企业一般在进货的 30～50 天后付款。零售商向供应商提供信用，以应付账款或应付票据的形式开辟了一个短期的资金来源。商业信用也是一个重要的资金来源，它可以减少零售企业的存货投资。

3. 银行贷款

向银行和其他金融机构贷款是零售企业资金的重要来源。利用银行贷款有如下优势：第一，为中小企业筹资提供了一条很好的途径；第二，投资资金来自银行，企业可避免回收资金受通货膨胀的不利影响。但向银行贷款也有一些弱点，如企业到期不能还本付息就有可能破产，贷款规定严格导致企业不能灵活的使用资金等。

4. 发行股票筹资

发行股票筹资的优点是，股票没有偿还期，企业通过股票发行所获得的资本可以持续使用。但弱点是企业需要具备一定的条件，经过有关部门审批才能发行股票，发行手续复杂，一般的零售企业很难获得这种资格。

5. 债券筹资

公司通过向社会发行债券筹资。债券发行也需经过有关部门审批，但与股票相比，审批手续比较简单。债券与股票的区别是：债券有一定的偿还期限，债券到期必须还本付息，如果零售企业不能按时支付，就面临倒闭的风险。

6. 留存收益

这是指企业在经营过程中留存下来可供后期继续使用的企业纯收入。留存收益具体表现为公积金、集体福利基金和未分配利润这三种形式。

7. 财政补贴

在政策规定范围内，各级财政对零售企业进行投资补助，或者贷款贴息、专项经费补助，或者政府转贷、偿还性资助，或者弥补亏损、救助损失或者其他用途而使零售企业获得财政资金。

四、零售企业资金筹集的基本方式

零售企业资金筹集的基本方式主要有以下几种：

1. 短期筹资方式

短期资金，是指使用期限在一年以内或超过一年的一个营业周期以内的资金。零售企业短期筹资主要用于流动资金的短期需要。例如，发放员工薪酬福利、采购周转商品和其他存货以及经营过程中的其他费用开支。短期筹资的主要来源是银行借款、商业信用、短期融资券、票据贴现等方式。

 小链接 4-1　　　　　　　　　　**国美和苏宁的类金融**

类金融模式发展源于商业信用行为，是指如同商业银行一样，低成本或无成本吸纳、占用供应链上各方资金并通过滚动的方式供自己长期使用，从而得到快速扩张发展的营商模式。根据 2004 年国美香港上市时的招股公告透露，国美开设一家大卖场的成本约为 1 000 万～1 500 万元；另根据两家企业一年营业额和门店数量，国美和苏宁单一门店营业额平均为 2 亿～3 亿元，考虑到存货的周转率，如果公司不占用供应商资金，新增门店开店初需要购置的家电总货款（一个月）为 2 500 万元，后续货款可通过资金周转来实现。根据以上资料，可计算出新增一家家电连锁门店至少需要 4 000 万元左右的资金。根据国美的扩张速度，若按每年新开店 200 家计算，国美所需资金约为 80 亿元。然而，据国美电器的年度报表显示，以 2004 年为例，其资产负债表上的货币资金只有 16.59 亿元，远远小于规模扩张的需求。实际上，虽然国美的负债以短期负债为主，但向银行的短期借款却非常少,导致有息负债率也很低,而支持规模扩张的是大量的无息负债,即应付账款和应付票据,因此推断支持国美新增门店的资金主要来源于占用供货商资金。同样,苏宁的扩张也得益于占用供应商资金。如2004—2011年苏宁的短期负债由11.86亿元上升30倍至356.38亿元(其中应付款项占短期负债的比重维持在85%以上)。

(资料来源:姚宏,魏海. 类金融模式研究. 中国工业经济,2012(9).)

2. 中期筹资方式

中期筹资是指零售企业为了满足经营发展需要,从金融机构和其他渠道获得的,可供企业在一年用至五年内使用的资金。主要有以下几种方式:银行中期借款、投资公司中期借款、企业内部中期融资。

3. 长期筹资方式

长期资金主要用于扩大经营规模、更新商店建筑和设备等,一般需几年甚至十几年才能收回。长期筹资通常采用吸收直接投资、发行股票、发行债券、长期借款、融资租赁和利用留存收益等方式。

第二节　零售企业资产运营管理

零售企业资产运营是指零售企业为了实现企业价值最大化而进行的资产配置和经营运作的活动。零售企业应当根据风险与收益均衡等原则和经营需要,采取一定的措施,对资产运营全过程进行有效的监督和控制,包括现金流量管理、资产利用、资源优化配置、资产规范化处置、资产安全控制等。

小链接 4-2　　连锁零售企业财务管理的重点

国美电器西部大区总经理张心林认为,连锁零售企业财务管理的重点应落实到预算管理、资金管理、存货管理这几个方面:

推行全面的、同时兼备刚性和柔性特质的预算管理。它的刚性体现在其绝对的权威性和有效的执行,执行刚性的预算考核评价制度,确保其严肃性,是实现企业全面预算管理,提高预算管理的控制力和约束力的可靠保证。它的柔性体现在将刚性的财务预算指标和柔性的非财务预算指标相结合,市场化评价和内部评价相结合,过程评价和结果评价相结合,具备根据整体战略和外界环境变化而进行调整的能力。

在企业全面预算管理的过程中,一方面应在全面预算管理组织、预算执行以及预算考评等保持一定的刚性,增强预算管理的执行力和约束力,确保全面预算方案的有效实施;另一方面在预算的整体制定、预算编制、预算指标的分解以及预算适时调整等方面保持一定程度的柔性,联系实际,提高对预算执行过程中发生不确定因素的弹性适应能力和处理能力。上述两方面齐头并进,刚柔相济,共同推进企业全面预算管理系统的不断完善和发展。

实行资金集中管理是连锁零售企业财务管理的核心。连锁企业具有货币资金流量大、闲置时间长、沉淀多的特点,这些特点为资金营运留下了空间。资金的集中管理可以使分散的资金快速回笼,既保证了资金安全,又增大了沉淀规模,从而加快资金周转,提高资金使用效率。在具体操作上，总部资金管理中心承担资金筹措、使用、管理的职能，门店实施收支两条线，专款专户、专款专用。同时加强推进内审管理。

存货管理的目标就是在充分发挥存货作用的同时降低存货成本，使存货效益和存货成本达到最佳结合。目前，供应链管理的运用正在实现趋于零存货的目标。国美一直以来致力于库存周转和系统信息化的建设，正是为此所做的准备。只有制定了科学的预算和指标，并严格执行，在商品流通的各个环节严密监控，严格从源头抓起，在渠道中全员重视，到终端积极消化，才能使我们的不良库存降至最低，使我们有限的资金用好用活，发挥更大的作用。

（资料来源：http://www.pxmba.org/News/szmba2011.html，2014-03-04.）

一、零售企业预算编制

编制预算是零售企业根据预期业绩编制的一定时期的开支计划。通过编制预算，零售企业的支出可以与目标市场开拓、员工职业发展和管理目标的实现紧密联系在一起。

（一）零售预算编制的价值

零售企业编制预算可以获得以下几方面的好处：

（1）提高劳动生产率。预算与预期的业绩直接相关，并在目标改变时做出相应调整，由此可以提高零售企业的劳动生产率。

（2）优化资源配置。通过预算编制，将资源分配到适当的商品部、商品种类等，实现不同商品部、商品种类等方面的开支相互协调。

（3）提高应对未来变化的主动性。编制预算，零售企业可以为将来做准备，而不只是被动适应。

（4）有效控制支出，提高资金利用率。既可以确定各方面的支出水平，又可以在整个预算周期中不超支，还可以通过分析预期开支与实际开支的差别、本企业开支及业绩水平与行业平均水平的比较实现纠偏。

（二）零售预算编制的基本要求

零售企业在编制预算时，应当考虑编制过程花费的时间和精力；预算语言必须清晰易懂，能被所有的决策者理解；预算必须具有一定的灵活性，能够根据不可预见的顾客需求、竞争对手战术的变化等因素调整计划；预算既不能过于保守，也不能简单地在现有各类支出的基础上加上一定百分比就得出下一期的预算。

（三）零售预算编制的预备决策

零售企业在编制预算前需要在以下方面做出决策：

（1）明确指定谁对预算编制的决策负责。采取自上而下的方式编制预算时，由高层管理人员制定财务决策，然后传达给下级管理人员。采取自下而上的方式编制预算时，由基层管理人员提出本部门的预算要求，然后将这些要求组合起来形成整个企业的预算。在实践中，许多企业将两种编制预算的方式结合起来使用。

（2）确定编制预算的期限。大部分企业按年、季和月编制预算。有时，预算的期限可能会长于一年或短于一月。例如，当一家企业决定在未来五年内开设数家新店时，需要确定五年内的资本支出。又如,当一家超市订购生鲜易腐食品时,需要按周编制预算。

(3) 确定编制预算的概率。绝大部分企业一年编制一次预算。一些企业每年都要用几个月的时间编制预算,既可以使编制人员有充足的时间收集数据,还可以使零售企业在作出最后决定前多次审查预算草案。

(4) 确定支出的种类。按照支出的时间长短划分,有资本支出和经营支出。资本支出包括对土地、建筑物、工具和设备的长期投资。经营支出包括经营业务所产生的短期销售费用和管理费用。按照支出与业绩的关系划分,有固定成本和变动成本。固定成本是指不管零售商的业绩如何,在预算期内都保持相对稳定的支出,如商店的保安支出和房产税。变动成本是指在预算期内与企业业绩有关的支出,如销售佣金。

(5) 确定预算的详细程度。如果零售企业要编制十分详尽的预算,就必须确定每一类开支都能得到充分的满足。

(6) 确定预算的灵活性。一方面,预算应有足够的刚性,以保证计划开支能够为企业目标服务,并将支出与目标密切联系起来;另一方面,预算应有一定的柔性。如果预算过于死板,零售企业就无法适应变化的市场条件、抓住新的机会,或者使相关开支最小化。许多零售企业都以量化方式说明预算的灵活性。例如,当顾客的需求超过预期数值时,应该允许采购员在一个最大比例的范围内增加他的季度预算。

(四) 零售预算编制过程

零售企业编制预算的过程如下(如图 4-1 所示):

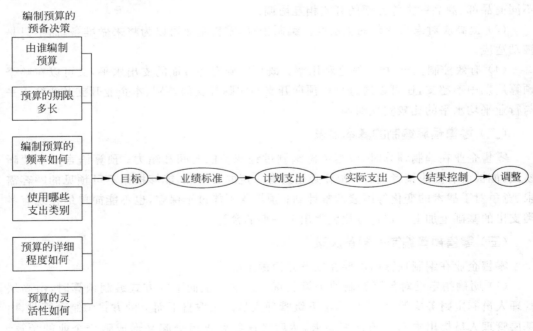

图 4-1 零售企业预算编制过程

(1) 以顾客、员工和管理层的需要为基础确定目标。

(2) 确定达到目标的具体业绩标准。包括顾客服务水平、激励员工所需的报酬水平、能够令管理层满意的销售额和利润水平。一般来说,预算与销售额的预测值有关。销售额的预测值指的是下一个预算期的预期收入,通常按部门或商品种类进行分解。

(3) 根据业绩目标确定支出。可采用零基预算或增量预算法。零基预算就是预算从头开始进行,列出实现预算目标所需的费用。每次预算都要对所有的成本进行考核。增量预算就是企业以现在或过去的预算为基础,通过增加或减少得出下一个预算期的费用。大部分零售企业采用增量预算法,因为这种方法简单易用、费时少且风险低。

(4) 实际支出。零售企业用于支付租金和员工工资、购买商品、做广告等方面的支出。

(5) 对结果进行控制。一方面,将实际开支与零售企业预先确定的每一类计划开支做比较,并找出产生偏差的原因;另一方面,确定目标和业绩标准是否实现,并对产生的偏差作出解释。

(6) 调整预算。当发现预算的实施与实现企业目标偏离时,要适当调整预算。预算方案的调整程度取决于对企业目标的偏离程度。分配到某些方面的支出可能被削减,分配到另一方面的支出则可能会增加。

二、零售企业财务资源配置

零售企业在分配财务资源时,既要考虑各类开支的数量,又要考虑开支的生产率。

(一) 各类开支的数量

零售企业的开支可以分为资本支出和营业支出。所谓资本支出是指零售企业用于固定资产的长期投资,所谓营业支出是指零售企业经营过程中产生的短期的销售和管理支出。通常两种开支的数量都要定期考察。

新建一家商店的资本支出主要涉及基本建设、通风和空调、照明、地板、固定装置、天花板、内部和外部标志以及屋顶装饰。由于竞争压力、兼并和收购、消费趋势、环保原因及其他原因可能引起老店改建。改建一家老店也需要不少资本支出。

营业支出通常以占销售额的百分比来表示,其范围为20%～40%(某些专业商店)不等。要获得成功,企业的营业支出必须与竞争对手相当。美国几家知名零售企业的销售成本、一般成本和管理成本占销售额的比例为:好市多10%;沃尔玛19%;柯尔22%;塔吉特22%;Dillard29%;BJ8%。

零售企业分配财务资源时,还必须考虑机会成本。机会成本是零售企业选择某一机会而放弃另一机会时可能带来的收益损失。例如,一家连锁超市决定耗资450万元改造现有的15家店,那它就无法开一家耗资450万元的新店(不包括土地和商品支出)。

(二) 生产率

生产率是指实施零售战略的效率。其衡量指标有:成本占销售额的百分比、收银员完成一项交易所用的平均时间、每平方米营业面积的销售额、存货周转率等。关键的问题就是如何在控制成本的同时实现销售额和利润目标。

不同的经营战略组合有不同形式的资源需求,所以,生产率的衡量标准必须与每一种战略组合的经营规则联系起来。衡量销售增长率还应以季节可比性为基础,使用相同商店的数据;否则,数据会受到季节性或营业面积增大的影响。

  小链接 4-3   Tuesday Morning 公司提高生产率的方式

　　Tuesday Morning 公司专门销售高质量的清仓商品,每年营业约 300 天。通过节约商店的劳动力支出(大量使用兼职员工)、公用事业费和保险费,其经营费用很低。同时,公司将店址选在租金较低的地区,采用无装修的购物环境,进一步降低了成本:"我们成功的理念建立在一种独特的哲学基础上,即在展开促销活动期间以巨大的折扣销售质量上乘、著名设计师和著名品牌的商品。我们店里的十大促销活动通常安排在每月的第一个星期二。我们每天都会收到新产品,因此顾客经常反复光临商店,以及时发现货架上填补的新品。"该公司没有开展在线销售。

　　(资料来源:巴里·伯曼,乔尔·R.埃文斯.零售管理[M].第 11 版.北京:中国人民大学出版社,2011.)

三、零售企业存货估价

　　零售企业商品种类繁多,存货的估价非常复杂。零售企业必须掌握许多相关信息,例如销售额、还没有到货的额外采购、某段时间内的存货毁损、毛利润、采购限额、存货短缺以及盈利所需的存货水平等。

　　零售企业需要作出两个有关存货估价的决策:利用哪一种会计存货系统与选择哪种存货定价方法。

(一)会计存货系统

　　有两种存货会计系统可供零售企业使用:(1)成本会计系统,按成本加运费确定商品的价值。(2)零售会计系统,按当前零售价格确定商品价值。本书从接收存货信息的频率、完成实地盘存和记录时遇到的困难以及存货短缺能够被计算的程度等方面介绍以下两种方法。

1. 成本法(cost method of accounting)

　　成本法是指仅仅根据零售企业的成本(包括运货费用)确定存货的账面价值。这种方法关注的只是每种产品在购买时登记在会计记录中的成本。在进行存货清点(即实地盘存)时,必须查明每件商品的成本、每种商品的库存数量,并按成本计算所有存货的价值。

　　成本法对于那些销售高价产品,并允许顾客讨价还价的零售企业非常实用。售货员可以从价签上的编码了解到在能够弥补商品成本和运营费用的前提下,顾客议价的空间有多少。

　　成本法也存在一些局限:很难制作每日甚至每月的存货清单;很难将每一笔销售额都记录在案;很难将运货费用分配给每件产品的销售成本。

　　成本法一般适用于那些销售高价产品,或者每天的销售活动有限的零售企业(例如,昂贵的珠宝店或者古董家具店)以及自产自销的零售企业(例如烤面包店、餐厅和家具展厅),这些零售企业通常拥有很少的商品线或者有限的存货需求,价格不经常变动,存货周转率比较低。

2. 零售法(retail method of accounting)

　　零售法是指根据当前的零售价格估计存货的价值。零售法克服了成本法的缺点,但要求详尽的簿记,而且因为期末存货首先按零售金额估价,然后转化为成本以计算毛利润,所以也更加复杂。

利用零售法确定期末存货价值有三个基本步骤:计算成本比例,计算零售价格的降低,然后将调整后的零售账面存货价值转化为成本。

第1步:计算成本比例

期初存货的价值、净采购额、额外加价和运费都包含在零售法内。期初存货和净采购额(购买减去退货)同时以成本和零售价格表示;额外加价指因通货膨胀和出乎意料的高需求使销售价格上涨而给零售商带来的额外收益,只按照零售价格来表示;运费指由零售商负担的将采购的商品从供应商处运送至零售商处所发生的成本,只按照成本方式表示。

假如一家零售企业下个季度可供销售的存货数据如下:以成本表示的期初存货199 000元,净采购7 000元,进货费用1 000元,则可售存货总价值270 000元;以售价表示的期初存货401 000元,净采购154 000元,额外加价5 000元,则可售存货总价值560 000元。可售商品的成本比例=总成本价值/总零售价值=270 000元/560 000元=0.482。也就是说,每一元的零售销售收入中包括0.482元成本。

第2步:计算零售价值的扣减

存货的期末零售价值必须反映从可供销售商品总额中的所有扣减。除销售额外,扣减应包括降价(如特价销售,以及对处理的、过季的和陈旧的商品的降价)、员工提成以及存货短缺(因失窃、未记录的损坏等原因造成的)。虽然可以在一个会计期间记录销售额、降价以及员工折扣,但仍需要进行实地盘存以得出存货短缺量。

零售企业将以零售价格计算的期末存货账面价值与实际存货价值进行对比,计算真正的存货短缺。如果账面价值大于实际价值,就会出现存货短缺,如果账面价值小于实际价值,就会出现存货盈余。存货短缺通常是由于偷窃、损坏、顾客未支付的过多送货以及记账错误造成的,而记账错误一般是最常见的原因。记账错误通常是由于对减价、退货、折扣和破损商品的记录不当。存货盈余通常也是由于记账错误造成的,即实地盘存时盘查错误,或者记录条目不当。

第3步:将调整后的零售账面存货价值转变为成本

按成本计算的期末存货成本等于经过调整的期末零售账面价值乘以成本比例。这个等式并不能得出精确的期末存货成本,只能显示所有可供销售商品的成本和零售价格之间的平均关系。

与成本法相比,零售法具有以下优点:进行实地盘存,成本不必换算,因此可以减少商品估价中发生的错误;由于工作程序更简单,可更频繁地开展实地盘存,使零售企业能够更清楚地知道周转慢的商品和存货短缺;完整的期末账面价值记录有利于确定恰当的保险总额水平和解决保险索赔。

零售法有两个主要缺点:一是需要记录大量的数据,簿记工作过于繁重;二是成本比例是基于可供销售商品的总成本和零售总价值的平均数。很可能得出的存货期末成本价值只是近似于库存商品的真实成本,特别是在畅销商品与滞销商品有不同的提价,或不同商品的提价具有很大差异时,更可能导致错误信息。

（二）存货定价系统

存货定价有两种方法：先进先出法和后进先出法。

先进先出法（first-in-first-out method，FIFO）从逻辑上假定先采购的商品先卖出，而新采购的商品保存在仓库中。先进先出法按照当前成本结构确定存货的价值——留做存货的是最近采购的商品，因此货架上的商品反映的将是最当前的重置价格。在通货膨胀期间，这种方法可以将"存货利润"（由销售原来那些低价的存货，而不是现在这些昂贵的新存货）包括在收入中。

后进先出法（last-in-firsr-out method，LIFO）则假定后采购的商品先售出，而先采购进的商品保存在仓库中。后进先出法则按照当前成本结构确定当前的销售额——最先卖出的商品是最近采购的商品。在存货价值不断上涨时期，后进先出法由于表现为较低的利润而给零售企业带来税收上的好处。大部分零售企业也更偏好使用后进先出法进行商品规划，因为它能够精确地反映商品的重置成本。

第三节 零售企业财会报表分析

成功的零售企业需要正确稳妥的会计核算。一家零售企业需要的会计记录的数量和类别取决于零售企业的规模及管理层的目标。

零售企业财会报表是对企业财务状况、经营成果和现金流量的结构性表述。能够为零售企业提供一种衡量盈利性和零售绩效的标准，可以呈现出某段时期内发生的所有交易。

零售企业财会报表最常用的有三种：利润表、资产负债表、现金流量表。

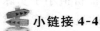

小链接 4-4　　　　　　沃尔玛的数据分析

沃尔玛经营着全球规模最大的商业数据库。这个数据库记录着每件商品在所有商店的销售数据。每天，它都会新添加 3 000 万名顾客的 8 亿条交易记录，以及与沃尔玛 2 万名供应商相关的销售和库存数据。自从沃尔玛要求其主要供应商采用射频识别技术之后，其数据的数量级数便得到巨大增长。

以前，沃尔玛通过利用其数据库分析店内销售额、库存率、降价及消费者购买的相关商品。如今，它还努力分析各个商店的理想产品组合，以及如何进一步改进商店的布局。

沃尔玛是最早使用惠普公司新型 Neoview 数据库系统的企业之一。沃尔玛将 Neoview 与其零售链系统结合起来使用，零售链系统可向沃尔玛提供关于供应商销售额和库存周转率的数据信息。经过几个月的测试，沃尔玛在 2007 年 6 月转而使用 Neoview 系统。

（资料来源：巴里·伯曼，乔尔·R. 埃文斯. 零售管理[M]. 第 11 版. 北京：中国人民大学出版社，2011.）

一、零售企业利润表分析

零售企业需要制定的最重要的财会报表是利润表（也叫做损益表）。利润表是指反映企业在一定会计期间的经营成果的会计报表,是对零售企业在一定会计期间的收入和支出的总结,通常按月、季或年编制。利用利润表,零售企业能够将当前的数据与过去相比,从而注意到销售额、费用和利润的趋势或改变。

利润表可以分成不同的部门、分支等,使得零售企业能够评估某段时间内每个子单元的经营绩效(如表 4-1 所示)。

利润表包括以下主要内容:

(1) 营业收入。是指零售企业经营主要业务和其他业务所确认的收入总额。

(2) 营业成本。是指零售企业经营主要业务和其他业务发生的实际成本总额。

(3) 营业税金及附加。是指零售企业经营业务应负担的营业税、城市维护建设税、土地增值税和教育费附加等。

(4) 销售费用。是指零售企业在销售商品过程中发生的包装费、广告费等费用和为销售本企业商品而专设的销售机构的职工薪酬、业务费等经营费用。

(5) 管理费用。是指零售企业为组织和管理生产经营发生的管理费用。

(6) 财务费用。是指零售企业筹集生产经营所需资金等而发生的筹资费用。

(7) 资产减值损失。是指零售企业各项资产发生的减值损失。

(8) 公允价值变动收益。是指零售企业交易性金融资产、交易性金融负债以及采用公允价值模式计量的投资性房地产等公允价值变动形成的应计入当期损益的利得或损失。

(9) 投资收益。是指零售企业以各种方式对外投资所取得的收益。其中,"对联营企业和合营企业的投资收益"是指采用权益法核算的对联营企业和合营企业投资在被投资企业实现的净损益中应享有的份额(不包括处置投资形成的收益)。

(10) 营业外收入、营业外支出。是指零售企业发生的与其经营活动无直接关系的各项收入和支出。其中,处置非流动性资产,应当单独列示。

(11) 所得税费用。是指零售企业根据所得税准则确认的应从当期利润总额中扣除的所得税费用。

(12) 基本每股收益。是指零售企业按照归属于普通股股东的当期净利润,除以发行在外普通股的加权平均数计算的金额。

(13) 稀释每股收益。是指根据稀释每股收益准则的规定计算的金额。

表 4-1 利 润 表

编制单位:　　　　　　　　　　　年　月　　　　　　　　　　　　单位:元

项　　目	本期金额	上期金额
一、营业收入		
减:营业成本		
营业税金及附加		
销售费用		
管理费用		
财务费用		
资产减值损失		

续表

项　目	本期金额	上期金额
加：公允价值变动收益（损失以"—"号填列）		
投资收益（损失以"—"号填列）		
其中：对联营企业和合营企业的投资收益		
二、营业利润（亏损以"—"号填列）		
加：营业外收入		
减：营业外支出		
其中：非流动性资产处置损失		
三、利润总额（亏损总额以"—"号填列）		
减：所得税费用		
四、净利润（净亏损以"—"号填列）		
五、每股收益：		
（一）基本每股收益		
（二）稀释每股收益		

小链接 4-5　　　　会计准则因国家而异

自从 1973 年以来，国际会计准则委员会（IASC）一直致力于实现会计准则的一致性。该组织目前已在全世界 104 个国家拥有 143 个分支。到现在为止，IASC 已经公布了 40 条国际会计准则（IAC），这些准则针对的主题非常多，其中包括商誉价值、存货评估以及企业合并等。

商誉价值是指一家企业收购另一家企业时，需要为这家企业的商誉支付一个额外的费用。对于商誉价值的处理方法，各国之间存在很大差别。根据国际会计准则，商誉价值应当在 5~20 年之内分期摊付。有些国家如澳大利亚、墨西哥、西班牙、日本和巴西等已经开始遵循这条会计准则；有些国家如英国、瑞士允许公司立即摊付商誉价值；意大利、德国和中国香港允许公司自由选择立即费用化或者在 5~20 年中分期摊付；中国还没有公布有关商誉价值购买的任何处理方式。这些差别使得财务报表之间的对比非常困难。

1991 年，IASC 将后进先出法排除在存货评估可选方法之外。后来迫于公众的意见，又不得不继续允许后进先出法的使用。

IASC 公布有关企业合并的会计准则里，提供用来处理企业兼并与收购的两种会计方法：购买法与权益法。目前比利时、澳大利亚、法国和中国香港只允许公司利用购买法，日本公司则普遍使用权益法。从本质上说，每个国家的报告要求会导致被收购公司净资产的评估存在差异。与购买法相比，权益法通常会导致更低的净资产数值。

（资料来源：帕特里克·M. 邓恩，等. 零售管理[M]. 第 5 版. 北京：清华大学出版社，2007.）

二、零售企业资产负债表分析

零售企业资产负债表与报告一段时间内的活动的利润表不同，表示的是一个零售企业在某一时刻的财务状况。资产负债表可以识别企业所有的资产和负债，并将它们进行数量化。资产与负债的差就是所有者权益,或者说资产净值。通过将当前的资产负债表与一段时间之前的报表进行对比,零售分析家能够观察到企业财务状况的变动。

资产负债表的典型格式如表 4-2 所示:

表 4-2 资产负债表

编制单位:　　　　　　　　　　　　年 月 日　　　　　　　　　　　　单位:元

资产	期末余额	年初余额	负债和所有者权益(或股东权益)	期末余额	年初余额
流动资产:			流动负债:		
货币资金			短期借款		
交易性金融资产			交易性金融负债		
应收票据			应付票据		
应收账款			应付账款		
预付款项			预收款项		
应收利息			应付职工薪酬		
应收股利			应交税费		
其他应收款			应付利息		
存货			应付股利		
一年内到期的非流动资产			其他应付款		
其他流动资产			一年内到期的非流动负债		
流动资产合计			其他流动负债		
非流动资产:			流动负债合计		
可供出售金融资产			非流动负债:		
持有至到期投资			长期借款		
长期应收款			应付债券		
长期股权投资			长期应付款		
投资性房地产			专项应付款		
固定资产			预计负债		
在建工程			递延所得税负债		
工程物资			其他非流动负债		
固定资产清理			非流动负债合计		
生产性生物资产			负债合计		
油气资产			所有者权益(或股东权益)		
无形资产			实收资本(或股本)		
开发支出			资本公积		
商誉			减:库存股		
长期待摊费用			盈余公积		
递延所得税资产			未分配利润		
其他非流动资产			所有者权益(或股东权益)合计		
非流动资产合计					
资产总计			负债和所有者权益(或股东权益)总计		

资产是指零售企业过去的交易或者事项形成的、由企业拥有或者控制的、预期会给企业带来经济利益的资源。主要有两类:流动资产和固定资产。

流动资产包括现金以及零售企业能够在较短的时间内(一般是一年)轻易将其变现的所有其他物品。主要包括：现金、应收账款、应收票据、预付款项和存货。应收账款或应收票据是顾客欠零售企业的产品或服务款项。对于那些不愿意支付或不能支付账款的顾客,零售企业通常会将应收款项的总额减少一个固定的比例(根据过去的经验)。预付款项是指零售企业已经支付但服务还没有结束的款项,例如垃圾清理费和保险费用。零售存货是指零售企业放置在商店中或者存放在库房中以供销售的商品。

固定资产是指零售企业在正常运营过程中,不能在很短的时间中(通常是12个月)将其变现的资产。主要包括：建筑物、停车场以及建筑物和停车场所占用的土地,还有一些固定设施(例如商品展示架)和器械(例如空调系统)。固定资产的折旧不能忽略,因为大部分固定资产的使用寿命都是有限的。资产与折旧的差额能够更加真实地表现零售商拥有的资产,避免零售商对这些资产进行夸大或者保守的估计。

资产负债表中的另一部分反映了零售企业的负债和所有者权益。负债是零售企业过去的交易或者事项形成的、预期会导致经济利益流出企业的现时义务。所有者权益又称为资产净值,是企业总资产与总负债的差值,代表所有者拥有的企业权益。它表示企业偿还所有负债后剩余的价值。

零售企业的目的是使资产发挥最好的效果。有三种基本的方法被广泛用于衡量资产的管理效果：销售净利率、资产周转率和财务杠杆。

销售净利率是根据零售企业的净利润和销售净收入来衡量其绩效的评估指标：销售净利率＝净利润/销售净收入。零售企业可以通过提高销售毛利率,或降低营业费用占销售额的比例来提高销售净利率。

资产周转率是根据零售企业的销售净收入和总资产来衡量其绩效的指标：资产周转率＝销售净收入/总资产。提高资产周转率,企业必须在资产不变的基础上增加销售额,或在保持销售额不变的前提下减少资产。

通过观察零售企业的销售净利率与资产周转率的关系,可以得到资产收益率：资产收益率＝销售净利率×资产周转率

财务杠杆是根据零售企业总资产与净资产之间的关系来衡量其绩效的指标：财务杠杆＝总资产/净资产。财务杠杆比较高的零售企业负有大量债务,百分率等于1则表示没有任何负债,即总资产等于净资产。如果比率过高,企业有可能为了支付利息,过度偏重于削减成本和增加短期销售额,导致净利率降低；企业如果不能偿还债务,可能会被迫破产。如果财务杠杆太低,零售企业可能过于保守,这会使零售企业改造现有商店和进入新市场的能力受到限制。

三、零售企业现金流量表分析

现金流量表是指反映零售企业在一定会计期间的现金和现金等价物流入和流出的会计报表。当现金流入超过流出时,零售企业拥有一个正的现金流；当现金流出超过现金流入时,零售企业拥有一个负的现金流。现金流量表的目的就是使零售企业能够对企业需要的现金进行规划。现金流量表的作用表现在三个方面：有助于评价零售企业支付能力、偿债能力和周转能力,有助于预测零售企业未来现金流量,有助于分析零售企业收益

质量及影响现金净流量的因素。擅长管理现金流的零售企业将具有更强大的盈利能力。

现金流量表的典型格式如表4-3所示：

表4-3　现金流量表

编制单位：　　　　　　　　　　年　月　日　　　　　　　　　　　　单位：元

项　目	本期金额	上期金额
一、经营活动产生的现金流量		
销售商品、提供劳务收到的现金		
收到的税费返还		
收到其他与经营活动有关的现金		
经营活动现金流入小计		
购买商品、接受劳务支付的现金		
支付给职工以及为职工支付的现金		
支付的各项税费		
支付其他与经营活动有关的现金		
经营活动现金流出小计		
经营活动产生的现金流量净额		
二、投资活动产生的现金流量		
收回投资收到的现金		
取得投资收益收到的现金		
处置固定资产、无形资产和其他长期资产收回的现金净额		
处置子公司及其他营业单位收到的现金净额		
收到其他与投资活动有关的现金		
投资活动现金流入小计		
购建固定资产、无形资产和其他长期资产支付的现金		
投资支付的现金		
取得子公司及其他营业单位支付的现金净额		
支付其他与投资活动有关的现金		
投资活动现金流出小计		
投资活动产生的现金流量净额		
三、筹资活动产生的现金流量		
吸收投资收到的现金		
取得借款收到的现金		
收到其他与筹资活动有关的现金		
筹资活动现金流入小计		
偿还债务支付的现金		
分配股利、利润或偿付利息支付的现金		
支付其他与筹资活动有关的现金		
筹资活动现金流出小计		
筹资活动产生的现金流量净额		
四、汇率变动对现金及现金等价物的影响		
五、现金及现金等价物净增加额		
加：期初现金及现金等价物余额		
六、期末现金及现金等价物余额		

尽管现金流量表一般不如利润表重要,但现金流量表有其独特意义。实际上,近年来零售企业破产的首要原因就是现金流问题。一度发展非常迅速,并具有强大盈利能力的零售企业,往往会因为现金流不足而一败涂地。

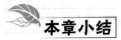

本章小结

零售企业财务管理就是零售企业组织财务活动、处理财务关系的一种职能管理活动。而财务活动、财务关系的核心是资金运动及其中体现的经济利益关系。

资金筹集是零售企业资金运动的起点。筹资管理是指对资金筹集的数量、获得资金的渠道以及如何最经济地筹集资金等问题的管理。零售企业根据风险与收益均衡等原则和经营需要,采取一定的措施,对资产运营全过程进行有效的监督和控制,就是资产运营管理。主要包括预算编制、资源配置、存货评估等内容。预算是零售企业根据预期业绩编制的一定时期的开支计划,可采用零基预算法或增量预算法。分配资源时既要考虑开支的数量,又要考虑开支的生产率,还要考虑机会成本。成本法和零售法是零售企业进行存货评估时可以使用的两种会计核算技术。成本法是最简单的,零售法是最常用的。

零售企业有三种重要的财会报表:利润表、资产负债表和现金流量表。利润表为零售企业提供了企业在某段时间内发生的收入和费用的总结。资产负债表表示零售企业在某个特定时刻的财务状况。现金流量表则详细地列出了企业在某段时间内所有的现金收入和现金支出的来源与类型。

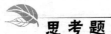

1. 分析各种筹资渠道的利弊。
2. 什么是零基预算法?既然增量预算法有一些局限性,为什么大多数零售企业仍然采用这种预算法?
3. 区别资本支出与营业支出。零售企业分清二者的重要性是什么?
4. 列出零售法与成本法相比具有的优势和不足。
5. 利润表和资产负债表存在哪些不同?零售企业应当如何利用这两种财会报表?
6. 现金流量表和利润表之间存在哪些不同?
7. 为什么说在制定财会报表时,零售企业很难确定存货的确切价值?

美国部分零售业态的年存货周转率

表4-4是美国部分零售业态年存货周转率的中位数:

表4-4 美国部分零售业态年存货周转率的中位数

零售商类型	年存货周转率(次数)的中位数
汽车及家庭用品店	7.6
汽车经销商	5.8
百货商店	4.7
药店和专卖药店	13.0
餐厅	95.8
家庭服装店	3.8
家具店	5.1
加油站	46.7
杂货店	18.9
五金店	5.1
家用电器店	6.2
珠宝店	2.3
木材及其他建材经销商	7.3
男士及男童服装店	4.3
鞋店	4.2
女士服装店	7.4

(资料来源:Murray Hill. Industry Norms & Key Business Ratios. New York :Dun & Bradstreet,2007-2008:pp. 98-108.)

【案例思考】

1. 哪些业态年存货周转率高?哪些业态年存货周转率低?各自说明了什么?
2. 高周转率、低周转率各有什么优势和不足?
3. 选择中国的百货商店、家用电器商店、药店各1家上市公司,与上表所列相应业态的周转率进行对比分析,并提出提高存货周转率的建议。

本章实训

一、实训目的

1. 明晰零售企业财务管理的概念与框架。
2. 通过网络查阅,了解著名零售企业的财务管理状况。
3. 培养财务管理意识、提高分析财会报表的能力。

二、实训内容

以小组为单位,从网上收集两家国内著名零售上市公司(必须是位列中国零售百强的企业)近三年的财会报表,并进行对比分析。

三、实训组织

1. 指导教师布置实训项目,提示相关注意事项及要点。

2. 将班级成员分成若干小组,成员可以自由组合,也可以按学号顺序组合。小组人数划分视修课总人数而定。每组选出组长 1 名,发言代表 1 名。

3. 以小组为单位,选定调研的零售企业,收集资料。写成书面调查报告,制作课堂演示 PPT。

4. 各小组发言代表在班级进行汇报演示,每组演示时间以不超过 20 分钟为宜。

四、实训步骤

1. 指导教师布置任务,指出实训要点、难点和注意事项。

2. 演示之前,小组发言代表对本组成员及其角色进行介绍陈述。演示结束后,征询本组成员是否有补充发言。

3. 由各组组长组成评审团,对各组演示进行评分。其中,演示内容 30 分,发言者语言表达及台风展现能力 10 分,PPT 效果 10 分。评审团成员对各组所评出成绩取平均值作为该组的评审评分。

4. 教师进行最后总结及点评,并为各组实训结果打分,教师评分满分为 50 分。

5. 各组的评审评分加上教师的总结评分作为该组最终得分,对于得分最高的团队予以适当奖励。

延伸阅读

1. [美]巴里·伯曼,乔尔·R·埃文斯. 零售管理[M]. 第 11 版. 吕一林,宋卓昭,译. 北京:中国人民大学出版社,2011:351-368,456-464.
2. [美]帕特里克·M. 邓恩,罗伯特·F. 勒斯克. 零售管理[M]. 第 5 版. 赵娅,译. 北京:清华大学出版社,2007:206-234.
3. 贺志东. 商品流通企业财务管理[M]. 广州:广东经济出版社,2010:329-417,439-442,714-741.
4. 中华人民共和国财政部令. 第 41 号. 企业财务通则,2006-12-04.
5. 中华人民共和国财政部令. 第 33 号. 企业会计准则——基本准则,2006-02-15.
6. 吴兴杰. 苏宁电器的财务转型[J]. 企业管理,2010(2).

第五章 零售选址

本章学习目标

了解可选店址类型及商圈的影响因素,熟悉店址选址的步骤与方法,掌握常用的零售选址理论和商圈划定方法。

引例

肯德基的选址秘诀

肯德基选址决策一般是两级审批制,通过两个委员会的同意,一个是地方公司,另一个是总部。其选址成功率几乎是百分之百,是肯德基的核心竞争力之一。通常肯德基选址按以下几个步骤进行:

(一) 商圈的划分与选择

1. 划分商圈

肯德基计划进入某城市,就先通过有关部门或专业调查公司收集这个地区的资料。有些资料是免费的,有些资料需要花钱去买。把资料买齐了,就开始规划商圈。

商圈规划采取的是记分的方法,例如,这个地区有一个大型商场,商场营业额在1 000万元算一分,5 000万元算5分,有一条公交线路加多少分,有一条地铁线路加多少分。这些分值标准是多年平均下来的一个较准确的经验值。

通过打分把商圈分成好几大类,以北京为例,有市级商业型(西单、王府井等)、区级商业型、定点(目标)消费型,还有社区型、社区商务两用型、旅游型等。

2. 选择商圈

即确定目前重点在哪个商圈开店,主要目标是哪些。在商圈选择的标准上,一方面要考虑餐馆自身的市场定位;另一方面要考虑商圈的稳定度和成熟度。餐馆的市场定位不同,吸引的顾客群不一样,商圈的选择也就不同。比如规划局说某条路要开,在什么地方设立店址,将来这里有可能成为成熟商圈,但肯德基一定要等到商圈成熟稳定后才进入。又如肯德基与麦当劳市场定位相似,顾客群基本上重合,所以在商圈选择方面也是一样的。可以看到,有些地方同一条街的两边,一边是麦当劳,另一边是肯德基。

(二) 聚客点的测算与选择

1. 要确定这个商圈内最主要的聚客点在哪

例如,北京西单是很成熟的商圈,但不可能西单任何位置都是聚客点,肯定有最主要的聚集客人的位置。肯德基开店的原则是:努力争取在最聚客的地方和其附近开店。

这跟人流动线(人流活动的线路)有关。可能有人走到这,该拐弯,则这个地方就是客人到不了的地方,差不了一个小胡同,但生意差很多。人流动线是怎么样的,在这个区域里,人从地铁出来后是往哪个方向走等。这些都派人去掐表,去测量,有一套完整的数据之后才能据此确定地址。

比如,在店门前人流量的测定,是在计划开店的地点掐表记录经过的人流,测算单位时间内多少人经过该位置。除了该位置所在人行道上的人流外,还要测马路中间的和马路对面的人流量。马路中间的只算骑自行车的,开车的不算。是否算马路对面的人流量要看马路宽度,路较窄就算,路宽超过一定标准,一般就是隔离带,顾客就不可能再过来消费,就不算对面的人流量。

肯德基选址人员将采集来的人流数据输入专用的计算机软件,就可以测算出,在此地投资额不能超过多少,超过多少这家店就不能开。

2. 选址时一定要考虑人流的主要动线会不会被竞争对手截住

人流是有一个主要动线的,如果竞争对手的聚客点比肯德基选址更好的情况下那就有影响。如果是两个一样,就无所谓。例如北京北太平庄十字路口有一家肯德基店,如果往西一百米,竞争者再开一家西式快餐店就不妥当了,因为主要客流是从东边过来的,再在那边开,大量客流就被肯德基截住了,开店效益就不会好。

3. 聚客点选择影响商圈选择

聚客点的选择也影响商圈的选择。因为一个商圈有没有主要聚客点是这个商圈成熟度的重要标志。比如北京某新兴的居民小区,居民非常多,人口素质也很高,但据调查显示,找不到该小区哪里是主要聚客点,这时就可能先不去开店,当什么时候这个社区成熟了或比较成熟了,知道其中某个地方确实是主要聚客点才开。

为了规划好商圈,肯德基开发部门投入了巨大的努力。以北京肯德基公司而言,其开发部人员常年跑遍北京各个角落,对这个每年建筑和道路变化极大、当地人都易迷路的地方了如指掌。经常发生这种情况,北京肯德基公司接到某顾客电话,建议肯德基在他所在地方设点,开发人员一听地址就能随口说出当地的商业环境特征、是否适合开店。在北京,肯德基已经根据自己的调查划分出的商圈,成功开出了56家餐厅。

(资料来源:卞君君.肯德基——中国式进化[M].北京:中信出版社,2009.)

本章知识结构图

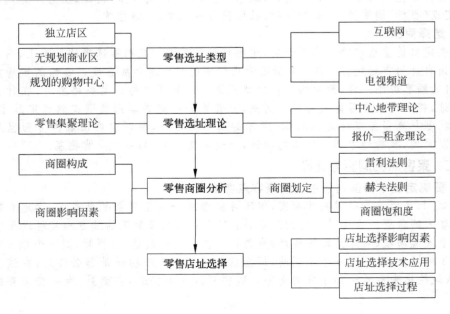

零售选址是指零售企业对经营场所地点的决策,它包含选择商店设立的地区和选择商店设立的地点两个方面。零售业界有句名言,认为零售业中三个最重要的因素是:选址、选址、选址。Collins指出"一个商店至少有85%的业绩不是由内部管理所能控制的,而是由当地和外部因素决定。"零售选址之所以重要,主要是由零售的特性以及零售环境所决定的。零售是一个依赖人流量的业务,及稳定的涌入商店的潜在顾客量。零售店的位置越便利,就会有越多的顾客拜访。如果顾客很难到达你的商店,他们就会很少光顾。为了确保零售店运作成功,零售商应该把选址作为所有要考虑的策略因素中的首要因素。选择了一个好的位置,余下的一切就迎刃而解了。选择一个不好的位置,不管其他策略如何好,零售业绩也不会很好。

第一节 零售选址类型

一、有店铺零售商的店址

有店铺零售商的店址一般有四种基本的类型:

(一) 独立店区(isolate store)

独立店区指仅有一家商店,不毗邻其他商店。通常沿主要的交通要道选址,并且没有毗邻的其他零售商与之分享同一交通要道销售同类型的竞争性产品。这类零售店铺位置具有以下优越性:无竞争对手;租金较低;营业时间非常自由;经营上不必遵守集团规则;可得到较大的场地;位置可以自行选择;有利于顾客一站式购物或便利购物;道路及交通的可见度高;设施能适应个人的具体需要;可以安排方便的停车场地;有可能降低成本、从而降低价格。

这类零售店铺位置也存在各种劣势:缺少互补商店带来的顾客吸引力;很难凭第一印象吸引消费者;不能满足顾客在购物中喜欢品种丰富多彩的要求;广告和促销成本可能较高;营运费用不能分摊,如室外照明、场地维修与清理垃圾等费用只能独自承担。多数情况下,只能租用店房而不必新建,将顾客吸引过来并将他们保留住,是一件非常困难的事。

通常最适合在独立店区开办商店的是大型零售商店,如美国的沃尔玛、北京的燕莎商城。孤立的中小型零售商店不可能形成一批对它依赖的顾客,因为它没有花色品种齐全的商品,又没有很大的名声,顾客也就不愿去光顾。但也有一些小店铺只强调在孤立位置经营,如许多加油站与便利店(如7-11店)。

(二) 无规划商业区(unplaned business district)

无规划商业区零售位置是指有两家以上的商店坐落在一起,或相距极近,但不是事先规划的结果,而是一点点地逐步发展起来的。商店的位置是根据各自的利益确定的,而不是从整个商业区来考虑的。无规划商业区有四种类型:中心商业区、次级商业区、邻里商业区以及商业街。

中心商业区(central business district,CBD)是典型的非规划的商业区,为传统的商业繁华地带。通常是指位于一个城市中所有公共运输系统交汇点周围的未经规划的购物区。CBD零售商的组成主要取决于历史、零售趋势和运气,一般并没有经过任何提前规划。许多传统的百货商店和一些精选的专营商店都位于城市的中心商业区。中心商业区是城市的零售中心,不仅店铺数量多,而且店铺类型即零售业态也多,可提供丰富的商品和多种服务,顾客到中心商业区购物,可以有更多的选择机会,并可得到多样化的服务,因此,中心商业区是一个地区最有零售吸引力的区位。中心商业区的优势主要有公共运输系统为商店带来的可进入性、种类齐全的产品组合,品牌形象、价格和服务以及邻近的商业活动。不足之处主要包括不够方便的停车场所、高昂的租金、拥挤的交通与货运通道、随处可见的扒手、晚间和周末购物非常耗时、有些中心商业区旧城改造并不是很成功,等等。

在规模更大的城市中,一些次级商业区和邻里商业区也逐渐发展起来。次级商业区(SBD)是指位于主干道交汇处,围绕至少一家百货商店或杂货店修建的规模小于中心商业区的购物地带。邻里商业区(NBD)是指主要为了满足顾客购物方便而在周边邻近地区建立的购物地带。邻里商业区一般坐落于某个居民区的主干线上,主要包括一些小商店和一家大型零售商,通常是超市或杂货店。邻里商业区是一种颇具吸引力的新商店店址选择地。

商业街(string)是由一组零售商店(通常经营类似的或互补的产品线)组成的、未经规划的、位于街道或高速公路旁的商业区。商业街的形成可能是从一家孤立商店开始的,由于这家商店的经营获得了成功,因此逐渐出现了竞争者。一家设在商业街而非孤立店址的商店,因客流量增加得到的利益可能超过由竞争造成的损失。

(三)规划的购物中心(planing shopping center)

规划的购物中心是一种经过仔细筹划的集中拥有与(或者)集中管理的购物区,拥有均衡的店铺体系(每家商店在产品种类上是互相补充的),在周围设有各种停车设施。他们作为一个整体进行设计和运作,其位置、规模和商店组合与被服务的商圈有关。一个典型的购物中心有一家或一家以上的骨干商店或主力商店(一个主要的大规模商店,整个购物中心的顾客都是被其吸引过来的)及各种各样较小的商店。通过均衡配置,规划的购物中心的商店在新提供的质量和品种上相互补充,商店的类型和数量紧密结合,以满足周围人口的全面需要。

为确保均衡配置,这种购物中心的管理者通常规定各类零售商在总面积中所占的比例,限制每家零售商出售的商品类别,并说明哪些类型的公司可以取得无限期租约。

购物中心这类店址的主要优势是:种类齐全的产品带来的客流量非常大,共同规划和一般成本的分担,接近高速公路、停车设施便利,较低的犯罪率,干净整洁的环境。在购物中心选址需要面对的一些主要劣势有:不够灵活的营业时间、租金非常高、购物中心施加的很多限制(例如零售商销售的商品种类)、低弹性的营业方式以及必须加入购物中心的商人组织可能存在太多的竞争,并且大部分客流量对某一特定产品并不感兴趣,主力商店拥有对小商店的支配权。

(四)非传统店址

当今时代越来越多的零售商们开始选择能够带来极大便利性的非传统店址,例如机场、大学校园、沿高速公路交汇点、一些大型的办公楼,等等。

二、无店铺零售商的店址

无店铺零售商各种各样,第一章我们讨论了无店铺零售商的几种形式。这里主要讨论街头兜售这种无店铺零售商形式的店址。街头商贩是最古老的无店铺零售形式,目前在许多国家仍然非常普遍,他们利用手推车或者在路边的临时摊位销售商品。其店址通常分布于街道的街角处、人流密集区、举办体育赛事的体育场馆外,等等。

不论发达国家还是欠发达国家,在将来很长的一段时期内,主要的零售业形式仍然是由店铺零售,所以,我们应将注意力集中在这些零售商的选址分析上。

小链接 5-1　　　　　发达国家商业中心区形成的阶段

世界零售商业布局正由市中心向城郊接合部转移,呈集中化、规范化形态,中心城区出现空心化倾向。发达国家商业中心区的形成,一般经历了以下几个阶段:

(1) 城镇建设初期,随着居民迁入,在居民聚居区开设一些满足日常生活必需的小商店,零星、松散、小而全。

(2) 随着城镇规模扩大,主要道路的形成,商业在原有的点状结构上沿街道延伸,形成条状结构的商业街,进而形成街区商业中心。

(3) 随着社会经济的发展,商业中心区交通日益拥挤、地价昂贵,一般居民无法继续在此地生活,向城郊接合部扩散,于是城郊接合部又出现新的商业设施。中心商业区因人流减少而销售增速减缓。美国纽约的曼哈顿区,日本东京的银座、新宿区,法国巴黎的香榭丽舍大街都属于这种类型。

(4) 随着生活水平的提高,汽车成为主要代步工具后,人们改变了就近购物的习惯,距离远近不再成为障碍。所以,购物中心开始相对集中,条状商业街区向块状商业圈聚拢,城郊接合部商业向郊区特大型购物中心发展,新社区逐步形成,商品齐全、档次拉开,能满足不同层次的消费需要。

(5) 中心区居民经过两次扩散,纷纷向边远城镇转移,小区安静,生活质量明显提高,中心商业区逐渐萧条。

(资料来源:田旭.国际零售业发展的特点及其对我国的启示.经济评论,1999(4).)

第二节　零售选址理论

零售选址理论最经常使用的是中心地带理论、报价—租金理论和零售集聚理论。中心地带理论试图解释购物区的存在、规模、构成、空间布局及其相互关系;报价—租金理论解释非规划的购物区的内部空间安排;集聚理论对同类零售企业集群的现象做出了解释。

一、中心地带理论

中心地带理论是解释导致市区购物设施分级供应的经济因素的模型。由 Christaller

在 20 世纪 30 年代首次提出,后来得到 Losch(1954)和其他学者的进一步发展。这一理论认为,能够根据商店的吸引力去预测特定的购物者。商店吸引力的关键限定因素是到达商店的旅行距离要在要求的范围之内。其他的限定因素有卖场的大小和整个零售商店的商品品质(范围)。这一理论假定:购物区有适当的竞争,购物者将光顾那些能提供最大效用的商店。他们付出的成本是到商店的旅行距离、消费时间和必要的经济花费。因而随着到零售中心/区域距离的增加,由于旅行费用增加,对产品的需求会随之减少。客户为获取产品而行走的最远距离称作商圈或商品辐射范围。这一理论也考虑了商品和服务门槛的概念,即:使供应商品有利可图所要求的最低人口。为了长期生存,商品的辐射范围要超过产品的门槛。低位(经常购买、低价格和便利的)产品取得成功所要求的门槛较低,辐射范围较小,而对比商品等高位(不经常购买、价格高的)产品要有较大的辐射范围和较高的门槛才能取得成功。为了比较和购买这些产品,购物者愿意行走较远的路程。这意味着高位商品只能在人口密度高的"中心"地带出售,低位商品则可以在本地供应,从而使购物中心分成不同的等级,如区域性购物中心、本地购物中心和社区购物中心等。

中心地带理论的贡献在于:提醒人们注意距离衰减效应的重要影响,强调选址(不论是否中心地带)的适当性取决于所售商品这一事实。这一理论的主要不足在于:可以部分地解释 20 世纪 60 年代以前的选址模式,但已不能再用来解释目前的模式或规划未来的模式。因为这一理论假设消费者都是相同的,行动总是理性的;建立此模型的依据是"单一目的"的人群;商店形象、价格、附属物等因素,在测量吸引力时没有被充分考虑。

小链接 5-2　　　瓦尔特·克里斯塔勒(Walter Christaller)

瓦尔特·克里斯塔勒(Walter Christaller)1893 年 4 月 21 日生于贝尔内克,1969 年 3 月 9 日卒于哥尼斯坦因。他是一名德国地理学家,专门研究城市分布规律。他于 1933 年创立出"中心地带理论"(Central Place Theory),被认为是 20 世纪人文地理学最重要的贡献之一。德国波鸿鲁尔大学城市地理学家绍勒尔(P. Scholler)甚至说:"没有克里斯塔勒的中心地带学说,便没有城市地理学,没有居民点问题的研究"。自中心地带理论流行于世界后,唤起世界各国数量众多的学者去实践应用它,修正发展它,目前它已成为城市地理学中一个重要的研究领域。

二、报价—租金理论

报价—租金理论建立在这样的假设基础之上,即土地的使用是没有弹性的。认为最好的地段一般会被那些能够提供最高租金的零售商拥有,而吸引力小的地段将留给余下的零售商。这一理论试图解释非规划的购物区内部的空间安排。例如,假定到达的方便程度是解释城市土地利用模式的最重要因素。在城市环境中,市中心是交通网络的交汇点,是易于到达的地方,具有招揽客户和招聘劳动力的最大潜力。对中心位置的竞争最激烈,土地归报价最高的竞争者。因此,中心的租金最高,距离中心越远租金就越低。对零售企业而言,能否招揽到客户是头等重要的事情,所以他们愿意支付市中心店址要求的高租金。但是,只有部分零售企业有能力支付这些最佳位置的费用。

报价—租金理论假设"市场力量"将为所有的地段设置租金,最好的地段是城市中心地段,也可能是现代化的郊区地段。Firey 对这个理论进行了修改,把标准扩大到在不同方位的相同可到达性,对零售商进行比较、了解,没有法律、自然或社会等方面的限制。报价—租金理论给出了一个有用的、零售商根据其经济实力选择好地段的理论依据,但这一理论不太灵活,不能应付更复杂的环境,况且现实生活中土地的使用不可能是真正理性的。

三、零售集聚理论

零售集聚理论,又称最小化区分理论,认为大量的竞争商店如果集中在一起,他们将获得更好的效果。其假设是靠近竞争商店将使零售商进入更大的销售地区或获得更大的目标顾客群。该理论被用来解释商店在某种程度上的明显集聚,特别是在城市中心。在这种情况下,如果一个城市中心地区成为众所周知的特定类型的商品零售点和供应处,购物者将能扩大他们的选择机会,减少商店之间的行走,光顾这个地区就能得到他们所需求的特定产品和服务。这种集聚在服装百货商店都可以看到,但在便利店却很少看到。

早期对同类零售企业聚集在一起的现象的解释源自 Hotelling 的《最小差异原则》(1929)一书。他认为零售企业在竞争对手附近开店或转移到此类地段可以扩大商圈,从而实现最大利润。例如,海滩上的两家冰淇淋商店,如果一家商店可以自由搬迁,他将把商店开在与另一家相邻且靠近"长线"市场的一侧,以实现"腹地"或市场(和利润)的最大化。如果两家商店不受搬迁限制,将开始一个不断向"长线"市场一侧跳跃的过程,最终聚集在市场的中心地带。

对零售集群现象最新的解释认为,零售企业在同一地段开店有积极的溢出效应(效用),有利于吸引更大的客流。例如,集群促使基础设施改善,或由于共用停车场降低成本,便于所有的零售企业招揽客户。零售企业通过截取来往于最终目的地(如百货商店)的客户扩大自己的客流,也是在利用集聚效应。

需要指出的是,零售集聚理论更多应用于珠宝古董商店、服装商店或者专卖店等高门槛的商店中,而不是像便利店、超市这样低门槛的商店中。

第三节 零售商圈分析

商圈分析就是经营者对商圈的构成情况、特点、范围以及影响商圈规模变化的因素进行实地调查和分析的基础上,明确经营范围和服务对象,为选择店址、制定和调整经营方针与策略提供依据。

一、商圈构成

(一)商圈的概念

商圈是指特定商店或购物中心吸引顾客的地理区域,也就是来店购买商品的顾客所居住的地理范围,基本决定了一家商店的销售潜力。对商圈概念的理解一般可归纳为三点:第一,商圈是一个具体的区域空间,是一个大致可以界定的地理区域,是指一定距离内顾客集聚的程度,即人流状况,完全取决于区位选择;第二,商圈是一个具体的销售空间,同时又是一个具体的购买空间,而且该地理区域空间在地图上很容易标示出;第三,商圈内各种销售辐射力和购买向心力构成一个类似物理学中的"场"的"商业场",商业活动就是在这个商业场中进行。作为销售空间和"商业场",取决于业态种类和经营能力所焕发的内聚力和辐射力大小。

(二) 商圈构成

1. 商圈层次

商圈可分为三个层次,即核心商圈、次级商圈和边缘商圈(如图5-1所示)。

核心商圈是指最接近店铺的区域,在这个区域内顾客来店购物最方便。一般来说,小型店铺的核心商圈在0.8千米之内,顾客步行来店在10分钟以内;大型店铺的核心商圈在5千米以内,无论使用何种交通工具,顾客来店都在20分钟以内。核心商圈的顾客占顾客总数的比率最高,每个顾客的平均购货额也最高,顾客的集中度也较高,顾客占到商店顾客总数的60%~65%。

次级商圈是指核心商圈的外围区域,在这个区域内顾客来店购物比较方便。一般来说,小型店铺的次级商圈在1.5千米之内,顾客步行来店在20分钟以内;大型店铺的次级商圈在8千米以内,无论使用何种交通工具,顾客来店都在40分钟以内。次级商圈的顾客占顾客总数的比率较少,顾客也较为分散,顾客占到商店顾客总数的20%~30%。

边缘商圈是指次级商圈以外的区域,在这个区域内顾客来店购物不够方便。一般来说,小型店铺的边缘商圈在1.5千米之外,顾客步行来店在20分钟以上;大型店铺的边缘商圈在8千米以外,无论使用何种交通工具,顾客来店都在40分钟以上。边缘商圈的顾客占顾客总数的比率相当少,且非常分散,约包括5%~10%的顾客。

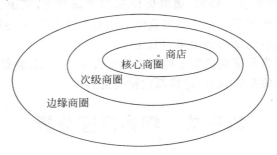

图5-1 商圈的层次

2. 顾客来源

零售店有其特定的商圈范围,在这一范围中,零售店服务的对象,即顾客来源可分为三部分:

(1)居住人口。指居住在零售店附近的常住人口,这部分人口具有一定的地域性,是核心商圈基本顾客的主要来源。

(2)工作人口。指那些并不居住在零售店附近而工作地点在零售店附近的人口,这部分人口中有不少利用上下班就近购买商品的,他们是次级商圈中基本顾客的主要来源。

(3)流动人口。指在交通要道、商业繁华地区、公共活动场所过往的人口。这些路过人口是位于这些地区零售店的主要顾客来源,是构成边缘商圈内顾客的基础。一个地区的流动人口越多,在这一地区经营的零售店可以捕获的潜在顾客就越多,同时经营者云集,竞争亦十分激烈,这就要求经营者更讲究竞争策略和经营特色。

二、商圈影响因素

商圈形状与规模由众多宏观因素与微观因素的相互作用决定。

(一)商圈宏观影响因素

影响商圈形状与规模的宏观因素一般有人口统计因素、经济基础和居民购买力、商业竞争状况、基础设施等。

(1) 人口统计因素。主要是人口总量和密度、年龄分布、平均教育水平、居住条件、总的可支配收入、人均可支配收入、职业分布、人口变化趋势、消费习惯等。其中,人口数量是衡量商圈内需求大小的重要参数。而了解商圈内不同顾客的年龄分布特点、教育水平、收入支配情况、职业分布,可使连锁企业掌握消费者的惠顾倾向,安排设立适应这些惠顾倾向的连锁分店,以得到最好的布局效益。在大多数情况下,人口增长区域比人口减少区域零售商的商圈规模更大。

(2) 经济基础和购买力因素。经济基础主要指商圈内经济结构的合理性、区域经济的稳定性、居民收入增长的可能性等,反映了一个区域的产业结构和居民收入来源。其中重点是主导产业、产业多角化程度、消除季节性经济波动的自由度等。零售企业需要掌握商圈内是否存在主导产业、是什么产业以及会给商圈带来什么影响。若商圈内居民多从事与主导产业相关的工作,那么该主导产业的前景就会直接影响商圈内居民的收入和消费水平,进而影响商圈的市场容量;如果商圈内产业多角化,则消费市场一般不会因某产业市场需求的变化而发生大的波动;如果商圈内居民从事的工作行业分散,则居民购买力总体水平的波动就不明显,对零售商店营业额影响相对也就较小。居民购买力一般用购买力指数来衡量。

$$购买力指数 = A \times 50\% + B \times 30\% + C \times 20\%$$

其中,A——商圈内可支配收入总和;

B——商圈内零售总额;

C——具有购买力的人口数量。

(3) 商业竞争状况因素。这是一个非常重要的因素,商圈内商业竞争的激烈程度会影响特定商店的商圈规模和形状。一方面,如果两家便利食品商店离得太近,他们各自的商圈都会缩小,因为他们提供的是同样的商品。另一方面,相邻的购物商店,如妇女服装店,应该扩大商圈的边界。因为有更大的选择范围。考察一个地区的商业竞争状况,应着重分析以下因素:现有竞争者的数目与规模、不同竞争者的优势与弱势、竞争的短期和长期变动趋势、市场饱和程度等。除要注意竞争者外,还要掌握商圈内商店群的构成,衡量商业相对集中区里的各个网点的相容性。其评价工具是商店间顾客交换率。

(4) 基础设施因素。商圈内的基础设施是商店正常运作的基本保障,主要包括地域类型与数目、交通网络状况、区位规划限制等。商圈内交通的顺畅程度,公交车的路线安排、站位设置,道路过往限制等,均会影响客流量大小。此外,税收、执照、营业限制、劳动力保障等,也是影响网点生存的重要条件。

(二)商圈微观影响因素

根据一些经得起时间推敲的传统经验,影响商圈形状与规模的微观因素可以总结为如下几点:

(1)商店规模。随着商店规模的增大,商圈规模也会逐渐增大,因为它可以储存更广泛的商品组合,而这又会吸引距离更远的消费者。

(2)经营商品的种类。便利店拥有的商圈规模将比所谓的专营商店拥有的商圈规模要小。因为前者经营的商品如食品、牙膏、卫生纸等,顾客购买频率高,不愿在比较价格或品牌上花费太多时间,不愿意走很远的路。而后者经营的商品,如服装、珠宝、家具、电器等,选择性强、技术性强、需提供售后服务,顾客需要花费较多时间精心比较之后才确认购买,甚至只认准某一个品牌,因而顾客愿意走很远的路,商圈较大。

(3)商店经营水平及信誉。一般而言,经营水平高、信誉好的商店,由于具有颇高的知名度和信誉度,吸引许多慕名而来的顾客,因而可以扩大其商圈。

(4)促销策略。零售商可以通过广告宣传、推销方法、服务方式、公共关系等各种促销手段扩大商圈的边界。省会城市、边贸小镇的一些零售商经常大做广告,通过展销会、推出特价商品来吸引较远区域的顾客前来购物。

一些自然的或人为的障碍可能会突然限制商圈的边界,例如河流、山脉、铁路和高速公路。

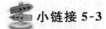
小链接 5-3　　　　　　　现代商圈理论

现代商圈,包括大中型百货、大型超市、大型卖场、品牌专卖店和专业店,以不同商业形态所构成的商圈,其规模取决于经营商品的诱惑力以及服务质量所产生的内聚力,商业形态群体合力所产生的集聚效应和综合竞争力,业态特点的发挥所形成的特色经营的辐射力,竞争对手可能带来的市场分割力。

(1)集聚理论

商圈的大小取决于商业业态和功能的集聚程度。商业功能越多,可以为消费者提供的消费空间越多,就能吸引更多的消费者来此购买,不仅对当地居民产生内聚力,减少购买力外流,同时也吸引周围的购买力,产生"盆地效应",增强辐射力,扩大商圈范围。而功能越少,消费越单一,就使消费者的购物成本更高,商圈就越小。

(2)规模理论

商圈的大小还取决于它的经营规模。不管是单位企业规模,还是集聚所产生的群体规模,都要以现实的购买力来支撑。特别是要以基础商圈为基础,加上购买力可能产生的流进和流出相抵来预测销售总量,除以保本销售额,就可以得出相对规模的参照数。

(3)层次理论

单一业态形成单一商圈,而多业态、多商业功能的集聚形成多层次的商圈。例如,百货店、超市、专业店在一个地区的集聚就构成该地区商圈的多层次。

(4)碰撞理论

商业企业(包括单体和群体)所形成的商圈不是以等距离计算的,它的辐射面往往受到外在的阻力而改变。特别是周围地区的同一业态、同一商业功能所形成的辐射力就会产生相互碰撞和抵触,一方面可能导致中间地带购买力分流,以就近购买为标准,泾渭分明,分别计算;另一方面可能产生交叉购买,互相渗透。

(5) 开放性理论

传统商圈基本上都是封闭式的。在市场经济条件下,人们的消费是自主、自由的,不仅存在着消费主体的流动性和多向选择,而且存在着业态不同特点所产生的不同吸引力,形成了相互交叉、重叠、多向的购买力集群,使商圈产生变异,出现块状、带状和点状的模块,向多样化发展。

(资料来源:黄国雄,王强.现代零售学[M].北京:中国人民大学出版社,2008.)

三、商圈划定

商圈划定的方法主要有两类:实测法和数学模型。现有商店商圈划定采用实测法,新店商圈划定采用量化方法。实测的主要目的是从地图上看客户来自何处。零售企业采用这种方法可以确定商圈范围及商圈内客流来自的主要区域。常用的实测方法有客户调查、客户记录(例如,客户信用、服务和送货记录)、积分方案、比赛、抽奖等促销方法。确定商圈最常用的量化方法有空间相互作用模型、多元回归分析、模拟技术等。

(一)空间相互作用模型

空间相互作用模型又称引力模型,正逐渐发展成为选址理论主流模型的一部分。其基本原理是:总体的客流与店铺或购物中心的吸引力正相关,与距离或其他阻碍因素负相关。

1. Reilly 模型

最古老的空间相互作用模型是 Reilly 模型(1929)。雷利法则(Reilly's law of retail gravitation)指出,位于两个城市中间的居民到两个城市购物的频率与两个城市的人口数量成正比,与到两个城市的距离成反比。该法则的目的在于确定两个城市或社区之间的无差异点,进而分别确定商圈。所谓无差异点,是指两个城市(或地区)之间的地理分界点,这里的顾客去哪儿购物都无所谓。这一地点到两个商店的距离即是两个商店吸引顾客的地理区域。公式如下:

$$D_{ab} = \frac{d}{1 + \sqrt{P_b/P_a}}$$

式中,D_{ab}——A 城镇商圈的限度(以沿公路到 B 城镇的里程衡量);

P_a——A 城镇人口;

P_b——B 城镇人口;

d——城镇 A 和 B 的里程距离

假设:A 城镇人口 9 万人,B 城镇人口 1 万人,A 城镇距 B 城镇 20 千米。

$$D_{ab} = \frac{20}{1 + \sqrt{1/9}} = 15(千米)$$

$$D_{ba} = \frac{20}{1 + \sqrt{9/1}} = 5(千米)$$

```
A *———————————15(千米)———————*————5(千米)————* B
```
无差异点

根据雷利法则,许多顾客都被吸引到大城市或大社区,因为那里商店多,商品种类多,即便路途上花的时间长也值得。

雷利法则的假设前提有二:(1)两个竞争区域的交通同样便利;(2)两个城市的竞争力相同。其他因素如人口分布状况等或视为不变,或忽略不计。

雷利法则对商圈研究的突出贡献,主要体现在该公式计算方便,简单实用。当其他数据无法收集或收集成本太高时,这一法则尤其适用。

雷利法则存在两个主要缺陷:首先,距离的计算依据是主要干道,没有考虑小马路。实际上,许多人通过穿过小马路可以缩短路途距离。其次,实际距离与顾客心理感受的距离往往不一致。例如,一家环境舒适的商店和一家服务差、走道拥挤的商店尽管位置相近,在顾客心目中,后者必定比前者远。

2. 赫夫法则

为了克服 Reilly 模型的不足,Huff(1964)设计了一个新的预测模型。赫夫法则(Huff'law shopper attraction)从不同商业区的商店经营面积、顾客从住所到该商业区或商店所花的时间及不同类型顾客对路途时间不同的重视程度这三个方面出发,来对一个商业区或商店的商圈进行分析。认为,商店的商圈是由其相对吸引力决定的,这里的相对是与本地区的所有同类商店比较而言。赫夫进一步指出,一家商店对客户的价值或吸引力取决于它的规模与客户到达商店所必须行走的距离。客户被特定商店吸引的概率 P_{ij} 可以用该商店的吸引力与相互竞争的所有商店吸引力之和的比值表示:

$$P_{ij} = \frac{S_j/T_{ij}^\lambda}{\sum_{j=1}^{n} S_j/T_{ij}^\lambda}$$

式中,P_{ij}——i 地区的消费者在 j 商业区或商店购物的概率;

S_j——j 商店的规模(营业面积)或 j 商业区内某类商品总营业面积;

T_{ij}——i 地区的消费者到 j 商店的时间距离或空间距离;

λ——通过实际调研或运用计算机程序计算的消费者对时间距离或空间距离敏感性的参数;

S_j/T_{ij}^λ——j 商店或 j 商业区对 i 地区消费者的吸引力;

$\sum$——同一区域内所有商业区或商店的吸引力。

例:假设一个人可以选择在城里的两家超市购物。这个人到 A 超市的距离为 3 千米,到 B 超市的距离为 4 千米,A 超市的营业面积为 2 000 平方米,B 超市的营业面积为 4 000 平方米。通过调研得知,顾客对旅行时间的重视程度为 2。分别计算两家超市对这个人的相对吸引力:

A 超市吸引力 = 20 000/3² = 2 222

B 超市吸引力 = 40 000/4² = 2 500

这个人光顾 A 超市的概率是:

$$\frac{\text{A 超市吸引力}}{\text{本地区所有商店吸引力总和}} = 2\,222/(2\,222 + 2\,500) = 0.47 \text{ 或 } 47\%$$

这个人光顾 B 超市的概率是：

$$\frac{\text{B 超市吸引力}}{\text{本地区所有商店吸引力总和}} = 2\,500/(2\,222 + 2\,500) = 0.53 \text{ 或 } 53\%$$

应用赫夫法则应注意：

(1) 为完整地描述一个地区的商圈,应分别对各类顾客从家庭住所到购物区所费时间进行同样的分析,并加以汇总。这样才能全面估计该区域内的市场规模、商圈范围及各类商品的核心、次级和边缘商圈。

(2) 顾客前来选购的可能性很大程度上取决于商品种类。因为商品种类不同,顾客对路途时间的感受也不同。

(3) 绝大多数变量都难以量化。为了制图方便,路途时间应转换为以千米为单位的距离。此外,路途时间也随交通方式的不同而不同。

(4) 顾客每次光顾时,购买的商品都不完全相同,这就意味着商圈处于不断变化之中。

(二) 商圈饱和度分析

当比较两个可供选择的店址时,人们尝试减少对目前和潜在竞争的评估量,而直接确定商圈饱和度指数。商圈饱和度是衡量具体地区需求与零售建筑面积供应量的对比关系,是产品需求除以该类产品零售建筑面积总和所得的值,用 IRS 表示。用以帮助新设商店经营者了解某个地区内同行业是过多还是不足。一般来说,较低的 IRS 值表示该地区此类商店的数目过多,较高的 IRS 值则说明数目偏少。

$$IRS = C * RE / RF$$

式中：IRS——某区的商圈饱和度；

　　　C——某区商圈的潜在顾客数量；

　　　RE——顾客平均购物金额；

　　　RF——区内同类型店铺总面积。

例如：为一家新设果品商店测定零售商业市场饱和系数(商圈饱和度)。根据资料分析得知,该地区购买果品的潜在顾客人数是 140 000 人,每人每周在果品商店平均购买 8 元,该地区现有果品商店 10 家,营业总面积 175 000 平方米,则据上述公式,该地区零售商业中果品行业的市场饱和系数可计算为：

$$IRS = 140\,000 \times 8 / 175\,000 = 6.4 (\text{元/平方米})$$

IRS 即为每平方米的商品销售额,用这个数字与其他地区测算的数字比较,指数越高则成功的可能性越大。运用 IRS 还可以帮助经营者用已知的毛利与经营费用的比率,对商店的利润进行预测,进行经营效益评估。但是从上述的公式可以看出计算 IRS 的准确资料不易获取,同时饱和理论也忽略了原有商店和经营同类商品的新设商店有哪些优势和劣势,所以在进行定量分析的同时,还要进行定性分析。其中包括：竞争门店的经营特征和经营规模,竞争门店的经营种类、位置,顾客的流动性,交通地理状况,商家的促销手段等因素。

(三)多元回归分析

利用一系列数学方程式描述商店销售潜量和各种自变量在给定条件下的相关性。这些自变量包括人口规模、平均收入、家庭数量、附近的竞争者、运输障碍和交通模式,等等。

(四)地理信息系统

地理信息系统起源于 20 世纪 60 年代,但对零售业产生影响则始于 20 世纪 80 年代中期。地理信息是指与某一地点(区域)有关的,特别是与自然现象、文化和人力资源相关的信息。地理信息系统最常用的包括商品配送最优化程序、交通管理系统和车内实时导航等(如表 5-1 所示)。

表 5-1 地理信息系统应用举例

零售功能	地理信息系统	决策范围
选址	居民信息	店铺是否适合公司
	驾车时间带	估计人口密集区的规模
	购物区域地图	微观选址决策
	国际数据	市场进入决策
		地点决策
设计	私家车拥有量	是否需要停车场
	家庭组成	对咖啡、儿童设施的需要
促销	地址信息	直邮
	媒体使用	广告组合决策
定价	收入水平	价格水平
	人口统计数字	特价类型
商品管理	产品消费量	当地品类
	商品数据	空间布局和陈列
服务	信用卡信息	消费信贷
	年龄和雇佣结构	营业时间
	相关服务提供者	对音像、干洗、修鞋的需要

利用地理信息系统的主要优点在于快速、数据广泛、数据间的一致性、数据的高质量和持续性。将来不采用地理信息系统的零售商会在竞争中处于劣势。当然,地理信息系统的成本也是比较高的。

(五)模拟技术

模拟技术是利用数学方法,将信息进行组合,来预测某一地点的销售额。最早是 William Applebaum 于 1966 年开始使用,随后克罗格(Kroger)公司将其发展成为一项预测技术。目前西方零售商已经频繁使用这一方法来更新他们的模拟数据库,而且与其他预测技术一起成为评估现有店铺的有效方法。模拟程序主要包括以下方面:(1)在连锁网络内部,找出与计划开业店铺在主要特点上类似的店;(2)量化这些店和商圈的关键因素,然后将这些数据进行列表汇总;(3)从模拟店铺的情况来推断和估计计划开业店的销售额和利润。模拟技术是对列表数据的系统使用,使分析人员的主观评判因素最小化。

模拟技术实际上是根据历史的销售情况进行的,它对归纳的方法有一个很大提高。模拟技术永远不会替代主观评价,而且主观评价会引导和限制模拟技术。

第四节　零售店址选择

一、零售店址选择的影响因素

(一) 市场因素

市场因素主要包括市场竞争因素、需求潜力及供需密度。

市场中存在的竞争(包括竞争的数量与质量)对零售商决定进入一个新市场有重要影响。这些竞争因素主要有:每家商店的平均占地面积、每位员工的平均活动面积、商店数量的增长与竞争的质量。每家商店的平均占地面积,能够说明这个社区是趋向于拥有大规模还是小规模的零售业;每位员工的平均活动面积,结合了零售业中两个主要的供给因素:商店空间和劳动力,取值越大,表示每个员工都拥有更大的活动空间,而员工平均活动面积的差别主要是由于零售商提供的服务水平的不同;如果最近一年到五年内商店数量增长很快,说明这个社区拥有很多更具当代气氛、更善于选址的商店,这个社区的竞争将会更激烈;竞争的强度和质量将可能使商圈逐步发展壮大。

市场需求潜力分析需要适用于零售商销售的产品或服务的特定标准,某个零售商选择的标准并不适合于另一个销售不同产品线的零售商。市场需求潜力主要包括:人口特征、购买者的行为特征、家庭收入、家庭年龄概况、家庭组成、社区生命周期、人口密度、流动性。人口特征包括:人口总量、人口增长率、学校录取人数、教育、年龄、性别、职业、民族和国籍。购买者的行为特征主要包括:商店忠诚度、消费者生活方式、光顾商店的动机、地理与气候条件以及产品的利益追求。家庭收入主要包括平均家庭收入以及家庭收入的分配,能极大地影响消费者对零售设施的需求。家庭的年龄组成是消费者对零售设施需求的一个重要的决定性条件。有孩子的家庭与收入水平相当但没有孩子的家庭具有不同的消费习惯。社会的发展形式主要有:迅速发展、连续发展、相对稳定的发展、衰退,零售商应当选择处于迅速发展或连续发展的社区。人口密度越高,以平方米衡量的商店的平均规模就应该越大,给定人口规模需要的商店数量就越少。在一个具有较高流动性的社区中,消费者需要的零售商数量要小于流动性较低的社区。

供给密度是指零售商在某个市场的不同地区中集中的程度。需求密度是零售商的产品和服务集中在某个人口普查区、拥有统一邮政编码的地区或者社区中的某些部分的程度,即某一区域对零售商业提供的商品和商业性服务的潜在需求程度。把供给密度与需求密度进行综合分析,就可以在某一区域的可用店址中确定合适的店址。

(二) 政府法规和城乡规划

影响商店位置选择的法律问题主要包括:环境问题、城市分区问题、建筑法规、标志管理规定和执照规定问题等。环保部门越来越关注一些影响零售商店的问题了,特别是建筑物中石棉以及含石棉材料的使用问题、有害物质问题。城市分区规定了如何使用某个特定的位置,建筑法规决定了零售商在某个特定位置所使用的建筑物的种类、标志、规模大小和停车场类型等。关于使用标志的规定(主要是对标志的大小和样式做出要求)能影响零售商对特定商店位置的喜好。执照规定可能会使零售商丧失购买某一特定商店位置的信心,例如在校园周边一定区域内禁止经营网吧。

城乡发展规划可能给商店经营带来重大影响。有些地点从近期看可能是店址的最佳选择,但随着城乡改造和发展可能会出现新的变化而不适合开店;相反,有些地点近期看可能并不理想,但从规划前景看又可能很有发展前途。商店地址选定之后一般不会轻易迁移,这就要求在选择新店址时,从长远、发展的角度着眼,详细了解该区的街道、交通、市政、绿化、公共设施、住宅及其他建设和改造项目的规划,使选定的店址既符合近期环境特点,又符合长远规划。在既有规划内,零售商选址要围绕着土地使用、交通流量和道路容量、对零售层次的作用效果、对城市内部的作用效果、更多驾车购物的社会影响等主题进行评估。

(三) 互联网

店铺零售企业的部分销售额会流向无店铺的网上虚拟零售企业。而多数实力雄厚的零售企业正在建立他们自己的交易网站作为实体商店的补充。随着互联网渗透率和接受程度的不断提高,将会有越来越多的零售额是基于电子商务实现的,因而将来为客户提供服务所需的实体商店会减少,从而导致零售网络的优化组合,为余下的商店找到合适的位置将更加重要。

互联网零售企业的发展,有些店铺零售企业受到的影响可能大于其他企业。例如,专营书籍、唱片、葡萄酒和计算机产品的店铺零售企业受到的影响较大。同时,不同的零售区位受到的影响也不同。

就网上虚拟零售企业本身而言,网络接入的便利性仍然是成功的关键。网上商店要有特点鲜明、便于记住的网址。还要通过相关企业的网络链接以及搜索引擎进一步方便客户查找。

二、零售店址选择技术应用

根据1998年英国零售业的调查,各种选址技术在不同零售商的应用过程中是有差异的:

1. 各个公司应用的技术种类不同

调查结果表明,绝大多数公司在选址时采用不止一种方法,它们应用技术的总平均数为2.75种(不包括经验法则)。有13%的公司完全依靠经验法,有大约一半的公司会运用2~3种方法,还有一家则使用了9种不同的技术。

2. 各种技术应用的普遍程度不同

大约有2/3的公司使用了因素表法这样的简单技术,大约2/5的公司使用了多元回归、聚类分析以及引力/空间互动模型,大约1/3的公司使用了类推法和比率法。而区别分析以及最复杂的两种方法——专家系统和神经网络,只有不到1/8的公司使用。

之所以出现这些差异,原因在于:各种技术本身在适用范围、成本要求、技术要求等方面表现出不同的特征;即将做出的决策的性质和类型也会导致技术应用的差异;零售企业的外部环境和内部条件的差异。例如,发达国家零售商选址时采用的平均技术水平比发展中国家的零售商更为先进;资金实力更为雄厚的零售企业、企业文化更为活泼新颖的零售企业、组织结构更为扁平的零售企业、人才储备更为充足的零售企业等,都会倾向于接受更为先进、科学、复杂的选址技术。

三、零售店址选择的过程

零售选址决策第一步是确定最具吸引力的区域或市场地区。这里的区域可以是城镇、城市、由卫星城组成的城市群甚至是地理区域。第二步是在市场地区内确定可供选择的商圈的适当位置。第三步是确定合乎理想的店址,具体包括选择大致的店址、对大致的店址进行评估、确定具体的店址。第一、二步的内容在前面基本上已经阐述,在此重点就第三步的内容展开阐述。

(一)选择大致的店址

1. 店址应具备的条件

一般来说,具备以下全部条件的是第一流的店址,一般的都要具备其中的两条以上。

商业活动频度高的地区。在闹市区,商业活动极为频繁,把商店设在这样的地区营业额必然高。这样的店址就是所谓的"寸金之地"。相反,如果在非闹市区,在一些冷僻的街道开办连锁商店,人迹罕至,营业额就很难提高。

人口密度高的地区、居民聚居、人口集中的地方是适宜设商店的地方。在人口集中的地方,人们有着各种各样的对商品的大量需要,而且需求基数也十分大。如果商店能够设在这样的地方,致力于满足人们的需要,那就会有做不完的生意。而且,这样的地方,顾客的需求比较稳定,销售额不会骤起骤落,可以保证商店的稳定收入。

面向客流量最多的街道。因为商店处在客流量最多的街道上,受客流量和通行速度影响最大,可使多数人就近买到所需的商品。

交通便利的地区。旅客上车、下车最多的车站,或者在主要车站的附近(可以在顾客步行不超过15分钟路程内的街道)。

接近人们聚集的场所。如电影院、公园、剧院、农贸市场、学校等场所,或者大工厂、机关附近,以及一般人烟稠密、店铺林立且各种业态比较成熟稳定的地方。

店中店形式。一旦和某个连锁超市或大型购物中心、商场等合作发展店中店,就可以充分利用他们的网点,而选址问题也等于转嫁给了超市或大型购物中心等,节省了大量的人力与物力。

同类商店聚集的街区。大量事实证明,对于那些经营选购品、耐用品的商店来说,若能集中在某一地段或街区,则更能招揽顾客,因为经营的种类繁多,顾客在这里可以有更多的机会进行比较和选择。

小链接 5-4 　　　　　**唐恩都乐的选址标准**

唐恩都乐(dunkindonuts)是世界上最大的油炸圈饼、硬面包圈和松饼销售商。它拥有非常明确具体的选址标准。例如,孤立商店一般需要具备以下条件:在3分钟车程范围内的居民人数超过15 000人,5分钟车程范围内的居民人数达到25 000人,家庭平均收入超过30 000美元,且平均每天的最低人流量达20 000人(基于年数据)。此外,公司还提出了一些在店址选择方面的特殊要求,包括平均每3张座椅至少要配备1个车位,从各个方向都可以容易抵达商店(店内或店外所需的转弯次数不超过2次),在主要高速公路上具有高可见性,以及10年期租约包括两个5年期续约选项。

(资料来源:Reprinted by permission of Susan Berry,Retail Image Cousulting, Inc.)

2. 商店不宜选址的区域

(1) 快速车道旁。由于快速通车的要求,高速公路一般有隔离设施,两边无法穿越。公路旁也较少有停车设施。因此尽管公路旁有单边的固定与流动顾客群,也不宜作为新开店选址的区域。

(2) 周围居民少或增长慢而商业网点已基本配齐的区域。有限的固定消费总量不会因为新开商店而增加。

(3) 同一地区的层高地方。例如开在二楼甚至高层的店铺。这不仅因为层高开店,不宜顾客购买,也因为层高开店一般广告效果差,商品补给与提货都有不便。

(二) 店址评估

前文所述的商圈划定方法,一般也用于店址评估,在此不再赘述。

(三) 确定具体的店址

商店在商业中心或商业区的具体位置极其重要,几码的差异就可能决定成功和失败。这是因为中心的客流差异非常大。任何商业中心或商业区都有一个客流量最高的具体位置。这个位置通常有一家或一家以上的核心商店,由于距交通终端近而便于到达,并且附近有其他吸引客流的设施。这一区域称为顶级地段,其他位置的评级是根据顶级地段来确定的。

评价具体的店址时应当考虑的因素主要有:店址的性质、客流量特征、周边商店的类型、购买或租赁条款以及预期赢利能力。

(1) 店址的性质。主要考虑该地点目前是一个空的商店,或是一块空地,或是属于一个已经规划好的购物中心。不少可用的商店地点是一些因停业而空闲的商店。如果一个最适合的零售店址是一片空地的话,就需要调查一下原因。为什么其他商店没有选择这个地点?是因为这块土地以前并没有被出售,还是定价太高,或者其他原因。如果该地点是一个已经规划好的购物中心的一部分,零售商通常可以确定该地点拥有比较合适的周边商店组合、充足的停车设施以及良好的交通条件。

(2) 客流量特征。既要考虑总客流量,更要考虑适合于这个商店的客流量。零售商应当针对与客流量有关的两个方面对商店地址进行评价。一是这个地点或者附近是否有足够的停车设施。商店需要的停车空间,一般来说,与四个因素有关:商店规模、顾客到商店中购物的频率、购物需要的时间以及可用的公共交通工具。二是消费者到达商店地点的难易程度。这是决定客源的关键因素。路面形态完善、交通顺畅、客户安全,是要考虑的重要因素。

(3) 周边商店的类型。主要是指处于同一地段的同类或相互补充的零售企业产生的集聚效应,以及附近区域的商店相互交换客户的可能性。如果两个或更多的零售企业能够相辅相成,他们就可以为彼此创造更多的销售机会。调查发现,当两个相容或者非常相似的商店距离非常近时,他们的销售量会增加得更快。在商店的商品种类具有互补性的情况下相互交换客户的可能性较大,例如服装店、鞋店和珠宝店。此外,竞争性商店的规格、数目和类型(同质或异质)以及他们与拟开设商店的相对位置,直接影响新店的销售潜力。

（4）购买或租赁条款。零售商选择租赁店址时,应当仔细考察租赁契约中租约长度、排他性条款、保证的客流量,以及主力商店条款、租金。零售商如果希望开办一家独立式的商店,就可以将店址购买下来,这时就要考虑购买成本。

（5）预期赢利能力。除了计算购买或租赁店址的成本外,通常还要计算净利润率、资产周转次数以及资产回报率。

本章小结

选址决策是零售战略中最重要和长期性的因素。开发新的大型店铺花费巨大,差的选址决策会导致非常严重的后果,不论是在市场还是财务方面。选址决策不仅要满足客户对便利性、到达方便程度和质量的要求,还必须为零售企业创造竞争优势。

可供店铺零售商选择的四种选址方案有独立店址、无规划的商业区、规划的购物中心以及非传统店铺店址。独立零售商通常沿主要的交通要道选址,无规划的商业区一般位于一个城市创建和发展之处,规划的购物中心通常由一个或多个主力商店以及其他许多不同的小商店组成。

零售选址决策是个逐步的过程,首先要确定最具吸引力的市场地区或区域,然后确定具有可持久的商圈的适当店址。确定商店商圈时使用得多的方法是空间相互作用模型、多元回归分析、列举法、地理信息系统、模拟技术。市场因素、政府法规和城乡规划、互联网对零售选址有重大影响。

零售选址最后一步是选定具体的店址,不仅要考虑这个位置可以创造的潜在收入,也要考虑再次开店的成本,还要考虑店址的性质、客流量特征、周边商店的类型。

1. 区分可供零售企业选择的主要零售店址类型。与非规划的店址相比,规划的店址有哪些优势?
2. 讨论为什么有些零售企业偏好集群而其他企业没有这个偏好。
3. 讨论影响商店商圈大小的主要因素。
4. 空间相互作用模型的基本原理是什么?描述这一模型所定义的过程。
5. 你认为在为一家书店选址时哪些因素最重要?将这些因素与为一家超市选址时使用的因素进行对比。
6. 零售商应当如何选择最佳的商店地点?

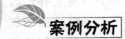

案例分析

英国大型购物中心的选址

英国目前有1 400多家大型购物中心和商场,不仅吸引着国内顾客,也是国际游人参观购物的必到景点。英国购物中心协会主席奥格介绍,购物中心的建设和发展,在英国后工业时代经济从传统制造业向现代服务业转变、社会从工业化向信息化转变中发挥了独特的作用。

奥格认为,要建成和办好一个大型购物商场,固然有许多要素,但其中最重要的是商场的选址。"第一是位置,第二是位置,第三还是位置。"在这一点上,购物商场与房地产业的行话别无二致。

首先,选一个好的位置并不容易。奥格强调说,这需要作细致的市场调查、人口调查,包括年龄结构、收入水平、消费习惯等。通过调查,了解和选准未来的顾客群体。在英国,要建成一个大型商场,从出主意、订计划、报审批、征土地、搞听证、筹投资、招客户,到施工建设、开门营业,平均需要10年时间,有的长达16年。其中需获得国家和地方两级政府批准,一般需要4年多时间,尤其是在地方政府批准后方能开始征用土地,其过程十分漫长。因此,大型商场的选址和设计、商品和服务都要有相当的前瞻性,适应至少是未来10多年以后的经济状况和消费趋势。

位于经济日报驻伦敦记者站附近的勃兰特—克劳斯购物商场于1976年建成营业,总共花了16年时间。它的选址很成功。勃兰特—克劳斯地处伦敦西北交通要冲,每年有6 000万辆汽车经过此地。商场周围5公里(开车约15分钟距离)内有12.9万户家庭。商场建在交通枢纽,顾客就多,还有收入颇丰的固定消费群体,加上地铁和十几路公交车的终点站,顾客源源不断。勃兰特—克劳斯购物商场总裁奈森指出,方便开车购物对于选址来说是一个非常重要的因素,顾客手提采购的货品乘公交车或步行毕竟不方便,而开车购物就比较方便,因此,该商场的顾客人均采购量超过设在伦敦市中心和铁路站的商场。

(资料来源:张芝年,等.国外大型购物中心面面观.经济日报,2006-02-21.)

【案例思考】

1. 英国大型购物商场选址为什么会成功?
2. 这一案例对你有什么启发?

一、实训目的

1. 理解零售选址的重要性与复杂性。
2. 掌握零售选址的主要分析方法与选址报告的构成要素。
3. 锻炼实地调查和动手能力。

二、实训内容

假定要在你所在学校的周围开设一家便利店,请以小组为单位,撰写一份选址报告。

三、实训组织

1. 指导教师明确实训目的、任务和评价标准。
2. 学习委员将班级成员分成若干小组。成员可以自由组合,也可以按学号顺序组合。小组人数划分视修课总人数而定。每组选出组长 1 名。
3. 以小组为单位,实地考察、收集学校周边商圈、可选店址方面的资料。根据资料和零售选址理论与方法,写一份便利店选址报告,上交指导教师。
4. 从中遴选最优秀的一组在课堂汇报演示,时间 20 分钟为宜。

四、实训步骤

1. 指导教师布置任务,指出实训要点、难点和注意事项。
2. 小组成员分工实地考察、调查收集商圈与店址资料。
3. 小组组织讨论,按实训任务要求形成、归纳要点,完成便利店选址报告。
4. 指导教师对上交的选址报告逐一评阅,写出书面点评意见,并反馈给学生。
5. 遴选最优秀的一组在课堂报告,其他小组提问、质疑,发言代表和该小组成员答疑。
6. 指导教师即席点评、总结。

延伸阅读

1. 赖志斌,潘懋,Yonghui Song. 基于 GIS 的零售商业网点选址评价模型研究[J]. 地理信息世界,2009(2).
2. 任鸣鸣,何波. 多阶段零售店选址的模型与算法研究[J]. 计算机集成制造系统,2009(2).
3. 刘星原. 贸易经济理论中"商圈"概念的探讨[J]. 商业经济与管理,2010(12).
4. 柳思维,唐红涛,王娟. 城市商圈的时空动态性述评与分析[J]. 财贸经济,2007(3).

第六章 零售购物环境管理

 本章学习目标

了解零售店面设计的作用及如何通过设计实现差异化零售,熟悉店面设计中最重要的问题所在及适合于不同零售企业类型的不同布局、陈列和固定装置类型,掌握商品和部门空间分配原则与方法。

 引例

丝芙兰的购物环境设计

丝芙兰(Sephora)是一家美容用品零售商。过去这类零售商采用大理石、玻璃、镀金和镜子等抛光材料营造豪华洁净的感觉,用白色、奶色、灰色和暗绿等冷淡色调使客户放松,并为色彩鲜艳的商品布置中性的背景。但丝芙兰采取了完全不同的做法,将鲜艳夺目的色调与商店别具一格的建筑设计及产品本身的展示结合在一起。

商店的内部设计有两个最重要的特征,一个是铺在商店地板上的深红色的长绒地毯;另一个是柱子上采用醒目的黑白贴瓷。柱子划破商店内部和地板上的宽阔空间,在红色地毯周围形成一个夺目的边线。固定装置、标志、购物袋和售货员佩带的工具都贯穿着黑白主题。

丝芙兰还发明了一些极为聪明的赚取眼球的产品设计和展示方法。其中之一是将指甲锉刀和睫毛刷等美容工具放在装满金属小球的玻璃方盒里。采用这种方法可以方便有序地摆放形状不规则的物品,容器大小和形状的重复营造了富有创意的效果。店里还采用了多种颜色设计,例如,浴室用品区用于盛放浴液、浴油、肥皂和新奇物品的圆形瓶子在客户进入商店时便产生形色效果,柜台下方摆放着颜色极为丰富的口红、眼影和指甲油。

丝芙兰的战略以产品和销售环境为中心。公司不做广告,价格有竞争力,产品陈列细致周到。商店高声播放引人注意的氛围音乐,商店的中心有好莱坞风格的化妆演示区,员工一只手上戴着黑色手套继续展示着销售点富有戏剧性的主题。然而,商店的氛围远不是令人恐惧的那种,商品的摆放距离鼓励参与和试用,店里同时充满了趣味性和戏剧性。按照该公司的说法:

我们努力挑战传统的"销售方法",提供你需要的东西——自由、美丽和快乐。自由体现在触手可及的自助购物环境,在这里你可以触摸、嗅闻、体验每一种产品。你还可以自由选择你需要哪些帮助,从个人经验和感想到详尽的专家建议。来自世界各地风格独具的高贵美容用品增添你的美丽。欢迎来我们店里感受带给您新鲜体验的环境——丰富的专家建议,个性自由和特殊的服务为您奉上最新款的产品和前所未有的使用体验。

丝芙兰作为一家小型专业连锁店在法国起家,曾在很短时间内归 Boots 所有,后来于 1997 年被出售给豪华品牌零售集团 LVMH。在这家跨国公司的支持下,丝芙兰成长为国际上的主力,到 2002 年已在美国有 70 家分店,在法国有 150 家分店,在欧洲其他地区有 90 家左右的商店。

(案例来源:[英]罗玛丽·瓦利,莫尔曼德·拉夫.零售管理教程[M].北京:经济管理出版社,2005:179-180.)

本章知识结构图

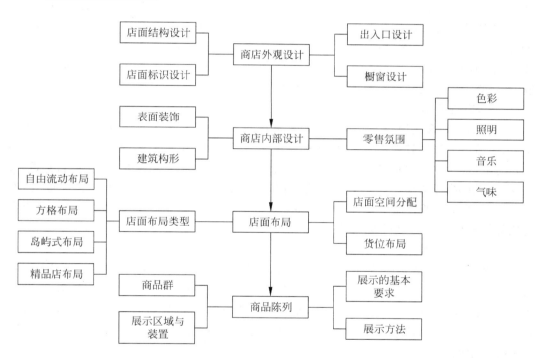

在零售组合中,没有任何一种其他的因素能够像购物环境一样,极大地影响顾客对实体商店的第一印象。因而,商店购物环境设计的决策是零售经营计划中的关键要素。经营有方的零售商总会花大量的时间和精力规划店面,确保店内一切合乎时宜,诱使顾客进入并掏出他们的钱包。购物环境主要包括商店的外观、内貌、店内布局、店内陈列。

第一节 店面设计

店面是商店的脸面。不论何时,都要让顾客看到商店这张脸,需要时能想到这张脸。店面设计是零售商通过规划商店外观、内部设施、设备、灯光、色彩、音乐、气味和商品陈列,创造独特形象,改善购物环境,进而影响消费者决策,提升顾客忠诚度,实现价值增值的系统工程。它包括商店外观设计和商店内部设计两个方面：店外设计包括临街店铺、店面标识和入口；店内设计则包括建筑物的构型和所有表面的修饰，像墙面粉刷、地面和天花板装饰等。

一、店面设计的原则

店面设计总的要求是商店的气氛应与店铺的形象和整体策略相一致，店面设计应有助于影响顾客的购买决策。具体原则如下：

1. 独特性原则

现代消费者的需求越来越趋于多样化、个性化，零售商店数量越来越多、商店形式越来越多样化，零售商自身经营的商品多种多样，大型零售企业经营的商品品种更是数十万。适应这些特性，零售企业的店面设计必须塑造与众不同的风格，形成自己的特色。例如，杂货店应方便按顺序购物的人群并且尽可能多地陈列商品。而经营流行服饰的小商店则采用一种适合顾客浏览的自由形式的设计。美体小铺国际股份有限公司（The Body Shop International plc）创始人 Anita Roddick 说："设计是一种拯救。在商业街的激烈竞争中，你必须使自己与众不同才能活下来。"

2. 新奇性原则

追新求奇是现代消费者尤其是年轻消费者的一大特征，当今时代成年消费者的工作压力、生活压力都比较大，年轻消费者的生存压力、发展压力尤其大，顾客心情不佳是十有八九的事，这时并不很想进店购物。而零售商热衷于把同类顾客细分为更小的目标群，使购物变得麻烦而枯燥。因而，店面设计使进入商店的顾客感到新奇是非常重要的。JCPenney 的总裁兼首席执行官艾伦·奎斯通曾说："我们出售的商品各种各样，所以我们让他们充满新奇性和刺激性。"

3. 一致性原则

店面设计的目的是向消费者传达零售商的信息，尤其是展示零售商的形象。因此，商店的店面设计（无论是外部设计还是内部设计）和它的所有组成要素（商品、价格、竞争方式等）都应和谐一致，以陪衬突出商品，而不是与其争辉。同时，店面设计必须与零售商的营销目的保持一致，使顾客易于了解店内的商品，并方便他们的购买行为。

4. 平衡性原则

现代商品和服务的营销已经上升到了一个新的阶段，即消费者购物体验阶段。在某些情况下，一个好的购物者感知的购物体验（PSSE）可能比推荐商品的质量或价格，更让购物者确信再次光顾商店。零售商的商品分类、价格、位置、顾客服务、忠诚度计划、促销等都影响着 PSSE，但店面本身的影响是最大的。店面设计必须在购物者的 PSSE 和商品的功效之间寻找平衡点，从而达到最大效果。

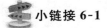

小链接 6-1　　　　　　吉姆丛林商店

吉姆丛林商店是美国俄亥俄州的一家占地 30 万平方英尺的食品大卖场和旅游胜地，销售来自全球超过 75 个国家的 15 万余种不同商品。它像一个主题公园，从停车场到整个商店，所有的陈列都非常与众不同。商店入口是一片热带丛林，有偶尔嚎叫一两声的大猩猩、长颈鹿、大象和猴子欢迎你;背景中的小型瀑布还会溅出水花。再往里走,有各种动物的形象展示,如每隔一段时间就唱猫王歌曲的狮子,由通用磨坊的谷物类吉祥物组成的摇滚乐团。吉姆丛林商店欧洲区内的小型店面还展示着各个国家的农业类型,墨西哥区则展示着用土坯外墙和木材装饰的小酒店。小小的幽默在商店内随处可见,如垃圾箱被贴上"丛林垃圾"标识,洗手间入口装饰成便携厕所的样子。该商店于2007年获得"全美最佳餐馆"的殊荣。

(资料来源:巴里·伯曼,乔尔·R.埃文斯.零售管理[M].第11版.北京:中国人民大学出版社,2011:530.)

二、临街店面设计

临街店面设计包括店面结构、招牌、出入口等项目的设计。如果把零售商店比作一本书,那么临街店面就是书的封面。它必须足够醒目,能够让过往的汽车驾驶者或者购物者一眼看到并留下深刻印象。临街店面设计对于塑造商店形象、便利消费者识别、美化店堂和环境都起着重要的作用。

(一)店面结构设计

商店一定要面向街道,把顾客引进商店。店面结构一般有三种类型:

(1)全封闭型。店内店外用门扉隔开,入口尽可能小些,面向大街的一面,用陈列橱窗或茶色玻璃遮蔽起来。顾客进入商店,可以安静地挑选商品,不受外界干扰。经营珠宝首饰、工艺制品、书籍、餐饮的商店,多采用这种设计。

(2)敞开型。一般是指商店正对大街的一面全部开放,使顾客从街上很容易看到商店内部和商品。没有橱窗,顾客出入自由,没有任何障碍。出售食品、水果、蔬菜和小百货等低档日常用品的商店常采用这种形式进行店面设计。

(3)半开放型。出入口稍大些,临街的一面配有少量橱窗和玻璃窗,顾客从外面经过能够较方便地看清商店内部情形。南方地区的商店以及经营化妆品、服装的专业化商店,多采用这种类型。

进行店面结构设计时应注意:门面宽广的商店容易吸引顾客;第一主通道很重要;顾客从右侧入口容易进入。

(二)店面的招牌设计

招牌是指用以展示店名的标记。一般店面上都可设置一个条形商店招牌,醒目地显示店名及销售商品。在繁华的商业区里,消费者往往首先浏览的是大大小小、各式各样的商店招牌,寻找实现自己购买目标或值得逛游的商业服务场所。因此,具有高度概括力和强烈吸引力的商店招牌,对消费者的视觉刺激和心理影响是很大的。

1. 招牌的功能

(1)引导与方便消费者。招牌附带着行业属性,标志着主要的服务项目或供应范围。如××眼镜店、××文化用品商店等。

(2)反映服务特色与经营传统。有些招牌具有悠久的历史和良好的商业信誉,有些在今天依然受欢迎。如一些老字号,同仁堂、火宫殿、狗不理、全聚德等。

（3）引起消费者的兴趣。如采用灯光装饰、使人联想的语句命名招牌、名人题字的招牌等。如新华书店、家润多、新一佳等。

（4）加强记忆易于传播。有些店铺顺应时尚，推陈出新，设计出一些简便易读、朗朗上口的招牌。如燕莎、蓝岛等。

2．店面招牌材料

商店招牌底板所使用的材料，在中国长期以来是木质和水泥。木质经不起长久的风吹雨打，易裂纹，油漆易脱落，需经常维修。水泥招牌施工方便，经久耐用，造价低廉，但形式陈旧，质量粗糙，只能作为低档商店招牌。为了反映时代新潮流的变化，如今的店面外装饰材料已不限于木质和水泥，而是采用薄片大理石、花岗岩、金属不锈钢板、薄型涂色铝合金板等。石材门面显得厚实、稳重、高贵、庄严；金属材料门面显得明亮、轻快，富有时代感。有时，随着季节的变化，还可以在门面上安置各种类型的遮阳箔架，这会使门面清新、活泼，并打通了商店内外的功能联系，无形中扩展了商业面积。

3．商店招牌的装饰方法

商店招牌在导入功能中起着不可缺少的作用与价值，它应是最引人注目的地方，所以，要采用各种装饰方法使其突出。手法很多，如用霓虹灯、射灯、彩灯、反光灯、灯箱等来加强效果，或用彩带、旗帜、鲜花等来衬托。总之，格调高雅、清新、手法奇特、怪诞往往是成功的关键之一。

4．商店招牌的文字设计

商店招牌文字设计日益被经商者所重视，一些以标语口号、隶属关系和数目字组合而成的艺术化、立体化和广告化的商店招牌不断涌现。商店招牌文字设计应注意以下几点：店名的字形、大小、凸凹、色彩、位置上的考虑应有助于门的正常使用；文字内容必须与商店所销售的商品相吻合；文字尽可能精简，内容立意要深，又要顺口，易记易认，使消费者一目了然；美术字和书写字要注意大众化，中文和外文美术字的变形不要太花、太乱、太做作、书写不要太潦草。

（三）出入口设计

商店的出入口是顾客进出商店的必经通道，必须设在醒目并且方便顾客出入的位置。为了便于顾客出入，必须排除商店门前的一切障碍。从保证客流畅通和安全的角度考虑，商店必须设两个或两个以上店门。根据商店建筑规模、格局及临街情况，可选择在正面和侧面、两侧和中央位置开设店门。因零售商店顾客流量大、进出频繁，店门设计采取推门而入的形式比较合适。而不宜采取旋转式、电动式和自动开启式。进店后的门厅处要留有足够面积的门厅通道，力求宽敞通畅，并且重点进行门厅部分天棚、支柱和地面的装修装饰，显示出商店的品位和气势。总之，商店出入口应综合考虑营业面积、顾客流量、地理位置、经营商品种类等特点及安全等因素。总的原则就是便利出入，顺畅客流。

（四）橱窗设计

橱窗是商店的"眼睛"，店面这张脸能否吸引住路人，这只"眼睛"有举足轻重的作用。通过临近街道的橱窗，形象地反映商店的经营范围和经营特点，向广大顾客展示商品，吸引顾客进店参观选购，指导消费。同时，它又是与百姓天天见面的街头艺术，起到美化市容的作用。

1. 橱窗设计的类型

根据零售企业的不同规模类型,不同橱窗结构和不同商品特点,可以采取下列不同的橱窗陈列宣传形式:

(1) 特写陈列。运用不同的艺术表现形式,集中突出宣传某种或某件商品,适于宣传新产品。应突出两方面:特色商品;品牌与商标。这种陈列形式的宣传效果较为显著。

(2) 系统陈列。根据商品的性质、类别和用途与连带性因素,将商品系统地组织陈列在一起。这种陈列形式既便于观赏、吸引注意,又可以引导观众联想,刺激购买欲望。

(3) 综合陈列。通过不同的陈列方法把不同种类的商品综合陈列在一起,商品范围充分反映企业的经营,一般适于小型零售企业。

(4) 季节陈列。根据自然界的季节变化,将应季商品集中在一起宣传陈列。

2. 橱窗设计要求

(1) 橱窗陈列要体现零售商店的经营特色,使媒体受众看后就产生兴趣,并想购买陈列的商品。明确橱窗陈列的主题,即明确以哪种或哪类商品为主要宣传对象。在布局上突出重点,界限分明,使展品组织得有条不紊,以免使观众感到模糊不清、形象杂乱,影响宣传效果。

为了突出陈列商品的形象,表达主题思想,增强商品的感染力量,加深对商品性能特点的理解,要进行背景布置。背景在内容和色调上应与陈列商品互相联系、互相衬托。橱窗装饰应力求简练、明快。否则,单纯追求华丽的外表装饰或脱离主题商品的背景衬托,只会分散观众的注意力,冲淡宣传商品的效果。

(2) 橱窗陈列要有较高的艺术品位和一定的"艺术美"。季节性商品要按目标市场的消费习惯陈列,相关商品要相互协调,通过排列的顺序、层次、形状、底色以及灯光等来表现特定的诉求主题,营造一种气氛,使整个陈列成为一幅具有较高艺术品位的主体画。

橱窗实际上是艺术品陈列室,通过对广告产品进行合理搭配,来展示商品美。它是衡量零售商业经营者文化品位的一面镜子,是体现零售商业企业经营环境文化、经营道德文化的一个窗口。它是商店的脸谱,顾客对它的第一印象决定着顾客对商店的态度,进而决定着顾客的进店率。

(3) 橱窗陈列要更加强调立体空间感和动感。现代橱窗陈列的布置要更加强调立体空间感和空间布置的对比。例如,由于商品的摆放多集中于橱窗的中下部分,上部空间往往利用不足,此时便可以利用悬挂装饰物的办法增加其空间感。另外,装饰物、背景和橱窗底面的材料也应充分讲究与广告商品的对比。例如,电冰箱橱窗陈列应以皮、毛类材料作背景,颗粒材料作底面,更能突出电器产品的表面金属质地感。橱窗陈列设计还应利用滚动、旋转、振动的道具,给静止的橱窗布置增加动感,或者利用大型彩色胶片制成灯箱,制作一种新颖的画面,等等。

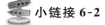 **小链接 6-2**   **麦当劳的店面设计**

对于一个面积有限的快餐店来说,店内、店外的设计是烘托该店"性格"与气氛的首要

因素。麦当劳的店面设计如下：

门面设计：金黄色的"M"标识全球统一，早已为人们所熟识，其亲和力在消费者的心目中已根深蒂固。

墙面设计：店内的墙面上，挂有各种各样的卡通、乐园类图画，还有五颜六色的小旗帜、剪图、绿树、红花等，随意而挂，烘托出了一种无拘无束的乐园氛围。

提示语：墙上的提示语是："请您妥善保管好自己的贵重物品。"这一提示语显得轻柔。

桌椅摆放：大体上比较随意，尤其是在不同的角落，也巧妙地做到了因地制宜。

洗手间：洗手间墙面上，贴着"开心一刻"的幽默与笑话。

其他：为了照顾到顾客的各种闲情逸致，还在店内专门设有报纸栏，以便有兴趣的消费者阅读。又备有小推车，以便使带着还不会走路的小孩前来光顾的顾客能够更方便，胜似在家一般；在店内的过道边，设有"希望工程捐款箱"，箱上的标语是："麦当劳与您共献爱心！"箱上设计着麦当劳的"M"标识。这些都无形中提升了麦当劳的亲切形象。

不难看出，麦当劳的所有设计都是围绕随意、轻松、温馨的原则灵活进行的，因为他们意识到快餐店更重要的是一种休闲与放松的场所。

（资料来源：丁一凡.差异就那么一点点[J].智囊，2013(3).）

三、店内设计

店内设计分为两个部分：表面修饰和建筑构形。

（一）表面修饰

许多现代零售店铺迎门处是一个门厅，这是店内设计的点睛之处。可以按照店铺的形象，布置花坛、水池、喷泉，或大型电子显示屏。如果门厅设计比较狭小，就不宜过分装饰，否则，会阻塞客流。门厅两侧或一进营业大厅，就应有商店货位分布图。进门醒目处，应设置总服务台，为顾客解决购物遇到的问题。

要考虑从地面到天花板的所有装饰问题。水泥或地板地面可以进一步装饰，最基本的有油漆，还有涂料、地毯、瓷砖或者大理石。粉刷墙面可以用油漆、墙纸、镶板。天花板可以选择采用无墙装饰（档次较高而花费也大）或是吊顶（普通而又经济），或者用一个开放式屋顶，所有管道和电线都漆成黑色，不做任何修饰（廉价的仓储式商店采用的方式）。

总之，商店内部表面修饰必须与商店的市场定位、形象设计相一致。例如，没有喷漆的水泥地面的商店，出售的应当是比较低廉的商品；瓷砖特别是大理石地面的商店，暗示着高档次、昂贵、独特的购物经历。

（二）建筑构形

商业信誉可以通过建筑给人的印象来传播。建筑给人的印象，是它的特征在公众头脑中的反映。建筑构形要将讲究整体性、行业性、独特性。整体性是指建筑总体结构协调一致、浑然一体，既要与周围的建筑物有明显区别，又要体现商业建筑风格的一致性、店堂外观建筑与店堂内部建筑的协调。行业性是指建筑构形要突出行业特点，使人一眼认出是百货行业建筑物还是家电行业建筑物或是建材行业等其他商业细分行业建筑物,以获得鲜明印象。独特性是指建筑构型要体现商店自身独特的个性,使顾客能够记住,产生良好的商店印象。例如,大型综合商店突出庄重豪华,建立市场威望;专业商店突出行业特点,提高识别记忆率。

同一建筑给零售企业与公众的印象,会有很大的不同。例如,零售企业认为大的红色建筑可以作为儿童服装店,然而,顾客显然把它看成了与儿童无关的建筑。总体而言,绝大多数人愿意去新的、光线明亮、洁净的超级市场购买食品,而不是在老的、破旧的、光线暗淡的商店购买食品;绝大多数人在购买钻石、艺术品或家用电器时,都不相信自己有足够的专业知识,而会去寻找能够给予人们信赖、可靠的、有印象的商店去买。

四、商店氛围设计

科特勒认为,零售氛围是一种通过设计购物环境对顾客的情感产生某种特定效果,并进而刺激顾客增加购物的一种努力方法。氛围有如下5个维度:视觉、听觉、嗅觉、触觉、味觉,如表6-1所示。许多零售商都发现,营造商店的优美气氛可以带来许多微妙的作用,可以补充店面设计和商品方面的不足之处。

表6-1 零售氛围因素

维度	描述
视觉	颜色、亮度、实物外表(大小和形状)
听觉	音量、声调、节拍和声音风格
嗅觉	气味的特性和强度
触觉	温度、质地和接触
味觉	味觉的特性和强度

(一)色彩的运用

不同的颜色有不同的含义,同一颜色在不同国家甚至同一国家不同时期有不同的含义。人们对颜色所表现出来的欣赏,已经不是一种简单的颜色欣赏,而是一种寓含着某种人类情感的寄托物,反映了一个民族的信仰观念。零售商发现颜色可以吸引人们的注意、辅助人们进行评价并强调某种产品和商店的特征。颜色能用于提供信息,其目的是改善心情、指导情感并增加激励或兴奋。

按照人们对颜色的感受,可将颜色归纳为三类:暖色(红、橙、黄)、冷色(青、蓝、紫)、中间色(白、绿)。实验研究表明暖色调特别适用于商店橱窗、入口以及与冲动购物相关的地方。顾客需要时间或做出购物决定有困难时,冷色调更为适宜。有研究认为,不同色彩系列可用于相应的品类部门以强调其独特之处:玩具部门建议采用明亮的色彩来创造一种激动的情绪,女装部门应采用中性色彩以避免明亮的色彩与亮丽的商品冲突。

中国零售企业的经验,颜色运用要与商品本身色彩协调。店内货架、陈列台的色调要衬托商品,多层建筑的一层营业厅或入口处应使用暖色调形成热烈的迎宾气氛,地下营业厅用浅色调装饰以给人赏心悦目的清新感受(如表6-2所示)。

表 6-2 在零售商店中不同色彩对心理、温度、距离的影响

色彩	心理影响	温度影响	距离影响
紫罗兰	富有进取心和疲倦	冷	非常近
蓝色	宁静的	冷	远
金黄色	激动的	中性	封闭的
绿色	非常宁静	冷—中性	远
黄色	激动的	很暖	近
橙色	激动的	暖	近
红色	非常刺激	暖	近

(资料来源：[英]麦戈德瑞克.零售营销[M].第 2 版.裴亮,等,译.北京：机械工业出版社,2004：324.)

(二) 商场照明

适当的照明是商店展示店容、宣传商品、方便选购的重要手段。商店有三种照明类型：基本照明、特殊照明、装饰照明。

基本照明，一般是匀称地镶嵌于天棚上的固定照明。其光度的强弱视店铺的不同位置而定。一般来说，卖场最里面配置的光度最大，吸引顾客从外到内把整个卖场走遍；卖场的前面和侧面的光度次之，卖场的中部光度可稍小些。

特殊照明，是为了突出卖场的某一部分或某些商品，通过设置聚光灯、射灯及有色灯等照明设备而进行的重点照明。例如，珠宝玉器、金银首饰、音响器材等商品，往往用定向光束直照商品，给顾客以贵重的感觉。

装饰照明，是为了丰富卖场的空间环境，在室内外设置一些装饰性灯具而进行的照明，其目的是强调装饰效果，美化卖场环境，渲染购物。大多采用彩色灯、壁灯、吊灯、落地灯、霓虹灯等照明设备。

要注意的是，灯光不可过于明亮。许多场所，特别是加油站、饭店、便利店等，灯光强度很高，不仅会使成本大量增加，而且浪费能源，还会对街区造成"灯光污染"。

(三) 音乐与气味

1. 音乐

音乐是商店气氛的重要组成部分，适当的音乐可以使人心情平和，并且还能够与店内的商品相映成趣。但店内的各种声响超过一定限度则会使顾客反感。商店在选择背景音乐时一定要结合商店的特点和顾客特征，以形成一定的店内风格；同时，还要注意音量高低的控制；音乐的播放也要适时有度。

2. 气味

大多数购买决策建立在感情基础上。在人类所有感觉中，嗅觉对人的感情最有影响力。嗅觉也是改变人们行为最快的方式。因此，很多零售商通过精心设计的气味来增强店内购物气氛。但是，气味同声音一样有正面影响也有负面影响。商品与其气味协调，对刺激顾客购买有积极的促销作用；不良气味会使人反感，有驱除顾客的副作用。零售商必须根据目标顾客的偏好或经历以及商品和品牌的特征精心地使用气味。同时必须懂得，顾客的感受是整体性的，而不是依据个别因素。例如，气味和音乐相互匹配将会比不

匹配产生更佳的效果。

第二节　店面布局

　　店面布局是对零售商店各个商品部门及其销售空间进行分配、定位和规划的系列过程。店面布局必须方便店内人员的流动,处理需要的人流容量,使所有的产品能够有效地对顾客进行展示,使顾客购买比其自身计划更多的商品。同时,在给予顾客足够的空间进行购物与运用有限珍贵的空间放置更多的商品之间取得平衡。

 小链接6-3　　　　　　7-11连锁店店面布局——精细

　　店面布局是最直观、最能展现7-11形象的一面。到过7-11的人都有这样一种体会:店内地方虽小,却不显拥挤、杂乱,在里面购物感觉非常轻松和舒适。这一切,归功于7-11对有限空间的精雕细琢:7-11便利店出入口的设计一般在店铺门面的左侧,宽度为3~6米,根据行人一般靠右走的潜意识习惯,入店和出店的人不会在出入口处产生堵塞;7-11的装潢效果最有效地突出了商品的特色,使用最多的是反光性、衬托性强的纯白色,给人感觉店里整洁、干净;7-11店内通道直而长,并利用商品的陈列,使顾客不易产生疲劳厌烦感,不知不觉地延长在店内的逗留时间;7-11在商品的陈列上下了很多功夫,使消费者马上就能看清楚商品的外貌;若商店的卖场一成不变,对顾客而言根本没有新鲜感,如果不能让顾客随时受到刺激,顾客不会一再地光临,因此7-11经常变换店内布置,以不断制造视觉上的刺激。7-11这样直观、整洁、宽松、新鲜的店内环境,在不断冲击消费者眼球的同时,也在日积月累中潜入人们的大脑,形成了一种美好的品牌感受。

（资料来源:王逸凡.中国文化报,2008-06-04.）

一、店面布局类型

　　店面布局常见类型有多种,采用哪种类型布局取决于市场定位、产品系列的宽度和深度、所售产品种类的特性、采用的固定装置类型以及商店在规格和形状上面临的限制。如今,零售商一般采用四种基本的店内布局方式:自由流动布局、方格型布局、岛屿式布局、精品店布局。

（一）自由流动布局

　　这是最简单的一种店内布局。在这种布局下,固定设施和商品的位置不固定,店内没有统一的行走路线,顾客可以随意在货架中穿行。自由流动布局的优点是货位布局十分灵活,顾客可以随意穿行各个货架或柜台;卖场气氛较为融洽,可促成顾客的冲动性购买;便于顾客自由浏览,不会产生急切感,增加顾客的滞留时间和购物机会。自由流动布局的缺点是顾客可能拥挤在某一柜台,不利于分散客流;不能充分利用卖场,浪费场地面积。而且,如果没有统筹设计,整体感觉会比较凌乱。自由流动布局方便了顾客,但对商店的管理要求却很高,尤其要注意商品安全的问题。许多时尚服装店采用这种布局(如图6-1所示)。

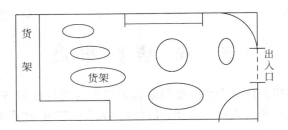

图 6-1 自由流动式布局形式

(二) 方格型布局

以直线分段式排列,采用平行条状固定货架,直直的通道。对于平行条状货架之间的通道,只有走到通道尽头才能穿越条状货架(如图 6-2 所示)。方格型布局的典型例子是超市和药店。这种布局的优点是:创造一个严肃而有效率的气氛;走道依据客流量需要而设计,可充分利用卖场空间;由于商品货架的规范化安置,顾客可轻易识别商品类别及分布特点,便于选购;易于采用标准化货架,可节省成本;有利于营业员与顾客的愉快合作,简化商品管理及安全保卫工作。其缺点是:商场气氛比较冷淡、单调;当较拥挤时,易使顾客产生被催促的不良感觉;室内装修方面创造力有限。

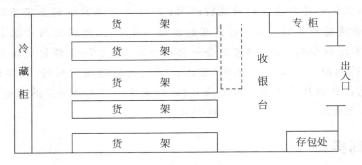

图 6-2 方格型布局基本形式

(三) 岛屿式布局

将营业现场中间部位用设备组合成不同形态的岛屿状,如矩形、环形、圆形、三角形、多边形等不规则形状,形成不同的商品出售区位(如图 6-3 所示)。一般用于百货商店和专卖店。岛屿式布局的优点是:布局富有创意,采取不同形状的岛屿设计,可以装饰和美化营业场所;商场气氛活跃,使消费者增加购物的兴趣,并延长逗留时间;容易引起顾客冲动性购买;满足消费者对某一品牌商品的全方位需求,对品牌供应商具有较强的吸引力。岛屿式布局也具有缺点,主要是:布局过于变化会造成顾客迷失,顾客会因无耐心寻找而放弃一些计划内的购物;不利于最大限度利用营业面积;现场用人较多,不便于柜组营业员的互相协作;货架不规范,此方面成本较高。

(四) 精品店布局

精品店布局处于方格型布局和自由流动布局之间,属于自由流动布局基础上衍生出的分支(如图 6-4 所示)。不同商品部或品类的布局采用不同商品专业店的模式,以针对

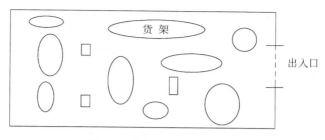

图 6-3　岛屿式布局基本形式

不同的目标顾客细分。这种布局主要是店中店,但不局限于此。百货商店常采用这种布局模式。这种布局模式的优点主要是商店能为顾客提供较好的体验,较容易为顾客提供服务和个性化销售,可以使针对目标顾客群进行专门设计的要求完成得更彻底。精品店布局的主要缺点是在空间的使用上往往不经济。

图 6-4　精品店布局基本形式

精品店布局的一个现代发展模式通常被称为"环形布局"(也称跑道式布局)。环形布局是在入口处形成一条主要过道,围绕商店一圈——通常是环形、正方形或长方形,最终再回到店门口。这种模式较前三种不常用。环形布局的最有利之处在于它能够让顾客最大限度地接触到商品。此外,客流控制和客流容量增加了,商品分类曝光率也增加了。缺点是减少了商店体验,耗尽了顾客的耐心。采用环形布局展示的一个极有代表性的例子就是来自瑞典的宜家精品店,有一条名为"黄色砖路"的道路引领顾客通向 1.858 万平方米的每一个部门。

二、店面空间分配

在零售业中,"楼面布置图"指的是零售商如何安排商品和顾客服务部门的位置,店内过道的分布,以及为每个部门分配的空间。它是商店的基础结构,店面环境的其他要素都要围绕它进行布局。设计一个楼面布置图首先要分析如何将可用的店面空间分配给不同的部门。

(一)部门类型[①]

一个商店包括五个基本部门:里屋;办公室和其他职能部门;过道、服务部门和主销

---

① [美]帕特里克·M.邓恩,罗伯特·F.勒斯克.零售管理[M].北京:清华大学出版社,2007:372-373.

售楼面的其他非销售区；地面陈列区；墙上陈列区。经营者一方面需要尽量增大商品陈列的密度；另一方面还要保证商店职能部门的正常运转并方便顾客购物。然而，店面空间是有限的，大多数零售商只能权衡优劣，综合考虑战略布局和空间限制，并最终妥协于其中一个或几个方面。

（1）里屋。主要包括处理新到货物的收货处和存放剩余商品的储藏室。里屋大小因零售商种类不同而存在差异。但无论哪一种类型的零售商店，里屋这一部分空间都在逐渐缩小。如今在西方发达国家，百货商店的里屋面积一般缩小到店面的20%，一些小型商店更是缩小到店面的5%甚至更少。

（2）办公室和其他职能部门。通常包括：员工休息室、培训室、商店经理和副经理办公室、财务室、顾客和员工使用的洗手间，等等。通常位于销售区和储藏室的夹层楼面，或因太小而不适合作为储藏室的侧面区域。

（3）过道、服务部门和其他非销售区。过道，特别是在一些大型商店中，首先就要辟出主要过道让顾客进店，紧接着是一些次级过道把顾客引向商品。这些过道要足够大，能够容纳高峰时刻的人流。试衣间、休息处、服务台和其他顾客服务设施都要占用一定的空间。

（4）地面陈列区。这是顾客最为熟悉的店内空间。在这里，零售商利用许多不同类型的固定装置摆放各种各样的大量商品。主要目的是使商品充满吸引力地展现在顾客面前，方便其了解和购买。

（5）墙上陈列区。这是零售商店中最重要的要素之一。它们作为地面商品的视觉背景存在，同时也可以挂满各种商品。

（二）商品部门的位置

在一个商店里，不同位置带来利润的能力是不一样的。经过一个商品部门的人越多，这个位置就越好。零售商在决定商品部门位置的时候，必须考虑商品部门能带来多少销售额和利润及各部门之间的相互关系。

1. 相对部门优势

商店里最好的位置取决于楼层、楼层内的安排和与交通要道、入口、电梯等的相对位置。一般而言，在多层商店里，距离出口楼层的位置越近，价值越高。同一楼层最好的地方是那些最靠近商店的入口、主要通道、自动扶梯和电梯的位置。右边也是特别受欢迎的位置。

2. 冲动性购买商品

冲动性购买是指之前没有任何购物意图或在进入商店之前尚未形成购物欲望的顾客的购物行为。冲动性购买的商品几乎全都是经常放在商店里靠近商店门口的位置，像百货商店里的香水和化妆品以及超级市场里的杂志。

3. 需求/目标区域

需求/目标区域是指对这些商品的需求在顾客到达商店之前就已经存在了，不需要最佳的位置。例如，儿童用品、昂贵的专业用品和家具部、美容沙龙、银行办公室、摄影室这样的顾客服务区域，通常都位于远离很多人经过的主路的地方——在角落里或在较高的楼层。

4. 邻近的部门

零售商通常将关联性商品聚集在一起,或邻近设置,方便顾客同时购买多种商品。例如,妇女用品和儿童用品,西服与衬衣、领带等。要注意的是,因物理化学性能而相互串味、彼此干扰的商品出售位置则要隔开一定的距离。

5. 商品的物理特性

像体积大、搬运困难的家具、电冰箱、洗衣机等商品尽量设置在靠近储存场所附近出售。

(三) 部门内商品的位置

部门内商品的位置确定一般采用商品定位设计图。商品定位设计图是一张由照片、计算机输出结果或绘画者制作的图案,精确地表明了零售商应把每个SKU(战略业务单位)放置在什么地方。要求使用者将模型的数量或条形码、产品毛利率、周转率、运输的程序、产品包装的尺寸或包装的实际照片、其他相关信息输入程序。计算机根据零售商的优先标准来规划商品定位设计图。一般每个商品定位设计图都附有一些预测其相对盈利率的报告。

三、货位布局

(一) 货位布局方法

货位布局是指确定每一种类商品需要占据销售场地的空间大小。最常用的有两种方法:销售生产率法(sale-productivity ratio)和存货模型法(model stock approach)。

销售生产率法是零售商根据每单位商品的销售额或盈利分配销售空间。高盈利的商品种类获得较大空间,微利商品获得较小空间。公式如下:

$$某商品或商品部的空间规模(平方米) = \frac{某商品或商品部的计划销售额(或盈利)}{每平方米预期的销售额(或盈利)}$$

存货模型法是零售商根据每个商品部需要陈列的商品数量和备售的商品数量决定销售空间规模。

步骤是:确定每一商品部的经营品种和存货数量;确定每一商品部所经营商品的陈列方式和存货方式,并确定陈列和存货所需要的货架数量;确定每一商品部销售的辅助场所,如试衣间、收银台等;评估每一商品部需要的总的销售空间。

如果零售商根据每个商品部逐一评估其所需要的总空间,加起来超过了商店总的营业面积,就要对每一商品部的经营商品和存货数量进行修正。

(二) 货位布局依据

无论采用什么方法进行货位布局,最终都要考虑各类商品的盈利能力,即把某种商品利润绩效的衡量(如净销售额、净利润或毛利润)与其占地面积联系起来。如果零售商已从事该行业一段时间,那么其销售的历史记录可以帮助他评估商品销售情况,改进空间分配。一个较简单的计量标准是空间生产率指数,这个指数是用某种特定商品占店内总收益的比例与其占店内空间的比例作比较。指数达到1.0就代表一个理想的空间大小。如果指数大于1.0,就说明这类商品产生的毛利率大于其空间占用率,这时零售商就应当考虑增加这类商品的分配空间。相反，如果指数小于1.0，说明该类商品的销售情况并不理想，这时零售商或许应当减少这类商品的陈列空间。

此外，货位布局还要考虑商品本身特性、顾客购物行走特点、商店的位置优劣，还要考虑配合其他促销策略。例如，即使某种商品的空间生产率指数很低，高级管理者也可能会因为一位新顾客对它赞不绝口，或者因它代表店面形象而保留其全部的空间。如果经营者希望让某种流行商品迅速降温，并相信其空间生产率会随之下降，那么他就不会再扩大这个高指数商品的占地面积。

如果是新商店，没有可以参考的盈利能力数据，只能依据行业标准或类似零售形态的以往经验进行空间分配，或者按顾客需要的具体商品数量来分配空间。

第三节　商品陈列

商品陈列是零售商在商店中向消费者展示商品、创造良好卖场氛围的一种店内商品管理技术。相关资料显示，科学、专业适应消费心理和消费需求的商品展示能带动30%～40%的销售增长，远远大于促销带来的销售提升。一般来说，商品展示只有原则，没有标准。不同国家、不同业态、不同商圈、不同商品结构，甚至不同的经营目标，会产生不同的展示模式。

小链接6-4　　　世界各地的时尚店铺陈列设计特点

纵观世界各地时尚店铺的陈列设计，法国创意无限但却缺少原则，优雅闲逸、懒惰有余；意大利富于激情，往往冲动固执、耐心不足；英国注重创意，突破传统，但是缺乏宽容，同样的孤岛文化和日本殊途同归；德国追求严谨和性价比合理，稍嫌缺乏灵性；中国太多模仿，学习迅速，有创意，但是缺乏情趣，为工作而工作，为陈列而陈列，有太多变通的机会，所以少了几分对权威的尊重和继承，在创新的过程里也缺少了自我积淀的机会，总显得浮夸。

（资料来源：中国服饰.2007(1)：76.）

一、商品群

所谓商品群是商店根据其经营观念，创意性地将某些种类的商品集合在一起，成为卖场中的特定群落或单位。商品群是商店陈列商品的基本单位，做好商品群的策划工作能提升商店的形象，稳定客源。

（一）商品群的类型

最常用的商品群有四类：

（1）功能型商品群。指商品按常见的最终用途进行分类与陈列。例如，男士服装店可经营的商品群有：衬衫、领带、袖扣和领带夹；鞋、鞋架和光亮剂；运动夹克和长裤；等等。

（2）购买动机型商品群。指依据消费者购买产品的欲望和愿意花在购物上的时间进行分类的商品群。例如,百货店一层的冲动性购买商品群,第三层的受到激励且需要更多考虑才会购买的商品群。

(3) 市场细分型商品群。指将对某一目标顾客群具有吸引力的各类商品放在一起。例如,唱片店将 CD 唱片分成摇滚乐、爵士乐、古典乐、乡村音乐等。

(4) 可储存型商品群。常用于需要特殊处理的商品。例如,鲜花商店把某些花保存在冰箱里,而将另一些在常温下保存。

(二) 商品群的组合

顾客对某一家商店的偏好,不是来自所有商品,而是来自于某个特色商品群。所以,商店要不断推出和强化有创意的商品群组合,吸引更多的顾客来商店消费购物。一般来说,商品组合有如下几种:(1)增加商品种类——宽度组合;(2)扩大商品项目——深度组合,即在每一种类之下增加品种、规格和花色;(3)等价变换组合,这里"等价"的"价"指"效价",即商品的效用;(4)类比思考组合;(5)主辅调整组合;(6)使用环境组合,即把在同一使用环境中的不同商品组合起来,形成新的商品群;(7)特定使用目的组合,就是将为同一使用目的的不同商品组合起来,形成新的商品群;(8)消费意境组合;(9)根据供应商进行商品组合。

二、展示区域与装置

(一) 展示区域的类型[①]

展示区域包括特色商品专栏区、大宗商品区和墙面。

专栏区包括末端展示区、促销通道或区域、自由放置货架、时装模特模型、橱窗和销售点区域。

末端展示区,即每条过道的末尾陈列区。这个区域商品展示应遵循 25—25—50 规则:末端展示区的 25% 应当陈列顾客正在搜寻的促销商品,另外 25% 应当陈列非促销商品,但还必须使顾客在浏览末端展示区时一下子就能注意到;剩下的 50% 应当是固定价格的季节性商品或者能够刺激顾客进行冲动性购买的商品。

促销通道或区域,一般是在重要节日期间选择装点的通道或区域,以突出促销某些商品。

自由放置货架和时装模特模型最初设计时是用来吸引顾客的注意力并将他们引导到店里来。这些货架里展示的通常都是最新、最令人感兴趣的商品。

橱窗一般位于商店外部,其展示应与商店中的商品和其他展示联系起来。橱窗可以用来为节日装点气氛。

销售点区域则是商店营业面积中最有价值的部分。

大宗商品区包括了商品的全部种类。通常包括杂货和折扣店里的长方形货架以及为纺织品自由设置的货架。

墙面,许多零售商运用它来增加商店的储存货物和展示商品的能力,创造性地利用墙壁空间提供信息。

---

① [美]迈克尔·利维,巴顿 A.韦茨,张永强.零售学精要[M].北京:机械工业出版社,2009:253-254.

（二）固定装置的类型

固定装置是向客户展示商品所必需的，可以充分利用零售空间（如表6-3所示）。零售商店常见的固定装置有货架、陈列台、围栏、四方台、圆台、箱子、篮子和桌子。为建立一致的店内形象，最好选择材料和风格方向相协调的固定装置。选择固定装置的原则是：让固定装置去配合商品，而不是让商品去配合固定装置。

表6-3　固定装置可选类型

固定装置	商品举例	展　　示
货架	家居用品	堆放/摆放
陈列台	食品	堆放
围栏	服装	挂（从前方或一侧看）
四方台	服装	挂（从前方或一侧看）
圆台	文具	泡沫包装
箱子/篮子	小型DIY产品	散放
桌子	礼品	摆放

三、展示的基本要求

商品陈列即展示，要根据行业、经营商品的特性、营业方针，或者根据商店的类型、卖场的设置等的不同而千差万别。但是，所有陈列的一个共同点是吸引顾客注意力，进而产生购买行为。

小链接6-5　　　　　　简单、诚实、理智：阿尔迪的商品陈列

阿尔迪陈列的都是满足消费者基本需求的一些简单商品，供货重点就是日常生活必需品，如罐头食品、果酱、牛奶、洗衣粉、清洁剂和卫生纸。阿尔迪从不作秀，只关心成本和诚信。认为顾客自己会比较价格，然后就会发现阿尔迪很便宜。在阿尔迪，货架和托盘上商品的陈列都是出于物流考虑，视觉效果根本不是考虑因素。阿尔迪有自己的货品陈列技术，会考虑到商品的每周需求量、商品特性以及供货频率，然后给各个商品一个合适的货架空间，并放在合适的地方。在商品陈列过程中，阿尔迪运用了一种最简单的方法："哪里的商品卖出去了，立即补足。"

（资料来源：[德]迪特尔·布兰德斯.只放一只羊[M].北京：电子工业出版社，2005.）

（一）安全

商品展示中不能有对顾客及导购人员造成伤害的隐患，也尽量避免对顾客产生不必要的心理负担。例如，不将容易被盗的商品放在角落和门边。

（二）与商店的整体形象相一致

商店对商品的组合依据、促销展示风格应与商店整体形象一致。如果采取众多不同风格的促销展示，各类商品的销售可能在短期内得到一定程度提升，但会导致商店整体形象的不统一甚至混乱，从长远看，可能导致客流减少。

(三) 醒目

陈列的第一要点,就是要便于顾客看到商品。为了使顾客能够看到商品,从顾客的位置来说,要能直接见到商品的正面。"视线水平就是购买水平。"对一般商店来说,柜台后面视线等高的货架上、收银机旁、柜台前、顾客出入的集中处、墙壁货架的转角处等,都是醒目的陈列点。

(四) 突出商品吸引力

商品陈列只有吸引顾客的视觉注意力,才能有效传递商品信息。商店不仅仅是商品丰盛,还要强调花色对比,强调造型美,将各种各样的商品相配合陈列。要通过实际表演、品尝等,强调销售要点,突出商品对顾客的吸引力。

(五) 方便消费者

商品陈列的一个重要目的就是让顾客能够在商店浏览,找到所要的商品。商品陈列摆放要考虑人体工学的基本原理,放在容易拿到的地方,太高或太低的陈列位置都会造成购买障碍。另外,不要把不同类型的商品混放,促销附赠品一般不宜喧宾夺主。

(六) 讲究效益

陈列需要费用。想从效果上增加收益,就要进行经济核算。不管陈列得怎样漂亮,如果不能带来好的效果和效益也就丧失了意义。

四、展示方法

展示的主要目标是以销售最大化的方式来表现商品分类,其他目标包括吸引购物者的注意、满足购物者需求、加强沟通并增强店面形象、帮助控制客流等。展示方法很多,最有名的是 Bert Rosenbloom 的分类方法,他认为基本的展示方法分为开放式、主题式、生活式、联合分类式(或称组合式)和商品分类式。

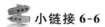
小链接 6-6　　　　　　　伯特·罗森布罗姆

伯特·罗森布罗姆(Bert Rosenbloom)博士现任美国卓克斯(Drexel)大学商业与管理学院 G. Behrens Ulrich 营销学教授,是营销渠道和分销系统管理方面最主要的专家。他的著作《零售营销》,是应用现代营销方法到零售渠道中的一本拓荒之作,该书在美国和全世界其他国家的分销领域产生了深刻影响。他的另一本书,《营销职能和批发分销商》已经在批发领域内受到普遍赞扬,为批发营销渠道提高生产率提供了新理念和分析方法。伯特·罗森布罗姆博士的研究广泛地发表在主要的学术期刊上,诸如《营销杂志》、《零售杂志》、《营销科学学术杂志》、《管理评论》、《欧洲营销杂志》,等等。他是《营销渠道杂志》的编辑,《消费营销杂志》、《营销科学学术杂志》、《国际消费营销杂志》编委,还特别担任《营销研究杂志》、《营销杂志》和《零售杂志》评审委员会成员。他还担任美国营销学会费城分会的副会长,美国营销科学学会管理委员会成员,并且曾被授予厄斯金学者奖。名列《美国名人传》、《美国科学家传记》、《世界名人录》、《当代作家》和《国际传记词典》之内。

(资料来源:郑敏.同一屋檐下的不同国家[J].中国服饰,2007(1).)

（一）开放式展示

商品的摆放围绕顾客而不是远离顾客，使购物者能自由、容易地接近商品。这种展示通过允许轻易地接触和尝试产品而吸引购物者的注意和相关举动。常用于百货店和服装店。

（二）主题式展示

通过一个事件、活动、季节或其他特征进行展示以和购物者之间形成联系。这种展示的风格和物理特征受主题自身所限。主题的选择很广泛，包括当地的和国家的事件、节日、特定的国际主题等。店方可以自行设计主题，以适合于特定的季节和与顾客有关的活动，例如支持参加亚运会的当地足球队。

（三）生活方式展示

通过图片、视频、声音或实物，向特定目标细分市场表示其商店及产品的适用性。常用于成衣零售店、运动用品商店以及其他业态。马狮百货对其商店重新设计时，采用了生活方式展示法，突破了以往常规的服装展示方法。

（四）联合分类式或组合式展示

如果购物者使用一些配套商品，他们经常会在一起购买它们。组合展示将所有这样需要一起购买的产品放在一个地方，允许购物者购买整套最终解决方案，而非分开来购买。购物者在购买整套解决方案时感到更放心、更满意，同时有助于促进顾客购买相关的产品。例如，服装零售商展示成套服装，家具零售商展示完整的套房家具。

（五）商品分类式

商品分类式设计是用来在一定的区域内向购物者展示大量的选择。如果一家零售商店的定位是提供这种选择，那么这样的展示是适当的。而且会将这种特征传播给购物者。商品分类法的另外一个特征是，能在购物者脑海中建立高质量和高水平的感知。例如，超市中速溶咖啡的展示。

本章小结

零售商店购物环境在多个层面对消费者的购物行为产生影响，包括整个店铺的设计、布局安排、商品陈列、视觉信息沟通等。在每一个层面上，任何决定都会对顾客在店内的直接消费行为和他们的长期惠顾产生影响。零售商店的设计必须在营造新颖、迷人的环境与高效购物场所之间进行权衡。商店设计与布局的目标可以根据具体商店在零售企业全部店铺中发挥的作用有所不同，但是大多数零售企业的商店设计和布局有很明确的目标：增强产品形象、创造销量和提高利润水平等。

店面是商店的脸面，店面设计包括商店外观设计和商店内部设计两个方面。店外设计包括临街店铺、店面标识和入口，店内设计则包括建筑物的构型和所有表面的修饰，商店氛围设计等。店面设计总的要求是商店的气氛应与店铺的形象和整体策略相一致，店面设计应有助于影响顾客的购买决策。

商店布局有助于树立商店的形象而且可以用来控制客流。有几种类型的商店布局是经常使用的：自由流动布局、方格型布局、岛屿式布局、精品店布局。商店规划者还必须谨慎地规划商店不同部门的区域。商品部的位置根据商品部门能带来多少销售额和利润及各部门之间的相互关系决定。每类商品营业面积分配则主要根据各类商品的盈利能力来确定。

商品陈列有架上陈列和架下陈列。商品群是商品陈列的基本单位。一般常用的陈列方法是 Bert Rosenbloom 的分类方法，即开放式、主题式、生活式、联合分类式（或称组合式）和商品分类式展示。

1. 解释为什么对在成熟的零售市场上经营的组织来说零售设计是个战略性问题。
2. 通过观察研究离你最近的购物中心，指出你认为其购物环境令人愉快的一家零售企业在设计运用方面有哪些不足。然后找一家让你感到不舒服的商店，并尝试分析你为什么有这种感觉。
3. 讨论零售企业在分配空间时要考虑的主要因素。
4. 超级市场为什么把糖果、口香糖和杂志放在商店的最前面？
5. 60岁以上的老年人可能只有有限的视力、听力和行动能力。零售商应怎样进行店面布局满足老年人的需求？

Unique 店

你是一个拥有六家连锁店的女性服饰公司的大堂经理，这家店的名字叫作 Unique。它的目标顾客是年轻女性，旗舰店位于一个有 12 万人口的城市中、一所大学附近的繁华街道上。这座占地 1 350 平方米的商店最近一次的修葺时间是 12 年前，最近几年销售额节节上升。但是公司总裁认为，既然许多竞争者离开了大学附近转移到城市外围地区的购物中心去了，那么对于公司而言，销售额实际上是降低了。

为了更好地利用缺乏竞争对手的有利环境，总裁决定在下一年增加 40 万美元的预算来扩大商店规模。他决定租用店前 450 平方米的空地并扩大过道的宽度，增加试衣间数量，但同时保持存货水平不变。然而销售经理却认为那 40 万美元应该用于购买新的固定装置来摆放更多的商品。他的方案是缩小所有过道的宽度，放置更多的固定装置并把堆放的商品加倍。毕竟，只有商店中的货架更多，顾客才能接触到更多的商品，从而产生更多的购买需求。

上周当你走进这家商店时，你发现了这个方案的许多弊端：所有商品摆放得十分密集，顾客取放商品一点都不方便；而且商品的陈列方式根本就不能展示商店时尚新潮的形象；最后，不同的商品部门之间还没有明确的分界线，这也让你非常困扰。

总的来说，总裁和销售人员都要认识到，他们的目标是通过店面扩张来提高销售效率。如果店内要增加商品,那么针对不同类型的顾客应当增加什么类型的商品?即使不增加存货,商店应当把哪些部门做成特色区?

(资料来源:[美]帕特里克·M.邓恩,罗伯特·F.勒斯克.零售管理[M].第 5 版.赵娅,译.北京:清华大学出版社,2007:390.)

【案例思考】

1. 你觉得对顾客而言,什么更重要:增加店面空间,当然这会花更多时间,难度也较大;还是增加更多的货架?为什么?

2. 如果你的目标是增加总体销售额,你会采纳什么样的计划?解释一下原因。

3. 总裁是否可以考虑分配一部分商店空间来容纳新的商品?比如,是不是应该增加一间咖啡吧或者古典服饰店,这个决定中应该考虑的因素是什么?

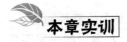

一、实训目的

1. 理解商店购物环境设计的重要性。
2. 通过实地调查,加强对商店购物环境设计的感性认识。
3. 提高观察问题、运用所学理论解决购物环境设计实际问题的能力。

二、实训内容

以小组为单位,在你就读高校附近选择一家零售企业深入调查(各组选择的零售企业互不重复),了解这家零售企业购物环境设计的基本情况、主要特点、成功之处、存在的问题,并提出改进建议。

三、实训组织

1. 指导教师布置实训项目,提示相关注意事项及要点。

2. 学习委员将班级成员分成若干小组,成员可以自由组合,也可以按学号顺序组合。小组人数划分视修课总人数而定。每组选出组长 1 名,发言代表 1 名。

3. 以小组为单位,各自选定校园附近的一家零售企业,拟定调查提纲,深入企业调查收集资料。写成书面调研报告,制作课堂演示 PPT。

4. 各小组发言代表在班级进行汇报演示,每组演示时间以不超过 10 分钟为宜。

四、实训步骤

1. 指导教师布置任务,指出实训要点、难点和注意事项。

2. 分组讨论并制定调查工作流程和执行方案,然后进行实地调研。

3. 演示之前,小组发言代表对本组成员及其角色进行介绍陈述。演示结束后,征询本组成员是否有补充发言。允许并鼓励其他小组成员提问,由发言代表及改组成员答疑。

4. 由各组组长组成评审团,对各组演示进行评分。其中,演示内容 40 分,发言者语言表达及台风展现能力10分,团队回答提问及协作应变能力10分。评审团成员对各组所评出成绩取平均值作为该组的评审评分。

5. 教师进行最后总结及点评,并为各组实训结果打分,教师评分满分为40分。

6. 各组的评审评分加上教师的总结评分作为该组最终得分,对于得分最高的团队予以适当奖励。

 延伸阅读

1. 伍海平,赵德海.零售企业的店铺设计[J].商业研究,2005(23).
2. 徐子龙,张成强.浅析商场的店面及营销环境设计[J].商场现代化,1993(4).
3. 周延风,黄光,刘富先.美国零售商店店面设计和形象促销的启示[J].企业活力,2005(10).

第七章 商品采购管理

 本章学习目标

了解零售企业商品经营的范围和商品结构优化内容；熟悉零售企业采购的目标及采购方式；掌握零售企业商品采购的流程以及采购品种、数量和时间决策等内容。

 引例

沃尔玛全球采购的三大利器

如今的世界零售市场由于激烈的成本竞争呈现出寡头竞争的局面，大企业不断并购小企业，剩下的包括美国的沃尔玛、法国的家乐福、英国的 Tesco 乐购以及德国的麦德龙，沃尔玛则是其中最大的零售商。在过去的几十年中，沃尔玛还多次成为世界500强中最大的公司。沃尔玛在供应链和采购成本管理上做得相当出色，其成功经验也能给中国的企业许多启示。

沃尔玛在全球范围内成功的基础统一就是其对供应商的严格管理。在美国，沃尔玛要求供应商在报价的同时更要表明其成本结构和利润，同类产品在美国市场上的现有零售价和本次所供产品准备定位在哪个零售价位上，以及给沃尔玛留出多少利润。这样一来，在选择供应商的时候就非常简单透明，而沃尔玛也可以在纷繁复杂的供应商中挑选出最有竞争力的。对于供应商来说，先确定其零售价，以及预留给沃尔玛的利润率，再从中扣除运费、进口费及佣金等费用后，来确定 FOB 价，这种倒推定价的方法使供应商的成本被沃尔玛牢牢地压制住而不得不最大限度的降低成本提高效率。

其次，沃尔玛实行直接采购的原则，直接从工厂进货而绕开冗杂的中间商，再将货物运入配送中心统一管理。这样一来，不但可以缩短渠道长度，降低供应链成本，这更是沃尔玛能够履行天天平价承诺的重要保障之一。

最后，在供应商供应货物的环节中，美国沃尔玛则要求供应商必须按照合同准时交货，不允许有任何延误和提前，延误的交货沃尔玛一概不收，而因此导致沃尔玛缺货则很有可能使供应商失去沃尔玛这个大客户。另外，因提前交货而导致的额外仓储费用也需要供应商来承担。这样一来，沃尔玛不但有效的缩短了交货期，降低了库存成本和市场风险，也很好地检验了合作伙伴的能力和诚信。

不难看出，沃尔玛对供应商的要求可以用苛刻来形容，甚至有许多供应商表示向沃尔玛供货赚不到钱。但在巨大采购数量的诱惑下，即使是稀薄的利润都会让供应商之间抢破头。

（资料来源：徐小慧.零售业供应链及采购成本管理研究——基于沃尔玛的案例分析[J].商场现代化,2014(2):35-37.）

本章知识结构图

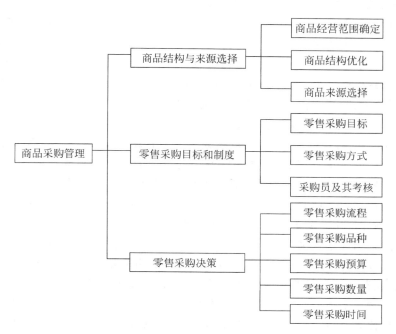

零售采购是零售商向供应商购进商品或服务的业务活动,对零售商的经营相当重要,是零售商经营成败的关键。零售商通过采购并销售合适的商品获取利润。高效的零售采购不仅能为零售商节约大量成本,且通过精心选择合适的商品来源能帮助零售商形成差异化优势。本章首先介绍了零售商的商品结构和来源选择;接着对零售采购的目标和制度进行了介绍;其次重点介绍了零售采购决策的内容,包括零售采购流程、零售采购品种、零售采购预算、零售采购数量和零售采购时间。

第一节 商品结构与来源选择

零售商通过销售商品来获得利润。因此,零售商最重要的工作之一是决定采购什么商品和采购多少商品。但零售商受自身能力、竞争状况和消费需求的约束,不可能经营制造商提供的所有商品,只能经营一部分商品。为此,零售商必须对商品进行分类,设计一个合理的商品结构,以确定商品经营范围,精心选择合适的商品来源,形成一个与众不同的商品组合,并通过这些商品的组合与管理来获得最大化的收益。

一、商品经营范围的确定

（一）商品分类

商品分类是选择某种(些)标准对所经营的商品集合进行区分,以有效地实现经营目标和经营战略。分类结果因分类标准、时间和地域等差异而变化。商品分类有如下方法：

1. 根据商品用途,商品可以分为消费品和工业品

消费品是指为家庭或个人的消费需要而购买和使用的产品或服务,直接用于最终消费。消费品的购买多属于非专家型购买,在购买中具有较多的心理感受方面的特点,例如外观设计的精美程度、商品品牌知名度和商品口碑等是影响顾客选购商品的重要因素。

工业品也称生产资料,是企业为了生产而购入的商品。工业品与消费品的购买者、购买目的、购买数量、购买方式都有很大的差别。工业品的购买者往往是具有专门知识的行家,其购买决策的计划性和科学性较强,商品性价比指标是购买商品时考虑的关键指标。

2. 根据商品的耐用性和有形性,可以分为耐用消费品、非耐用消费品和服务

耐用消费品指在正常情况下,能多次使用的有形商品。这类商品的特点是：使用周期长,商品价格一般较高,顾客购买慎重。因此,经营耐用品需要更多的销售服务和销售保证,如维修、运送、包退和包换等；销售的重点是形成促使顾客购买的气氛,做耐心细致的商品介绍,指导使用；建立完善的售后服务体系。

非耐用品是指在正常情况下,经过一次或几次使用就被消费完的有形物品,如牙膏、洗衣粉和文具等。这类商品的特点是：消费快、顾客购买频繁、商品价格较低、商品利润较低。因此,经营非耐用品必须方便顾客的购买,商店选址应接近居民区。

服务是非物质实体商品,服务的核心内容是向顾客提供效用,而非转移所有权。服务与有形商品相比具有以下特点：服务通常是无形的,服务内容不易标准化,生产过程与消费过程同时进行。

3. 根据顾客购买习惯,可以分为便利品、选购品和特殊品

便利品指单位价值较低,经常使用和购买的日用必需商品,包括牙膏、肥皂、报纸和饮料等。这类商品的特点是标准化程度高,产品单位价值较低,需求弹性不大,多为习惯性购买。顾客在购买便利品时希望就近购买,以便节约时间。比较适合在居民比较集中的区域或交通特别便利的地段设点销售。

选购品指消费者在购买过程中,需要对产品的适用性、质量、特色、款式和价格进行比较,挑选之后才做出购买决定的产品,如时装、电器等。这类商品的特点是价值相对较高,需求弹性较大、挑选性强,顾客对商品信息掌握不够,购买频率较低。选购品的购买者多采用选择性、理性购买,一般乐意到商店集中区域或者知名商店购买。针对选购品的特点,零售商应尽可能把店址设在同类商品相对集中的地方,如服装一条街,以便于顾客购买时进行挑选和比较。

特殊品指具有特殊性能、特殊用途、特殊品质和特定品牌的商品。其特点是单位产品价值大,使用时间长。特殊品的购买多为定向性、偏爱性购买。特殊品宜开设专门商店或专柜,并适合集中经营。在经营过程中,零售商要向顾客介绍性能与维修保养知识,注重售后服务、及时上门维修服务。

4. 根据零售商经营商品的层级，可以分为大分类、中分类、小分类和单品

商品大分类是指经营商品的大类，是零售商商品中构成的最粗线条划分，其划分标准为商品特征。为了便于零售商管理，零售商的商品大分类一般以不超过 10 个为宜。

商品中分类是根据商品功能用途、制造方法或商品产地为标准，在大分类商品中细分出来的类别。中分类在商品的分类中有很重要的地位，不同中分类的商品通常关联性不高，是商品间的一个分水岭，所以，无论在配置上还是在陈列上都常用它来划分。

商品小分类是在中分类基础上，根据商品的功能用途、规格包装、商品成分以及商品口味等进一步细分而成的商品类别。同一商品小分类中的商品往往用途相同，可以相互替代、陈列在一起。相邻陈列的不同小分类商品具有高度相关性。

商品单品是零售商在商品经营的层级分类中不能进一步细分的、完整独立的商品品项。商品单品作为商品分类最基本的层面，用价格标签或条码进行区别。

（二）商品政策

商品政策是零售商为确定经营范围和采购范围而根据自身的实际情况建立起来的具有独特风格的商品经营方向，也是零售商经营商品的指导思想。一般来说，零售商采用的商品政策主要有以下几点：

1. 单一的商品政策

这是指零售商经营为数不多、变化不大的商品品种来满足大众的普遍需要，如专卖店、快餐店、加油站、自动售货机等，均采取这一商品政策。采取这一商品政策的零售商一般在竞争中不易取得优势，因而它的使用主要局限于：

（1）消费者大量需求的商品，如加油站、粮店、烟酒专卖等；

（2）享有较高声誉的商品，如麦当劳的汉堡包、可口可乐等；

（3）有较高知名度的专卖商品；

（4）有专利保护的垄断性商品。

采取这一商品政策要注意商品的个性化，其品质应优于其他零售商，才能对消费者形成吸引力。

2. 市场细分化的商品政策

市场细分化就是把消费市场按各种分类标准进行细分，以确定零售商的目标市场。按消费者的性别、年龄、收入、职业等标准进行划分，各类顾客群的购买习惯、特点以及对各类商品的购买量是不同的，零售商可以根据不同细分市场的特点来确定适合某一类消费者的商品政策。例如，若零售商选择的目标市场是儿童市场，则商品经营范围将以儿童服装、儿童玩具、儿童食品、儿童用品为主，借此形成自己独特的个性化的商品系列，并随时注意开发和培养有关商品，以满足细分市场的顾客需要。

3. 丰满的商品政策

这是在满足目标市场的基础上，兼营其他相关联的商品，既保证主营商品的品种和规格档次齐全、数量充足，又保证相关商品有一定的吸引力，以便目标顾客购买主营商品时能兼买其他相关物品，或吸引非目标顾客前来购物。要使零售商经营的商品让人感到丰满，必须重视下列几类商品：

（1）名牌商品。这类商品一般是企业长期经营，在消费者中取得良好信誉的商品。

这类商品品种全、数量足,能提高零售商的声望,并给人以丰盛感,对促进销售起到重要作用。

(2) 诱饵商品。这类商品品种全、数量足,可以吸引更多消费者到商店来购物,同时也可以连带销售其他商品。

(3) 试销商品。包括新商品和本行业刚刚经营的老商品,这类商品能销售多少很难预测,但是,将这类商品保持一定的品种和数量,也会增强零售商经营商品的丰盛感,促进商品销售额的扩大。

4. 齐全的商品政策

这是指零售商经营的商品种类齐全,无所不包,基本上满足消费者进入零售商后可以购齐一切的愿望,即所谓的"一站式购物"。一般的超大型百货商店、购物中心以及大型综合超市均采用这一商品政策。一般地,采用这一政策的零售商,其采购范围包括食品、日用品、纺织品、服装、鞋帽、皮革制品、电器、钟表、家具等若干项目,并且不同类型商品分成许多商品柜或商品区。有的零售商每一柜台的商品部经理可以自由进货、调整商品结构、及时补充季节性商品,但连锁性质的大型超市则采取集中采购和配送的方法。当然,任何一个规模庞大的零售商要做到经营商品非常齐全是不可能的。因此,目前国内外一些老牌百货商店正纷纷改组,选择重点经营商品,以这个重点为核心建立自己的商品品种政策,突出自己的经营特色,以与越来越广泛的专业商店相竞争。

(三) 商品结构策略

商品结构就是由不同种类形成的商品宽度(广度)与不同花色品种形成的商品深度的综合。商品宽度是指经营的商品系列的数量或商品的种类;商品深度是指商品品种的数量。按照商品种类与商品品种的多少,可以形成四种商品结构策略。

1. 宽且深的商品结构策略

宽且深的商品结构策略的特点是商品种类多、品种多,目标市场广阔,商圈范围大,对消费者有吸引力,能全方位满足不同需求的消费者,能培养顾客忠诚度。但它的缺点也是十分明显的,如投资大、占用资金、空间、固定设备多、管理难度大等。该策略一般适合大型综合零售商。

2. 宽且浅的商品结构策略

宽且浅的商品结构策略的特点是商品种类多、品种少,目标市场比较广泛,能形成较大的商圈,对消费者有一定吸引力,能较好满足消费者不同的购物需求,可控制资金占用,强调方便顾客。其缺点是缺乏品种选择机会、容易流失顾客、企业形象一般化等。该策略通常适合于廉价商店、杂货店、折扣店、普通超市等零售商。

3. 窄且浅的商品结构策略

窄且浅的商品结构策略的特点是商品种类少、品种少、投资少、成本低、见效快,经营的商品大多为周转迅速的日常用品,便于顾客就近购买。不足之处在于:种类有限、花色品种少、商圈较小、顾客的一些需要不能满足、容易流失顾客。该种策略主要适合于小型零售商,尤其适合便利店,也适合自动售货机和上门销售商品的零售商。这种策略成功的关键有两个因素,即时间和地点。在消费者想得到商品的地点与时间内,采取这种策略可以成功。

4. 窄且深的商品结构策略

窄且深的商品结构策略的特点是商品种类少、品种多,优点是目标市场小而集中,企业形象鲜明、有特色,顾客能买到自己称心如意的商品,进而培养顾客的忠诚度,促进采购、销售和管理的专门化。不足之处在于:不能满足顾客的多种需要;市场有限;风险大。该种策略适合于专业店、专卖店。

小链接 7-1　　　　　　　　商品结构决定顾客结构

河北有一家非常有名的企业叫北国商城,它的营销策略就是突出商品品类。如咖啡,我们知道咖啡在很多门店是一个结构性商品,因为中国人不爱喝咖啡或没有喝咖啡的习惯,但现在越来越多的年轻人都开始喜欢喝咖啡。

咖啡的消费群体有两类:一类是过节买咖啡礼盒送人的,这种顾客群体,一般来讲他可能不喝咖啡,所以他会挑品牌比较大的雀巢咖啡;还有一类顾客是真正喝咖啡的,他对品牌及口感有要求。通过网络搜索销量最大的咖啡,发现 12 包装的越南 G7 咖啡(中原咖啡)价格比雀巢便宜,单包价格只有五六毛钱,但它的味道更适合亚洲人的口味、更好喝,因此它在网上的交易量和销量都排在最前面。北国商城用了两节货架陈列咖啡,一节货架摆放雀巢和麦斯威尔,因为他们是形象产品;另一节货架陈列的是 G7 咖啡和一些进口咖啡。顾客看到这些产品会有一个印象,就是这里的咖啡品类很齐全,买咖啡就去这里,于是咖啡的目标群体就会被吸引过来。

(资料来源:IBMG 国际商业管理集团.超市卖场定价策略与品类管理[M].北京:中华工商联合出版社,2014.)

(四)确定商品范围的考虑因素

1. 零售商业态特征及其规模

确定商品经营范围,首先必须考虑零售商的业态类型、经营规模及经营特点。很多时候,一个零售商的业态确定下来,就已经框定了其大致的经营范围。不同业态的零售商,其商品经营有着不同分工,专业性零售商以经营本行业某一大类或几大类商品为界限,其专业分工越细,经营范围越狭窄;综合性商场除了经营某几类主要商品外,还兼营其他有关行业的商品。零售商经营规模越大,经营范围越广;反之,则越窄。此外,零售商经营对象是以附近顾客为主,还是面向更广泛的市场空间;零售商是属于百货商店,还是超级市场、便利店;零售商是以高质量商品、高服务水平为经营特色,还是以价格低廉为经营特色,这些都将对商品经营范围产生重大影响。

2. 零售商的目标市场

零售商的地址和商圈范围确定以后,其顾客来源的基本特征也就随之确定下来。零售商目标顾客的职业构成、收入状况、消费特点、购买习惯都影响着零售商商品经营范围的选择。处在人口密度大的城市中心的零售商,由于目标顾客的流动性强、供应范围广、消费阶层复杂,因而经营品种、花色式样应比较齐全;处在居民区附近的零售商,消费对象比较稳定,主要经营人们日常生活必需品,种类比较单纯;处在城市郊区、工矿区、农业区或学校集中区的零售商,由于这些地区消费者的特殊职业形成了其特殊需要,在确定商品经营范围时,也要充分考虑这些地区消费者需求的共性及个性。

3. 商品的生命周期

任何商品都有其生命周期,即从进入市场到退出市场所经历的四个阶段:导入阶段、成长阶段、成熟阶段、衰退阶段。在信息时代,科技日新月异,商品的生命周期不断缩短,新产品不断涌现,旧产品不断被淘汰。零售商必须跟上这种不断变化着的时代步伐,随时注意调整自己的经营范围。一方面,零售商必须跟踪掌握商品在市场流通中所处的生命周期阶段,一旦该商品到达衰退期,则立即加以淘汰;另一方面,随时掌握新商品动向,对于有可能成为畅销商品的新商品,在上市前即列入商品经营计划的范围。

4. 竞争对手情况

邻近的同行竞争对手的状况也影响着零售商商品经营范围的确定。在同一地段内,相同业态零售商之间,经营特点不宜完全一致,应有所差别,其差别主要体现在零售商主力商品的种类上。一般来说,每家零售商为突出自己的特色都会选择一个最适合自己形象的主营商品大类。因此,零售商只有弄清楚周围竞争对手的经营对策、商品齐全程度及价格和服务等状况,才能更好地确定自己的商品经营范围。

5. 商品的相关性

有许多商品的销售是相关的。如女装可以带动化妆品的销售,小食品可以带动儿童玩具的销售等。根据商品消费连带性的要求,把不同种类但在消费上有互补性或在购买习惯上有连带性的商品一起纳入经营范围,既方便顾客挑选购买,也利于增加销售额。因此,在确定商品经营范围时,在确定了基本的主力商品类别后,还要考虑辅助商品和连带商品的范围,这就要充分分析商品的相关性,既不能只经营某种高利润的商品,也不能"大而全"而影响了特色。良好的搭配可以相得益彰,互相促进。

另外,替代品的经营也要充分考虑。零售商经营互补商品和连带商品,一方面,可以增加基本商品的销售额;另一方面,也可以增加辅助商品的销售额,提高零售商总销售额。但经营众多的替代品(如各种竞争品牌的洗衣粉)只是简单地使销售额从一个品牌转移到另一个品牌,而零售商的总销售额却几乎不受影响。因此,对同一类商品,如何既为消费者提供足够的选择机会又不至于浪费太多的投资和营业空间,这一问题对企业而言必须加以解决。例如,位于美国得克萨斯州奥斯汀的巴特超市,其货架上曾摆放着25种柑橘、9种蘑菇、12种西红柿、2 200种葡萄酒、330种啤酒、100种芥末和500种乳酪。这种商品结构由于过深,会占用大量资金、货架,并导致主力商品销售不畅和顾客挑选无所适从。

二、商品结构优化

(一)商品结构调整依据

1. 商品销售排行榜

定期对商品销售额情况进行排名,排在前面的商品属于畅销商品,应予保留;排在后面的商品属于滞销品,应列为淘汰考察对象。然后,再调查每一种商品滞销的原因,如果无法改变其滞销的情况,就应予以撤柜处理。在处理这种情况时应注意:对于新上柜的商品,往往因其有一定的熟悉期和成长期,不要急于撤柜;对于某些日常的生活必需品,虽然其销售额很低,但是,由于此类商品的作用不是盈利,而是通过此类商品的销售来拉动零售商的主力商品的销售,如针线、保险丝、蜡烛等,不要撤柜;还有一些商品,可能仅仅由于陈列不当而导致销售不畅,在淘汰滞销品时应注意分析其中的具体原因。

2. 商品贡献率

单从商品排行榜来挑选商品是不够的,还应看到商品的贡献率。销售额高、周转率快的商品,不一定毛利高,而周转率低的商品未必利润就低。没有毛利的商品销售额再高,也没什么用。毕竟零售商是要生存的,没有利润的商品短期内可以存在,但是,不应长期占据货架,看商品贡献率的目的在于找出门店中贡献率高的商品,并使之销售得更好。

3. 损耗排行榜

这一指标是不容忽视的,它将直接影响商品的贡献毛利。例如,超市经营的鲜奶等日配商品的毛利虽然较高,但是,由于其风险大、损耗多,可能会是"赚的不够赔的"。对于损耗大的商品一般是少订货,同时应由供货商承担一定的合理损耗。另外,有些商品的损耗是因商品的外包装问题引起的,这种情况,应当及时让供应商予以改进。

4. 周转率

商品的周转率也是优化商品结构的指标之一。谁都不希望某种商品积压占用流动资金,所以,周转率低的商品不能滞压太多。

5. 其他因素

除了利用上述信息管理系统的数据进行商品内部的调整外,零售商还要考虑其他一些因素,如节假日因素。随着一些特殊节日的到来,也应对零售商的商品进行补充和调整。例如,正月十五和冬至,就应对汤圆和饺子的商品品种的配比及陈列进行调整,以适应零售商的销售。此外,在优化商品结构的同时,也应该优化零售商的商品陈列。例如,对于零售商的主力商品和高毛利商品的陈列面的考虑,适当地调整无效的商品陈列面。对于同一类商品的价格带的陈列和摆放也是调整的对象之一。

许多零售商对采购员制定一些硬性指标以保证商品的更新,如规定新商品引入的数量或新商品更新率,要求采购员周期性地增加商品的品种,补充商场的新鲜血液,以稳定自己的固定顾客群体。商品的更新率一般应控制在10%以下,最好在5%左右,过多或过频繁的商品调整有时效果会适得其反,让固定顾客失去对零售商的商品印象。另外,需要导入的新商品应符合零售商的商品定位,不应超出其固有的价格带,对于价格高而无销售量的商品和低价格、无利润的商品应适当地予以淘汰。

(二)商品结构优化的内容

1. 新产品的引入

新产品是指本零售商未曾经营过的产品,而不是市场上新开发出来的产品,有些产品对其他零售商而言可能已经是旧产品,但对本零售商而言就可能还是新产品。零售商可以通过不断引入新产品来改善商品现有结构。首先,零售商应对每一年度的新产品开发做出系统的规划,并对新品的进价、毛利率、进退货条件、广告宣传、赞助条件以及市场接受程度等项目进行具体的评价;其次,并在新产品试销的基础上做好一系列的新产品引入准备工作,如条码输入、定价、陈列、促销、库存定位、商品知识培训等;最后,新产品引入后零售商还应当对其销售状况进行跟踪观察、记录与分析。

2. 滞销商品的淘汰

由于消费者需求发生改变,或是在商品进货和店铺管理等方面存在疏漏,零售商可能出现商品滞销的现象。许多零售商通常每年要淘汰相当大数量的滞销商品来优化商品结构。零售商依据销售额、商品质量、经营效率等标准列出滞销商品清单,在分析滞销原因的基础上明确淘汰商品清单,通过退回厂家或自行处理等淘汰方式对淘汰商品进行统一下架处理,并做好淘汰商品的记录工作,以避免重新将滞销品引进。

3. 畅销商品的培养

畅销商品是指市场上销路很好、不会积压滞销的商品。零售商应掌握商品的发展规律,不断挖掘和培养自己的畅销商品。畅销商品的培养是一个系统的过程,主要包括畅销商品的选择和推广两个方面的工作。零售商可以根据市场需求变动趋势分析、企业历史销售记录、竞争对手调查以及商品流行路线来选择畅销商品。对于畅销商品的推广工作,零售商要重视对畅销商品的商品陈列、价格策略和促销活动等方面的工作。

三、商品来源选择

(一)选择商品来源的常用标准

零售商选择商品来源的标准取决于零售商的商店类型以及其销售的商品种类。一般来说,零售采购中的确定商品来源其实就是选择供应商。

(1)信用情况。零售商在进货前必须了解供应商以前是否准时收款发货、遵守交货期限,以及履行采购合同的情况,以便同诚实、信用好的单位建立长期合作关系,稳定货源。

(2)价格。价格是零售商进货的主要依据之一,只有价廉物美的商品才能吸引消费者,增强企业竞争力。因此,在保证商品质量的基础上,价格低廉的供应商是零售商进货的首选。

(3)品质保证。零售商进货时要明确了解对方商品质量如何,比较不同供应商的商品性能、寿命、经济指标、花色品种、规格等,择优进货。

(4)时间。这包括供应商发货后商品的在途时间及结算资金占用情况等。

(5)费用。比较不同供应商、不同地区的进货费用和进货成本,然后进行选择。

(6)服务情况。比较不同供应商服务项目的多少和服务质量的高低作为选择标准。例如,是否送货上门,是否负责退换商品,是否提供修理服务,是否赊销,是否负责介绍商品性能、用途、使用方法,是否负责广告宣传等。

(7)管理规范制度。管理制度是否系统化、科学化,工作指导规范是否完备,执行的状况是否严格。

(二)供应商类型

1. 按采购货源分类

按照零售商采购货源,可以将供应商分为制造商、批发商和其他供应商。制造商主要指原始制造商和加工制造商。随着我国市场经济的不断发展,近年来,许多大型零售机构直接从制造商那里采购商品。直接采购可以形成制造商与零售商合作的局面。批发商是营销渠道的中间环节，一头连着制造商，收购制造商的产品；另一头连着零售商，向零售商批销商品，包括商人批发商、代理商和契约批发商。批发商的功能主要是为零售商执行采购代理人的任务，同时也为零售商提供融资、储存、信息、咨询服务等。其他供应商主要包括外贸部门、军工部门以及海外市场，这是零售商的补充进货渠道。

2．按品牌控制分类

按照在营销渠道中谁拥有品牌权分类，零售商一般与四种类型的供应商打交道：制造商品牌商品供应商、零售商自有品牌商品供应商、特许品牌商品供应商以及无商标商品供应商。

制造商品牌商品供应商，又称为全国性品牌商品供应商，是指由一个供应商设计、制造和销售的产品，制造商负责开发新产品，树立品牌形象。零售商在经销制造商品牌商品时，销售和促销费用就相对低一些。当然获得的利润也较少，主要是因为制造商已经承担了销售与促销费用，另外销售这种商品的零售商之间竞争也比较激烈。

零售商自有品牌商品供应商，又称商店品牌商品供应商，是指由零售商开发制造的商品，然后再与供应商订立合同生产这种产品。经营自有品牌商品的零售商有更大的利润，但也隐含了一些不明显的支出，如产品设计中需要投入大量的资金，另外，产品的质量控制也是零售商担心的一个问题。

特许品牌商品供应商提供特许商标的商品，该特许商标由一个著名商标名称的所有人（许可方）凭商标许可与受许可方共同开发、生产和销售使用。受许可方可能是一个与生产该商品的制造商签订合同的零售商，或是一个按合同生产该商品并将其出售给零售商的第三方。经营特许品牌商品可以给零售商带来一些利益，这些利益往往来源于特许商标能吸引消费者的注意力。然而，使用特许商标的商品也有类似于经营制造商品牌商品的缺点。

无商标商品供应商主要提供给药店、杂货店和折扣商店所经营的，不冠以商标，也未进行广告宣传的商品。虽然在这些零售商中某些无商标商品仍然很流行，但是非品牌商品的流行性在我国已趋于沉寂。

（三）供应商谈判

1．供应商谈判流程

供应商谈判是由一系列谈判环节组成的。它一般要经历询盘、发盘、还盘、接受和签约五个程序。其中，询盘不是正式谈判的开始，而是联系谈判的环节。正式谈判是从发盘开始的，中间经历的还盘是双方讨价还价的阶段，持续的时间较长，如果一项采购交易达成，而且接受，就意味着采购谈判结束。当然，达成交易的供应商谈判也可以不经过还盘环节，只经过发盘、接受和签约三个环节。

询盘是零售商为采购某项商品而向供应商询问该商品交易的各项条件。询盘的目的，主要是寻找供应商，而不是同供应商洽商交易条件，有时只是对市场的试探。

发盘就是供应商为出售某种商品，而向零售商提出采购该商品的各种交易条件，并表示愿意按这些交易条件订立合约。发盘可以由零售商、也可以由供应商发出，但多数由供应商发出。按照供应商对其发盘在零售商接受后，是否承担订立合约的法律责任来分，发盘可以分为实盘和虚盘。实盘是对供应商有约束力的发盘。即表示有肯定的订立合约的意图,只要零售商在有效期内无条件地接受,合约即告成立,交易即告达成。如果在发盘的有限期内,零售商尚未表示接受,企业不能撤回或修改实盘内容。虚盘指对供应商和零售商都没有约束力的发盘。供应商对虚盘可以随时撤回或修改内容。零售商如果对虚盘表示接受,还需要供应商的最后确认,才能成为对双方都有约束力的合同。

还盘是指零售商在接到发盘后,对发盘内容不同意或不完全同意,反过来向供应商提出需要变更内容或建议的表示。按照这一规定,在零售商做出还盘时,实际上就是要求供应商答复是否同意零售商提出的交易条件,这样供应商成了新的发盘人。发盘人如果对受盘人发生的还盘提出新的意见,并再发给受盘人,叫作再还盘。大型采购,一笔交易的达成往往要经历多次还盘和再还盘的过程。

接受是继询盘、发盘、还盘之后又一个重要的供应商谈判环节。接受,就是交易的一方在接到另一方的发盘后,表示同意。接受,在法律上称为承诺,一项要约(发盘或还盘)经受约人有效地承诺(接受),合约即告成立,交易双方就履行合同。

零售商与供应商双方通过采购谈判,一方的实盘被另一方有效的接收后,交易即达成。但在商品交易过程中,一方都可通过书面合同来确认。由于合约双方签字后就成为约束双方的法律性文件,双方都必须遵守和执行合约规定的各项条款,任何一方违背合约规定,都要承担法律责任。因此,合约的签订,也是采购谈判的一个重要环节。

2. 供应商谈判内容

零售商采购谈判的主要内容有以下几方面:

(1) 采购商品。包括商品质量、品种、规格、包装等。

(2) 采购数量。包括采购总量、采购批量、单次采购的最低订货量和最高订货量等。

(3) 送货。包括交货期、频率、交货地点、最高与最低送货量、保质期、验收方式、交货应配合事项等。

(4) 退换货。包括退换货条件、退换货时间、退换货地点、退换货方式、退换货数量、退换货费用分摊等。

(5) 价格及折扣。包括新商品价格折扣、单次订货数量折扣、累计进货数量折扣、年底进货奖励、不退货折扣(买断折扣)、提前付款折扣等。

(6) 售后服务保证。包括是否负责保换、包退、包修、安装等。

(7) 付款。包括付款天数(账期)、付款方式等。

(8) 促销。包括促销保证、广告赞助、各种节庆赞助、促销组织配合、促销费用承担等。

3. 零售采购中的重点谈判项目

在谈判过程中,零售商的采购员要明确重点谈判项目,对这些重点问题,采购员要找出分歧点,明确重点问题的预期目标和自己的态度,善于应用谈判技巧,赢取主动。采购员尤其应注意以下问题:

(1) 配送问题的规定。零售商经营的商品一般周转率都比较高,要保持充分的商品供应,商品配送是一个十分重要的方面。许多连锁商店设有自己的配送中心,这一问题相对容易解决,但许多商店是单体商店或小型连锁商店,自己的配送能力有限,必须全部或部分依靠供应商的配送,此时商品配送问题就成了谈判中的一个主要内容。因此,零售商应在配送的方式及配送的时间、地点、配送次数等方面与供应商达成协议,清楚地规定供应商的配送责任以及若违反协定必须承受的处罚。

(2) 缺货问题的规定。缺货是零售经营的大敌,不仅损失了销售机会,也损失了零售商形象。对于供应商的供货,若出现缺货的现象,必然会影响销售。因此,在谈判中要制定一个比例,明确供应商缺货时应负的责任,以约束供应商准时供货。例如,允许供应商的欠品率为3%,超过3%时,每月要付1万元的罚金。

(3) 商品品质的规定。进行商品采购时,采购员应了解商品的成分及品质是否符合国家安全标准和环保标准或商标等规定。由于采购员的知识所限,不能判断所有商品的各种成分及技术标准,因此,在采购时,必须要求供应商提出合乎国家法律规定的承诺,提供相应的合法证明。对于食品,还必须要求供应商在每次送货时提供相应的检验报告。

(4) 价格变动的规定。零售商与供应商往往建立的是一种长期的供货关系,在这期间,零售商当然希望供应商的商品价格保持不变。但由于供应商的商品成本因素会出现意外情况,如原料成本上升或原料供应减少造成商品供不应求或薪金上涨等,价格的变动自然在所难免,但在谈判时仍需规定供应商若调整价格必须按一定程序进行,取得零售商的同意。

(5) 付款的规定。采购时,支付的货款天数是一个很重要的采购条件,但需对支付供应商的方式有所规范。例如将对账日定在每月的某一天,付款日定在某一天,付款时是以现金支付还是银行转账等,都要有一系列规定,并请双方共同遵守。

(四) 零供关系处理

零供关系处理,主要是指零售商与供应商建立合作伙伴关系,把供应商纳入零售商的供应链管理中来。在合作的过程中,如何与供应商发展成战略合作伙伴关系是零售商采购过程中非常重要的一项工作,因为与供应商保持良好的联系是零售商建立可持续竞争优势的重要方法。

零售商与供应商之间的关系经常建立在"分割一块利润蛋糕"的基础之上,双方只关心自己的利润,而忽视了另一方的利益,尤其是当采购的产品是对零售商的业绩没有太大或重要影响的一般产品时,零售商与供应商一般保持这种关系:零售商得到利润蛋糕的一大部分,而供应商只得到利润蛋糕的一小部分,双方实际上是一种"赢—输"关系而不是"双赢"关系,这种关系不具备实现可持续的竞争优势的条件。为了建立能实现竞争优势的战略合作伙伴关系,双方必须本着建立长期合作即战略伙伴关系从事采购业务。在这种关系中双方需要做出大量的投资以提高双方的盈利能力。战略合作伙伴关系是一种"双赢"关系,其目的就是发现和利用合作机会。所以战略合作伙伴关系的成员之间:第一,彼此依赖,深信不疑;第二,它们有共同的目标并在如何实现这些目标的基础上达成共识;第三,它们愿意冒险,共享信息,愿意通过大量投资来维持合作伙伴关系。

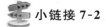 小链接 7-2　　　　　　宜家精打细算共进双赢

喜临门是1984年投入1000元起家的民营企业,如今已发展成为国内床垫行业的知名企业。公司出口以OEM代工生产业务为主,主要出口日本、东南亚各国、中东地区及

第七章　商品采购管理

北美等,其中宜家家居是最重要的 OEM 客户。自 2002 年开始合作以来,宜家在严格按照全球统一标准制定中国采购政策,从供应链管理体系等多方面给予供应商支持和帮助,在共同成长中协助喜临门完成了从单纯生产提升到整体解决方案的转型。

在宜家,有一个为全球 1 000 家供应商制定的 IWAY(宜家家居用品采购准则)。宜家在 14 个领域细分了 75 个特定议题,界定了供应商能够从宜家获得什么,宜家对供应商又有何要求。宜家的目标是找到有共同价值观和企业家精神的供应商,在长期合作中共同健康成长,创造出富有竞争力的产品。供应商最初感到这些标准太高,但经过这些年合作双方在高标准和严要求的基础上共同努力,实现了共进双赢的好成绩。到 2012 年 8 月 31 日,宜家在中国的全部供应商均达到 100% 的 IWAY 要求。

从宜家与供应商保持长期合作并收获成果的战略中不难看出,实施生产外包并整合与供应商长期性的合作伙伴关系战略,是宜家迅速并可持续健康发展的成功秘籍之一。如今,商家和供应商的关系已不只是我买你卖的生意,外包也已不只是一种业务选择,这两者都已成为战略成功的关键因素。

(资料来源:陈颐.宜家精打细算共进双赢[J].经济日报,2012-11-21.)

第二节 零售采购目标与制度

一、零售采购目标

与其他组织的采购任务一样,零售采购也需要明确的目标。

(一)适当的产品

零售商要确保产品系列包括客户希望购买的产品。这要求认清消费者的需要,跟踪消费者的购买习惯,了解潮流和口味的变化,并向客户推介新的产品。这项工作还涉及品牌管理,不论零售商的品牌战略是完全自有品牌还是兼营生产商和零售商品牌。

(二)适当的时间

消费者在不同时间需要不同的产品,零售商采购时必须做好进货时间管理,使产品系列反应特定时间的客户要求。例如,由于日报的货架寿命只有几个小时,报纸零售商必须确保尽快拿到最新版的报纸。巧克力和防晒霜等其他产品的销量变化有季节性,而盐等常备厨房用品的需求量较为平稳。货架寿命、季节和潮流是决定零售采购时间的关键因素。

(三)适当的数量

采购员必须管理好购进产品的数量,这一点与时间安排有密切的关系。客户最不愿意碰到的情况是零售商没有备足他们最喜欢的商品,但过多的存货可能成为零售商长达几个季节的大难题。过多的存货不仅占用资金,还占用了本来可以分配给销势较好的产品的空间。过多存货必然意味着降价处理,从而意味着零售商利润的下降。

(四)适当的地点

随着零售商连锁经营不断深入开展,大型零售商不仅要在很广大的地理范围内销售产品系列,其销售产品的店铺也有多种形式,这些店铺在规模、位置和客户特点等方面有自己的特点。在理想情况下,每个零售商销售的产品系列应当体现这些特点,因此,采购员在为零售商购买产品时必须考虑这些产品将在哪里出售。

(五) 适当的价格

零售采购员的工作重点是价格谈判,争取他们希望从供应商采购产品的"适当"价格。零售采购员应当从产品对零售商总体利润的贡献的角度考虑产品的地位。对于经常采购的产品,即使利润率很低零售商也可能会欣然接受,但对于不经常采购的产品则期望较高的利润率。不同的利润水平是由零售商确定的价格与零售商从供应商那里采购产品的成本价决定的,而总体利润率是由整个产品系列的销售速度和产品系列的利润率决定的。销售速度受消费者愿意支付的价格水平的影响,因此,定价成为零售采购员的另一个复杂的决策领域。

二、零售采购方式

(一) 集中采购

集中采购是指零售商将采购权集中在公司总部,设立专门采购机构和专职人员,统一负责商品采购工作。门店负责商品陈列、销售管理工作,对商品采购仅有建议权而无决定权。

集中采购的优点在于:(1)可以通过实行统一采购,做到统一陈列、统一配送、统一促销、统一核算,增强整体企业采购行为的战略性和全局性,整合企业的资源,塑造整体企业形象;(2)可以通过大规模的采购,提高对生产企业的议价能力,充分享受价格优惠,减少采购人员,降低采购成本;(3)可以规范企业的采购行为,加强采购环节的监督和管理,防止发生腐败行为;(4)可以更好地与生产企业建立长期互利互惠的战略伙伴关系;(5)有利于公司内部采购与门店销售的专业化分工,提高效率。

集中采购的缺点在于:(1)缺乏采购决策自主权,影响基层组织的创造性和积极性的发挥,容易产生消极被动思想;(2)购销行为容易脱节,难以及时满足各个分店的进货需要,而且容易导致各地的分店缺乏经营特色;(3)业绩考核的驱动力和成本控制的约束力受到影响,制约了单个组织管理效率和经济效益的提高;(4)商品变化的弹性较小,有时难以满足消费者需求。

(二) 分散采购

分散采购是指将采购行为分别授予各个职能部门或各个分店,由它们根据各自业务的发展需要,自行组织采购。实行这种方式进行采购的主要特征是,采购和销售的权利与义务关系是对应的。

分散采购的优点在于:(1)可以充分体现和行使决策的自主权,使第一线的职能部门或门店有较大的经营自主权;(2)具有弹性,可以迅速把握市场机遇,作出灵敏的反应,及时补充货源,组织市场销售;(3)可以划小核算单位,增强成本控制意识,形成有效的约束机制;(4)可以明确业绩考核,提高开发销售领域的积极性,建立科学的激励机制。

分散采购的缺点在于:(1)容易产生多头决策,出现各自为政的现象,影响企业的整体形象和统一决策;(2)容易产生交叉采购,出现人员重叠,增加采购环节的固定成本。(3)容易产生采购行为失控,增加控制成本和行为监管的难度;(4)可能丧失大规模采购时得到的价格优惠,难以发挥规模经济效应。

(三) 集中采购与分散采购结合

集中与分散相结合的采购方式,是将一部分商品的采购权集中,由专门的采购部门或人员负责,另一部分商品的采购权交由各经营部门自己负责。

这种方式的优点是:(1)把统一管理和分散决策的优点组合在一起,既体现零售商的统一管理意志,又能够灵活自如地应对市场竞争;(2)零售商可以集中采购一些主营商品,而对辅营商品实行分散采购,从而在一定程度上调动各级管理组织的创造性和积极性。

这种方式的缺点是:(1)集中与分散的分寸难以把握,会导致管理上的困难;(2)对于分散采购的商品,也容易出现管理不当,产生一定程度的各自为政行为。

目前,一些零售商采取以集中采购为主、分散采购作为补充的方式,这是发挥集中采购的优点和弥补分散采购的缺点的较好办法。也有一些企业采取划片采购管理的办法,比如,对一定区域内的企业实行分片的集中管理,即所谓区域总部制度,而不搞整体企业的全部集中管理,这种方式也是适应这种社会背景和市场环境的有效办法。还有一些进入我国市场的国外大型零售商,在中国片区实行单独的集中采购,等等。此外,有的零售商直接赋予分店一定程度的采购权,让它们决定采购一些能够体现自己特色的商品,并赋予它们一定的经营自主权。

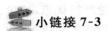

小链接 7-3 家乐福的集中采购

调查表明,零售企业的采购成本要占到企业运作成本的 60%。采购中节省的每一元钱都会转化为利润。在当今这样一个零售业的微利时代,低成本成了零售企业共同追求的经营目标。采购管理在零售企业的经营过程中起了很大的作用,降低采购成本已经成为零售企业追求低成本的一部分。作为成功的零售企业代表,家乐福之所以能够取得丰硕的经营成果,与它拥有一套完善的采购管理系统有很大关系。

家乐福采取的集中采购制,即所有商品的采购皆由总公司采购部门统一采购与管理。首先,商品的采购权全部在商品部,家乐福商品部的谈判人员负责为分店统一寻找货源、统一采购商品、统一定价并统一开展大规模促销活动。各分店没有采购部门,也没有采购权,但有谈判的权利,不过仅限于促销,所以与其他中央集权制的竞争对手相比,家乐福的促销灵活多了。再次,在集中采购这一制度下,采购预算采取由上而下的方式,总部先决定采购预算计划,再分配至各分店,各分店只需提供建议。这样就在一定程度上避免产生"长鞭效应"而造成的成本浪费。最后,在采购作业流程方面,家乐福先决定商品种类和供应链名单,请厂商报价,分店可参与议价,决定采购价格后,决定数量与下单后再签订合约。采购自有品牌商品则必须先确定样品,在商品进货后进行验货,然后就相关数据建立文件。

(资料来源:李小小.家乐福的集中采购和配送管理[J].石油石化物资采购,2009(6).)

三、采购员及其考核

(一)采购员的素质要求

零售业对采购员的基本素质要求有以下几点:

(1)思想素质。采购员需要有强烈的责任感、事业心,良好的职业道德;遵纪守法,廉洁奉公。

(2)工作能力及个性特征。采购人员的工作能力,除了具有较强的选择供货商、与供货商谈判等方面的业务能力外,还应具备较强的预测和决策能力以及人际关系协调能力等。同时,采购员还应具备机敏、多谋、善于交际,富有想象力和语言天资,有说服能力、进取精神、自我推动力、直觉判断力等特征。

(3)知识能力。采购员需要有较深厚的商品知识,了解同类产品不同品牌、产地、质量和价格的特征,及与本企业目标市场的适应性;有经济核算知识,熟悉商品成本构成以及采购数量、时间、结算方式等对利润的影响;有政策法规知识,熟知合同签定的知识与技巧,防止签约失误造成损失;有市场预测知识与能力,掌握商品的产销规律;有谈判知识与能力。

(二)采购考核

采购控制是零售商实现经营目标的重要手段,在营运中谁能抓住商品采购控制这一环节,谁就等于找到了控制商品流通的源头。对采购的控制除了采购计划的控制外,还必须建立考核采购人员的指标体系对采购进行细化的控制。采购考核指标体系一般可由以下指标组成。

1. 销售额指标

商品销售涉及零售商销售部门和采购部门,有必要对两者实行捆绑式考核,指标相同,权重不同。由于采购的商品是否适销对路、价廉物美,对商品销售至关重要,因此,具体负责采购的人员必须对零售商销售额计划的完成负有相当大的责任。销售额指标要细分为大类商品指标、中类商品指标、小类商品指标及一些特别的单品项商品指标。应根据不同的业态模式中商品销售的特点来制定分类的商品销售额指标。

2. 商品结构指标

商品结构指标是为了使采购的商品体现业态特征和满足目标顾客需求的考核指标。尽管零售商的商品组合千姿百态,但零售业态一经确定,其商品经营范围也就基本确定下来了。有人曾经对一家便利店的商品结构分析发现,反映便利店业态特征的便利性商品只占8%,公司自有品牌商品占2%,其他商品则高达80%。为了改变这种不合理的商品结构,就要从考核指标上提高便利性商品和自有商品的比重,通过指标的制定和实施考核可约束采购员在进货商品方面使零售商的业态特征更趋明显。

3. 毛利率指标

毛利率是反映零售商经营效益的一个综合性指标,直接关系到零售商的盈利水平。在商品价格基本确定的情况下,采购员的进货成本直接影响着零售商的毛利率水平。零售商往往先确定一个综合毛利率指标,然后分解综合毛利率指标,制定比例不同的类别商品的毛利率指标并进行考核。毛利率指标对采购业务人员考核的出发点是，让低毛利商品类采购人员通过合理控制订单量加快商品周转，扩大毛利率，并通过与供应商谈判加大促销力度、扩大销售量，增大供应商给予的"折扣率"，扩大毛利率。对高毛利率商品类的采购人员，促使其优化商品品牌结构、做大品牌商品销售量，或通过促销做大销售量以扩大毛利率。

4．商品周转天数指标

商品周转天数是指商品从购进到销售整个过程中所需要的时间。商品周转天数越长，占用的资金和场地越多，费用也越大。通过这一指标可以考核采购业务人员是否根据店铺商品的营销情况，合理地控制库存，以及是否合理地确定了订货数量。

5．商品到位率指标

这个指标一般不能低于98%，最好是100%。零售商在营运中经常会发生畅销商品一旦摆在商品货架上，就会很快被抢购一空，变成脱销品种。从理论上讲，这种现象似乎天经地义，其实这只是一种表象，真正的实质在于脱销商品是构成具有零售商代表性、体现竞争实力的关键性品种。而这一点，许多采购人员，尤其是管理人员依然停留在肤浅的认识上，没有认识到只有源源不断地保证畅销商品的供应，才能体现出商品结构的合理性和实惠性，为零售商赢得更大的利润空间。因此，能否做到迅速补充紧俏货源是衡量采购业务水平的一个重要指标。

6．新商品引进率指标

为了保证零售商的竞争力，必须在商品经营结构上进行调整和创新。使用新商品引进率指标就是考核采购人员的创新能力，对新的供应商和新商品的开发能力，这个指标一般可根据业态的不同而分别设计。如便利店的顾客是新消费潮流的创造者和追随者，其新商品的引进力度就要大，一般一年可达60%～70%。当一年的引进比例确定后，要落实到每一个月，当月完不成下个月必须补上。如年引进新商品比率为60%，每月则为5%；如当月完成3%，则下月必须达到7%。

7．商品淘汰率指标

零售商的商品是处于不停运动中的商品，由于零售商面积有限，又因必须不断更新商品结构，当新商品按照考核指标不断引进时，就必须制定商品的淘汰率指标。一般商品淘汰率指标可比新商品引进率指标低10%左右，即每月低1%左右。

8．通道利润指标

通道利润是否应该作为采购员的一个考核指标，至今尚有争议。客观而言，在激烈的价格竞争之下，商品毛利率越来越低，以致在消化了营运费用之后，有些零售商甚至出现了利润趋于零的情况。由此，通道利润就成为一些零售商的主要利润来源，这种状况在一些竞争激烈的地区已经发生。一般通道利润可表现为进场费、上架费、专架费、促销费等。零售商向供应商收取一定的通道费用只要是合理的就是允许的，但不能超过一定的限度，以致破坏了与供应商的关系，偏离了经营的正确方向。因此，对采购人员考核的通道利润指标不应在整个考核指标体系中占很大比例，通道利润指标应更多体现在采购合同与交易条件之中。

第三节 零售采购决策

一、零售采购流程

零售商必须制定标准化的采购流程来管理其采购作业,以确定零售商需要什么、和谁采购、以什么方式采购以及在什么时间采购等。零售采购的作业流程会因采购组织、采购模式、商品的来源、采购方法等的不同而有所区别,但其基本的采购流程却是大同小异。零售采购流程主要包括以下环节:

(一)建立一个正式的或非正式的采购组织

第一步是建立一个采购组织。除非采购组织建立得好——具体指定由谁负责商品决策,他们的任务、决策的权威及商品计划与整个零售业务的关系,否则销售计划无法正常进行。

对于一个正式采购组织,商品经营被看作是一项明确的零售业务,并会为之建立独立的部门。所有或大部分涉及获得商品并使其易于销售的职能都处于该部门的控制之下。大企业往往采用正式组织的形式,并拥有专门的采购人员。在一个非正式采购组织中,商品经营不被看作是明确的任务。同一员工既进行商品经营,又处理其他零售业务,责任和授权往往并不分明。非正式组织一般常见于小型零售商。

正式采购组织的主要优点在于明确的责任和授权以及使用全职、专门的采购人员;主要的缺点是独立部门的运营成本高。非正式采购组织的主要优点是成本低、具有弹性;主要缺点是责任和授权不明确,而且对商品计划重视不够。

这两种结构都大量存在。对一家企业而言,是否采用正式组织并不重要,重要的是要认识到销售计划的重要性,并确保责任、活动、权威和经营的内部关系得到恰当的定义和规定。

> **小链接 7-4   未来的采购——职业买手**
>
> 中国目前真正的买手多集中在零售商全球采购部门——global sourcing,比如沃尔玛在中国的全球采购中心,宜家在中国的七大采购中心等,他们甚至采购一支铅笔都有自己严格的质量标准与价格区间定位,超过这个价格,低于这个质量,他们将拒绝采购!
>
> 随着中国零售业的发展,零售商要持续增长,抓住中国经济发展的"大消费"概念,在不久的将来,大部分零售商仅仅靠谈判是很难建立自身核心竞争力的。中国商业的未来,真正意义上的专业采购——职业买手将是众多零售商竞相争夺的"香饽饽"!
>
> (资料来源:孟利锋,刘元元,翟学智.零售业态管理[M].北京:清华大学出版社,2013.)

(二)编制商品计划

商品计划集中于四项基本决策:储存何种商品、储存多少商品、何时储存和储存在哪里。

在制定决策的过程中,企业必须确信其商品组合具有独特性,与竞争者的有所不同,并与自己的零售定位相一致。

(三) 搜集有关顾客需求的信息

制订了整体采购计划以后,有关目标市场的信息就成为必需。在采购或再采购任何商品之前,零售商应搜集有关顾客需求的数据。良好的商品管理离不开零售商对销售额进行精确预测的能力。毕竟,对零售商而言,最重要的商品管理职能就是预测和满足顾客需求。

(四) 确定货源

商品采购的下一个步骤是确定货源,三个主要的货源如下:

(1) 公司自有。大零售商拥有自己的制造或批发机构,公司自有供应商经营全部或部分零售需要的商品。

(2) 外部固定供应商。这类供应商不是零售商自有的,但零售商同它们有固定关系。通过亲身的经历,零售商了解其产品和服务的质量以及供应商的可靠性。

(3) 外部新供应商。这类供应商也不是零售商自有的,而且零售商过去没有向其采购过商品,零售商可能并不熟悉其商品的质量和该供应商的可靠性。

(五) 评估商品

无论选择什么样的货源,零售商在考虑采购时都需要有一套评估商品的程序。是必须检验每个产品,还是只略作描述就可采购?

有三种可能的评估方式:检查、抽查和描述。具体选择哪种方法取决于商品的成本、特征和购买规律。检查即在购买之前和送货之后检测每一个商品单位。珠宝和艺术品是两种昂贵、购买相对特殊的商品,零售商必须认真检查每一件商品。当零售商按规律采购大量易碎、易腐或昂贵的商品时,可采用抽查的办法。在这种情况下,检查每一件商品是没有效率的。当零售商购买标准化的、不易碎且不易腐烂的商品时,就采用描述的方法,零售商既不检查也不抽查,而是通过口头、书面或图片描述的方式大量订购这类商品。

(六) 谈判购买

当货源已经选定、购买前评估也已完成时,零售商开始就购买及其条款进行谈判。一次新的或特定的订货通常要求签订一份经过谈判的合同,在这种情况下,零售商和供应商将认真讨论购买过程的所有方面。另外,一次例行的订货或再订货通常只涉及签订一份格式化的合同,在这种情况下,条款是标准化的,或者已经为双方所接受,订货过程按例行方式处理。

优惠价零售商和其他深度折扣商则几乎每次购买都要谈判整个合同。因为这些零售商实行机会采购,依靠谈判获得特别的低价,它们所购的通常是一些无法达到预期销量的商品、过季商品、消费者退给制造商或另一位零售商的商品,或者是甩卖品。关于供应商谈判的详细内容参见前文。

(七) 决定购买

对许多大中型零售商来说,购买决策是自动完成的。这些企业使用计算机完成订单处理,每一次购买都被输入计算机数据库。小型零售商则通常是人工完成购买决策,利用员工填写和处理订单,每一次购买都以同样的方式记入商店的存货手册。但是,随着计算机化订单处理软件的快速发展,小零售商有时也能采用电子订货,特别是当大批发商支持它们使用电子数据交换和快速反应系统时。

(八) 处置商品

在这个阶段,零售商从实体上处置商品,涉及的业务包括接收和储存商品、打价签和存货标记、陈列、清点现场商品数量和品种、完成顾客交易、安排送货或中途搭送、处理退货和损坏的商品、监视偷窃及商品交易过程的控制。正是在这个阶段,无论是由零售配送中心还是直接向商店送货,配送管理都是最关键的。

(九) 再订购商品

对那些零售商不止一次采购的商品,再订购的计划是必需的。制订这种计划时,有四个因素是关键的:订货和送货时间、存货周转率、财务支出、存货/订货成本。

(十) 定期的再评估

即使商品采购和处置战略达到了完美的整合,零售商仍不应仅满足于实施其计划,而应对该战略定期进行再评估。整个过程如同处理单个商品和服务一样,应加以控制。

二、零售采购品种

零售商确定了商品经营范围以后,也就是确定了商品采购范围。为了在实践中更好操作,零售商还必须将各商品品种详细地列出来,形成商品采购目录。商品采购目录是零售商经营范围的具体化,也是零售商进行采购的依据,是商品采购管理的一项重要内容。

商品采购目录包括全部商品目录和必备商品目录两种。全部商品目录是零售商制定的应该经营的全部商品种类目录;必备商品目录是零售商制定的经常必备的最低限度商品品种目录。必备目录不包括零售商经营的全部商品种类,而只包括其中的主要部分。

必备商品目录是按照商品大类、中类、小类的顺序排列的。每一类商品都必须明确标出商品的品名和具体特征。由于商品特征不同,消费者选择商品的要求不同,因而确定商品品名和特征的粗细程度和划分标准也不相同。一般情况下,商品特征的多少决定着品名划分的粗细程度,特征简单的商品如食盐、食糖等,品名可以粗一些;特征复杂的商品,品名可以适当细分。目前,有些零售商采用计算机进行管理,实行单品核算,则商品品名应根据最细小的标准来划分,直至无法划分的程度,以便准确区分每一具体商品。

必备商品目录确定以后,再根据顾客的特殊需要和临时需要加以补充与完善,这便成了零售商的全部商品目录。商品采购目录制定以后,不能固定不变,应随着环境的变化定期进行调整,以适应消费者需要。一般来说,季节性商品需分季调整,非季节性商品按年度调整,做到有增有减。但在调整中要注意新旧商品交替存在的必要阶段,在新产品供应尚未稳定之前,不可停止旧商品的经营,以免影响消费者的选择需要。

三、零售采购预算

采购预算一般以销售预算为基础进行制定。零售采购预算制定主要有三个方面的工作。

首先，确定本年度的目标营业额，该销售目标可依据过去或去年的实际业绩、经济环境变化、公司营业方针及企业发展目标来决定。

其次，决定销售成本预算，其公式为：销售成本预算＝销售目标营业额×（1－平均毛利率）。例如，某零售商店年销售目标营业额为1 000万元，平均毛利率为20%，则销售成本预算＝1 000万元×（1－20%）＝800万元。

最后，在考虑库存量实际变化的基础上，计算年度采购预算，其公式为：采购预算＝销售成本预算＋期末库存计划额－期初库存额。在上例中，如该零售商店的期初库存额为120万元，期末库存计划额为150万元，则其年度采购预算为830万元。再将其按月分配到每个月，就是每月的采购预算。

零售采购预算在执行过程中，有时会出现情况的变化，这就有必要进行适当的修订。如零售商店库存临时新增加促销商品，就需要从预算中减少新增商品的金额。

四、零售采购数量

零售采购数量的确定会影响商品销售和库存，也关系到销售成本和经营效益。零售商大量采购，通常可减少采购订货成本，获得进货优惠，但会占用大量资金和仓储设施，提高存货占有成本。零售商少量订货可使存货占用成本达到最小，但会提高采购订货成本。当然，通过电子数据交换并使用快速反应存货系统，可以有效地降低成本。

一般情况下，零售商应根据实际需求和供货情况，进行适量采购。适量采购数量又称为经济采购批量（EOQ），即使订单处理和存货占用总成本达到最小的每次订货数量（按单位数计算）。订单处理成本包括使用计算机时间、订货表格、人工及新到商品的处置等费用。占用成本包括仓储、存货投资、保险费、税收、货物变质及失窃等。大公司、小公司都可采用EOQ计算法，订单处理成本随每次订货数量（按单位数分摊）的增加而下降（因为只需较少的订单就可买到相同的全年总数），而存货成本随每次订货数量的增加而增加，因为有更多的商品必须作为存货保管，且平均保管时间也更长。

用数学公式表示，经济订货批量为：

$$EOQ = \sqrt{2DS/IC}$$

式中，EOQ＝每次订货数量（以单位计）；D＝年需求量（以数量计）；S＝订货成本（以金额计）；I＝年存货成本占单位成本的百分比；C＝商品的单位成本（以金额计）。

例如，某商店估计每年能销售150套电动工具。这些工具每套成本为90元。损坏、保险费、滞账及失窃等费用等于这些工具成本的10%（或每件9元）。单位订货成本为25元。则经济订货批量为：

$$EOQ = \sqrt{2DS/IC} = 29（套）$$

考虑到需求、数量折扣及可变的订货成本和占用成本等方面的变化，必须经常修正EOQ公式。

五、零售采购时间

确定了采购商品的品种和数量后，还要确定什么时间采购，以保证无缺货现象的发生。零售采购时间是指再订购商品的时间。零售商应权衡利弊，选择合理的采购时点和采购周期,给企业带来最佳效益。

(一)根据商品销售规律,确定采购时间

近几年随着假日经济的启动,形成了春节、国庆、五一等几个大的消费热点,在季节性商品消费基础上,又增添了新的特点。对此零售商要加强对市场的调查、研究和预测,从中寻找和发现规律。近年来,消费品市场呈现出节假日食品提前购买,日用工业品随机购买,流行性商品凸显销售高峰且流行周期缩短等趋势,这些消费者购买的规律应成为商品采购时机决策的一个重要依据。

(二)根据市场竞争状况,确定采购时间

在决定商品采购时间时,还必须考虑市场竞争状况。某些商品率先投入市场可取得市场先机优势,这些商品就需要提前采购。有些商品推迟采购,也能取得市场独有优势,也可以推迟采购。

(三)根据零售商库存情况,确定采购时间

选择采购时间,还必须考虑零售商库存情况,采购时间既要保证有足够的商品以供销售,又不能使商品过多以致发生积压。这方面最常用的方法是最低订购点法。最低订购点法是指预先确定一个最低订购点,当商场某一商品的库存量低于该点时,就必须去进货。

最低订购点的计算公式为:

最低订购点=(进货在途天数+销售准备天数+商品陈列天数+保险天数)×平均每天销售量

其中:进货在途天数,是指商品从下订单到货物运到零售商为止的时间。

销售准备天数,是指商品入库、验收、定价、整理装配、分装、到上货架陈列所需要的时间。

商品陈列天数,是指零售商因出售需要而必须在货架上的陈列数量与每天平均销售量的比值。

保险天数,是指为防止出现意外而发生脱销,所以必须准备的机动库存所能销售的天数。

最低订购点法的优点是能随时掌握商品变动情况,采购及时,不易出现缺货现象。但其缺点是由于各种商品的采购时间不一致,难以制订周密的采购计划,不便于采购管理,也不能享受多种商品集中采购的价格优惠。

本章小结

商品采购管理是零售业务管理的一项十分重要的内容,直接关系着零售商的经营效益和后续经营活动的开展。

零售商必须对商品进行分类,设计一个合理的商品结构,以确定商品经营范围,精心选择合适的商品来源,形成一个与众不同的商品组合,并通过这些商品的组合与管理来获得最大化的收益。零售商品分类中,根据商品用途,商品可以分为消费品和工业品;根据商品的耐用性和有形性,可以分为耐用消费品、非耐用消费品和服务;根据顾客购买习

惯,可以分为便利品、选购品和特殊品;根据零售商经营商品的层级,可以分为大分类、中分类、小分类和单品。在商品分类的基础上,零售商需要再进一步确定企业的商品经营指导思想,即商品政策。零售商可选择的商品政策主要有:单一的商品政策;市场细分化的商品政策;丰满的商品政策;齐全的商品政策。零售商按照商品种类与商品品种的多少,可以形成四种商品结构策略,包括:宽且深的商品结构策略;宽且浅的商品结构策略;窄且浅的商品结构策略;窄且深的商品结构策略。零售商还需要根据消费者和市场的变化,通过新产品的引入、滞销商品的淘汰以及畅销商品的培养等手段,适时对商品结构进行调整和优化,精心选择商品来源和供应商,以满足保持竞争优势的需要。

零售采购需要明确的目标。零售商要确保能在合适的地点、时间向客户提供合适数量和价格合适的产品。零售采购的制度安排包括零售采购方式和采购员的素质要求及其考核。一般来说,零售采购主要有集中采购、分散采购、集中与分散相结合三种采购方式,不同的采购方式有其各自的优缺点。由于采购员是零售商的关键岗位,对采购员的素质要求和相应的管理考核应当科学完善。选择采购人员必须从其思想素质、工作能力及个性特征、知识能力等多方面来考察。此外,还必须建立一套科学的采购考核体系。目前,一些零售商采取的考核指标有:销售额指标、商品结构指标、毛利率指标、商品周转天数指标、商品到位率指标、新商品引进率指标、商品淘汰率指标、通道利润率指标等。

零售商必须制定标准化的采购流程来管理其采购作业,以确定零售商需要什么、向谁采购、以什么样的方式采购以及在什么时间采购等。零售采购流程主要包括以下环节:建立采购组织、编制商品计划、搜集有关顾客需求的信息、确定货源、评估商品、谈判购买、决定购买、处置商品、再订购商品、定期的再评估等。零售采购的作业流程会因采购组织、采购模式、商品的来源、采购方法等的不同而有所区别。零售采购决策包括零售采购品种、零售采购预算、零售采购数量和零售采购时间等。

1. 确定商品经营范围主要考虑哪些因素?
2. 商品结构为什么需要进行不断地调整和优化?其调整的依据和优化的内容是什么?
3. 零售商应如何通过引进新产品来改善商品现有结构?
4. 零售商与供应商谈判的主要内容有哪些?
5. 集中采购制度与分散采购制度的优点和缺点是什么?
6. 采购人员的指标考核体系包括哪些内容?
7. 零售采购流程包括哪些主要环节?

湖南步步高超市生鲜产品采购

近年来,沃尔玛、家乐福、麦德龙等外资零售企业纷纷进驻湖南,我省超市行业的市场竞争之战开始打响。相对沃尔玛等国际零售巨头的全球采购网络，作为湖南本土超市的领跑者——湖南步步高超市，在非食品等领域与外国零售巨头相比并不具备竞争优势，但超市生鲜农产品主要是国内采购，购买者也主要为本国消费者，本土超市在经营生鲜产品方面有着本土优势。因而，以步步高为代表的本土连锁超市日渐认识到做好生鲜经营的战略意义。近年来，步步高超市在生鲜经营管理上进行了一系列改革与创新，其超市的生鲜经营已成为吸引顾客的重要手段。但是，步步高超市在生鲜经营管理中，特别是在生鲜产品的采购方面还存在许多问题，制约了企业在生鲜方面做强做大。

始创于1995年的步步高超市集团，目前拥有超市、百货、电器、餐饮、娱乐、大型商业地产等业态，连锁门店已遍及湖南、江西各地州市，据其官网公布的数据，截至2012年5月，企业多业态门店共计233家，其中超市（super-mart）及大卖场（hyper-mart）116家，这116家超市及大卖场均经营生鲜产品。步步高超市各门店的生鲜产品有自营、联营、承包经营三种经营方式。其中，自营生鲜产品的采购主要可细分为以下几种方式：

（一）总部统一采购。即步步高连锁超市在总部采购部门的统一安排下进行大规模采购并配送到企业各门店。享有着大规模采购的价格优势，统一集中采购也是目前步步高超市生鲜产品采购的主要方式。

（二）区域内集中采购。步步高超市从节约配送成本、满足消费者的区域消费需求及保证生鲜产品的新鲜度等方面出发，将企业门店划为几个区域，企业在不同地区（主要以市为单位）设有专门的生鲜采购人员，负责对区域内门店部分生鲜产品的采购，主要采购的是地域性特点强、保质期短的新鲜农产品，主要为食叶类蔬菜。

（三）单店分散采购。即由门店自行采购本门店的生鲜产品。这种生鲜采购模式在实际中很少采用，主要是一些地处偏僻，物流配送车辆难以及时到达的门店，为保证生鲜产品的货源，部分生鲜产品（主要为蔬菜水果等易脱水变质的产品）由门店自行采购。

虽然步步高超市通过多种方式对生鲜产品进行采购，但在实际过程当中，依然存在如下一些问题：

第一，市场需求把握不准。在总部统一采购这一方面，采购的数量主要依据的是各门店上报的订货计划，这样，门店要货计划是否及时、准确对总部采购起到决定性作用。然而，各门店的订货计划一般由负责相关商品管理的员工制定，虽然会有相关主管审核，由于生鲜单品的数量庞大要一一仔细审核存在难度，而基层员工缺乏相关的库存管理知识，无法对生鲜单品销售情况进行科学的预测与分析，也就造成了各门店生鲜要货计划不能真实反映实际需求，同时，单店自采模式也加大了生鲜采购不合理的风险。

第二，采购渠道单一。步步高超市生鲜产品的采购主要依托的是销售地农贸批发市场。总部派出专人在长沙马王堆设生鲜采销点，通过那里的大型生鲜批发市场进行生鲜产品的统一采购，然后配送到各门店。在各县市区域内，也在当地的大型农贸批发市场设区域生鲜采购点，如：在株洲市荷塘区中南蔬菜批发市场内设有食叶类蔬菜的直采点。总而言之，无论是步步高超市总部统一采购还是区域内小规模集中采购，其采购渠道较为单一，生鲜品质也难以得到保证。近年来，步步高超市在生鲜采购渠道上进行系列创新，部分生鲜产品实现了产地直采。据中国网2010年相关报道称，步步高超市已在全国各地共建立了20多处农产品定点生产和采购基地。但通过笔者的走访调查发现，这些定点直采的商品远远不能满足100多家门店的需求,在各门店生鲜品类中只占很小的比例,与大型外资连锁超市沃乐玛、家乐相比,步步高超市在这一块做的还远远不够。

第三,采购专业化程度不高。作为湖南本土连锁超市的代表企业,步步高超市有自己的采购中心,配备有专业的采购团队。但是,步步高超市生鲜采购有3种具体的操作方式,前面已有论述,多种采购模式结合的采购体系内部能相互弥补其不足,使步步高超市的生鲜采购更趋灵活,但从区域采购及单店采购的层面来讲,缺乏总部相应的资金支持,采购人员专业素质参差不齐。而区域自采的采购点多设于大型农贸批发市场内,主要对保质期短的蔬菜进行采购,这些采购点普遍设施简陋,无专门的仪器进行新鲜蔬菜的农药残留、违禁添加剂等作相关检测,也无专业的分拣、包装、搬运等设备,采购过程中对产品质量的把控不到位,带来一定的生鲜食品安全隐患。当然,步步高超市总部采购的专业化程度明显高于区域采购和单店采购,但是,现代化设备、技术的应用远远不及沃尔玛等外资超市。

(资料来源:王新利.湖南步步高超市生鲜采购中存在的问题及对策思考[J].商业文化,2012,(11).)

【案例思考】

1. 步步高超市生鲜产品采购属于哪几种零售采购方式?这种采购方式有什么优缺点?
2. 针对以上存在的问题,步步高超市应如何提高生鲜采购水平?

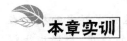

本章实训

一、实训目的

1. 明晰零售企业的商品结构与来源选择及其采购流程。
2. 通过实地调查,了解所在城市不同业态主要零售企业的商品经营范围、商品来源和采购方式。
3. 通过模拟零售采购流程,掌握零售采购的关键环节和影响要素,锻炼零售采购实际操作能力。

二、实训内容

以小组为单位,就某一零售业态深入你就读高校所在城市的3~5家典型零售企业进行调查,收集这一业态零售企业的商品经营范围、商品来源、采购方式及其对竞争优势的影响。

选择某一零售业态,模拟零售采购流程,根据目标市场和零售企业定位,分组构建虚拟采购组织进行零售采购决策。

三、实训组织

1. 指导教师布置实训项目,提示相关注意事项及要点。

2. 将班级成员分成若干小组,成员可以自由组合,也可以按学号顺序组合。小组人数划分视修课总人数而定。每组选出组长1名,发言代表1名。

3. 以小组为单位,选定调查的业态及这一业态的典型零售企业,拟定调查提纲,深入企业调查收集资料。写成书面调查报告,制作课堂演示PPT。

4. 各小组发言代表在班级进行汇报演示,每组演示时间以不超过10分钟为宜。

四、实训步骤

1. 指导教师布置任务,指出实训要点、难点和注意事项。

2. 演示之前,小组发言代表对本组成员及其角色进行介绍陈述。演示结束后,征询本组成员是否有补充发言。

3. 由各组组长组成评审团,对各组演示进行评分。其中,演示内容30分,发言者语言表达及台风展现能力10分,PPT效果10分。评审团成员对各组所评出成绩取平均值作为该组的评审评分。

4. 教师进行最后总结及点评,并为各组实训结果打分,教师评分满分为50分。

5. 各组的评审评分加上教师的总结评分作为该组最终得分,对于得分最高的团队予以适当奖励。

延伸阅读

1. 尤建新,张粤.快速时尚零售业的采购研究:建立快速响应采购策略[J].上海管理科学,2008(3).
2. 杨育谋.超市联合采购在曲折中前进[J].特许与连锁,2008(4).
3. 苗晓娜.供应链管理模式下连锁零售企业采购管理研究[J].物流技术,2012(7).
4. 米新丽,刘从军,米颖杰.论我国零售企业采购成本控制[J].中国商贸,2011(17).
5. 孙晓红,闫涛,赵红霞.零售学[M].第2版.大连:东北财经大学出版社,2014.
6. 杨自强.JIT采购在零售连锁企业的应用测量分析[J].商业经济,2013(19).

第八章 零售定价管理

了解零售企业定价的各种影响因素和定价目标；熟悉零售企业的价格政策及其实施手段；掌握零售企业定价策略的类型和应用。

沃尔玛的省心价

2014年春节将至，沃尔玛在全国门店举行长达一个多月的"省心价"特惠活动，精选上千种与民生和春节密切相关的品牌商品，平均降价幅度超过15%，并将一直持续到大年初四。"省心价"的概念区别于短期的促销行为：甄选与顾客生活息息相关的热销民生商品，携手知名供应商通过全国大规模联合采购，长期以非常有竞争力的价格供应。涵盖多个品牌和品种，"省心价"商品数量高达上千种，价格有效期长达四周至半年或以上。例如，潘婷乳液修复洗发露(750毫升)，原价46.8元，省心价34.5元，降幅达26%，且价格有效期长达半年或以上。为进一步保证消费者对"省心价"商品价格优势的充分信心，沃尔玛承诺顾客如在其他同类大型商场买到比"省心价"更便宜的同款商品，沃尔玛立退差价。

随着"电商大军"的压境以及零售业内部竞争的加剧，反挑电商不失为一种破局之举。2013年12月26日至2014年1月30日期间，沃尔玛推出了"敢比电商"活动，顾客购买指定的17款电器，如发现指定电商(京东、亚马逊、当当和易讯)提供更低的价格，沃尔玛将以电商价格结算。因此，如果您在沃尔玛商场看到心仪的电器标有"敢比电商"的标签，就不用犹豫去网上作比价了，立马购买，保证优惠。沃尔玛在美国是最大的电商之一，但在中国尚没有电商平台，目前仅完成了控股1号店，仍是分开独立运营。此次实体店的"敢比电商"活动是沃尔玛作为传统零售商所做的一次创新尝试。

(资料来源：沃尔玛超市推"省心价"活动传统零售新尝试[EB/OL]. http://www.linkshop.com.cn/web/archives/2014/278825.shtml.)

本章知识结构图

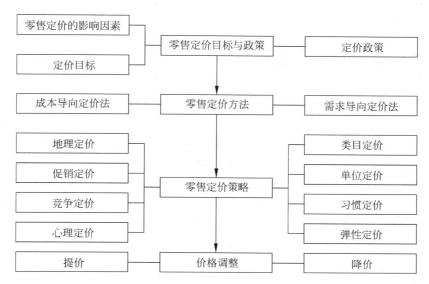

商品定价是零售商最重要的决策之一。随着消费者购买行为日益理性化,对价格也越来越敏感。零售商对所经营的商品进行合理和策略性的定价,不仅可以提高其竞争能力,而且能有效实现企业的市场和财务目标。本章首先介绍零售定价的影响因素、零售商定价目标和定价政策;在对零售定价目标和定价政策了解的基础上,接着介绍了零售定价的基本方法和主要的价格策略;最后介绍如何对零售定价进行有效的调整,即通过提价和降价等方式使企业的定价策略更加具有灵活性。

第一节　零售定价目标与政策

在介绍零售商的定价方法和定价策略之前,有必要先分析一下影响零售商定价决策的各种因素、零售商的定价目标以及定价政策。零售商的定价目标和政策都会对零售商的价格行为产生影响。

一、零售定价的影响因素

零售商在对零售商品进行定价时,要综合考虑多种因素,这些因素主要包括:商品成本、零售商的定位和服务策略、消费者价格心理、竞争对手的价格、国家的法规政策以及其他因素等。

(一) 商品成本

零售商制定的价格,应尽可能覆盖包括商品进货成本在内的所有成本。其中,商品进货成本是构成零售价格的主要部分,也是零售商定价的最低界限。商品进货成本包括商品批发价格、采购费用、仓储运输费用等。零售商定价还应考虑除商品进货成本之外的固定成本和其他变动成本,零售商固定成本包括固定资产折旧费、零售商企业管理人员工资等;除商品购进价格外,变动成本则包括了产品包装费、理货员工资、POP促销费用、商品陈列费用以及其他销售费用。零售商通常在商品成本的基础上加上若干百分比的加成定价,其加成率就是所谓的毛利率。在市场环境各因素基本稳定的情况下,零售商采用这一方法可以保证获得正常的利润。

(二)零售商的定位和服务策略

零售商关于商品价格的决定,不是一个独立的决策过程,需要与企业的定位和服务策略等因素相互配合。

零售商的市场定位会直接影响其价格水平。如果一个零售商定位于为高端市场提供独特的商品,则意味着收取较高的价格。定价策略在很大程度上由最初的市场定位决定,零售商的市场定位越明确,价格的确定就越容易。

零售商所采取的服务策略与商品价格的制定关系密切。提供给各种顾客的服务越多,服务水准越高,所产生的商店运营费用也越高,因此零售商需要提高零售价格来弥补这些额外的费用。例如,提供多种服务项目,购物环境好的百货商店,其竞争优势不是商品的价格,而是商店的服务;在一些服务相对较少的商店,如实施自助服务的货仓式商店,其经营费用低,价格自然就低。

(三)消费者价格心理

零售商的价格水平既受消费者收入水平的制约,也受消费者价格心理的影响。消费者价格心理实质上是消费者对商品价格水平的心理感知。它是消费者在长期的购买活动中,对商品价格认识的体验过程,反映消费者对价格的知觉程度及情绪感受。例如,在现实生活中,消费者对不太熟悉的商品的好坏,经验上把价格同商品的使用价值相联系,从而存在"一分钱一分货"的观念。消费者在心理上和习惯上的反应是很复杂的,某些情况下甚至会出现完全相反的反应。例如,在一般情况下,涨价会减少购买,但有时涨价会引起抢购,反而会增加购买。

消费者对商品零售价格心理感知的速度快慢、清晰度强弱、准确度高低以及感知价格内容的充实程度,融入了消费者个人知识、经验、需要、兴趣、爱好、情感和个性倾向等因素,直接影响着消费者对价格水平的接受程度。消费者收入水平与价格心理其实是互相联系的。研究发现,同一收入层次的消费群体往往具有类似的价格心理。对消费者价格心理的研究,在制定零售价格上很有帮助。

(四)竞争对手的价格

制定商品价格时还应该考虑竞争对手的价格。竞争对手的价格以及它们对本企业价格变动所作出的反应会对零售商定价造成较大的影响。它是合理确定期望得到的利润水平,特别是制定有较强竞争力价格的基础。

零售商必须对每一个竞争者的商品价格状况及其产品质量情况有充分的了解。这可以通过以下几种方法来实现:(1)派专门人员了解行情,比较竞争者所提供的产品质量和价格;(2)获取竞争者的价格表并购买竞争者的产品,然后进行比较研究;(3)企业还可以向顾客了解他们对于竞争对手所提供的产品的价格和质量的看法。

零售商可以把了解到的竞争者的价格和产品情况作为自己定价的基点。如果企业所经营的产品与主要竞争者的产品相类似,那么零售企业必须根据自己的市场定位来制定价格策略,以避免在竞争中被淘汰。

小链接8-1　　　　　　　　　一元钱引发的顾客流失

T超市刚刚开业的时候,整条街道就这一家超市,所以附近小区的居民和路过的路人都选择过来这家超市购物。加之这家超市的服务和商品价格都还可以。因此,自开业一直到不久前,T超市生意都不错。后来,这条街道上又多了一家N超市,于是N超市便成了T超市的竞争对手。自从N超市开业以来,T超市的老板发现前来自己超市购物的顾客逐渐减少了。许多本来是自己超市的老顾客却出现在了N超市的门口。

T超市的老板怀疑是新开的超市比自己的超市服务或者促销做得好。于是,一天傍晚,他亲自走进N超市,扮成顾客,想一探究竟。进了超市,T超市的老板拿起购物筐,想先去护肤品货架找一下差距。走进护肤品的货架前,他只去看货架摆设,没有发现有什么差距,再大体看了一下商品种类,也差不多一样。于是,T超市的老板就低下头来看N超市的价签。一下子,他全明白了。原来,"对手"超市的许多护肤品都比T超市便宜。但是,却没有便宜多少。比如:T超市卖20元的洗面奶,N超市卖19元;T超市卖30元的润肤露,N超市卖29元。后来,T超市的老板又去了其他商品的货架。他发现N超市的大多数商品都比自己超市的商品便宜1元左右。他怎么也想不到,只是1元钱的差距,"对手"超市就取胜了。

(资料来源:曹慧莉,淡佳庆.如何经营一家最赚钱的超市[M].北京:化学工业出版社,2011.)

(五)国家的法规政策

零售商对价格的制定既要受到国家有关法规的限制,也要受到当地政府制定的政策影响。国家和地方政府对零售价格有相关的法律和政策,如我国的《价格法》、《消费者权益法》和《反不正当竞争法》等以及有关的价格政策对企业定价都有一定的约束。

(六)其他因素

零售商的定价策略除受商品成品、消费者需求、服务定位、竞争者价格等因素影响外,还受到其他多种因素的影响。这些因素包括零售商选址、商品效用、零售价格控制权归属等。

1. 零售商选址

零售商店的开设地点对商品价格的确定也有着显著的影响。与提供同类商品和顾客服务的竞争者距离越近,零售商具有的定价灵活性就越小。一般来说,如果零售商想要吸引距离更远的顾客,它就必须增加促销力量,或者提供更低的商品价格。因为选择距离较远的商店时,顾客所花费的时间和交通费用比较多。因此零售商就不得不利用较低的价格来吸引这些消费者。

2. 商品效用

商品的效用是指商品对消费者需求的满足程度和有用性。从效用角度看,商品可分为三类:一类是日常用品(生活必需品),这类商品的价格在各家商店相差无几,消费者不会为之花费时间去寻找最便宜的替代品,其定价自由程度较低,一般采用随行就市定价法;另一类是选购品,消费者在决定购买之前会对价格和质量进行仔细的比较与权衡,其定价自由程度较高;第三类是耐用品、急需品或特殊商品,这类商品需求弹性大,价格发生微小变化都会引起需求量的较大变化。

3. 零售价格控制权归属

有些制造商、批发商或其他供货人要对供给零售商的货品实行售价控制。他们事先制定好商品的零售价格,要求零售商必须按此价销售商品,以此来保护商品商标的信誉和形象,因此零售商必须按供货者的价格出售商品。但与此同时,零售商也希望得到商品售价的控制权,按自己的意愿决定零售价格。因此,零售商和供货人会时常产生冲突。这种冲突的解决是相互实力的权衡和较量。供货人往往以拒绝提供商品来威胁零售商,而零售商也可以拒绝销售供货人的一切商品来威胁对方,从而争夺控制权。

二、定价目标

(一)以利润为导向的目标

许多零售商确定的价格目标都是实现一定的回报率或者获得最高的利润。目标回报是将一个具体的利润水平作为目标。这个利润水平通常可以表示为销售额或者零售商的资本投资额的一个百分比。零售商定价以利润为导向的目标由于企业的经营哲学及营销总目标的不同而在实践中存在两种形式:

1. 以追求利润最大化为目标

零售商追求的最大利润有长期和短期之分,还有单一产品最大利润和企业全部产品综合最大利润之别。一般情况下,零售商追求的应该是长期的、全部产品的综合利润最大化。这样,企业就可以取得较大的市场竞争优势,占领和扩大更多的市场份额,拥有更好的发展前景。当然,对于一些中小型企业、产品生命周期较短的企业或产品在市场上供不应求的企业等,也可以先谋求短期最大利润,为企业以后的发展奠定牢固的基础。

零售商在追求利润最大化的目标过程中并不一定会必然导致产品的高价格。如果制定的价格太高,就会导致销售量下降,利润总额就有可能因此减少。与此相反,有时高额利润是通过采用低价策略,待占领广阔的市场后再逐步提价来获得的;零售商还可以采用招徕定价手段,对部分产品定低价,赔钱销售,以扩大影响,招徕顾客,带动其他产品的销售,进而谋取最大的整体效益。

2. 以获取适度利润为目标

这是指零售商在补偿社会平均成本的基础上,适当地加上一定量的利润作为商品价格,以获取正常情况下合理利润的一种定价目标。以利润最大化为目标在实际运用时常常会受到各种限制,所以,很多零售商按适度原则确定利润水平,并以此为目标制定价格。采用适度利润为目标会使产品价格不会显得太高,从而可以阻止激烈的市场竞争,或是某些零售商为了协调投资者和消费者的关系,树立良好的企业形象,提高市场美誉度而以适度利润为其目标。

由于以适度利润为目标确定的价格不仅可以使零售商避免不必要的竞争,又能使企业获得长期利润,并且由于价格适中,消费者愿意接受,且符合政府的价格指导方针,因此,成为一种兼顾企业利益和社会利益的定价目标。需要指出的是,适度利润的实现,必须充分考虑产销量、投资成本、竞争格局和市场接受程度等因素。否则,适度利润只能是一句空话。

(二)以销售为导向的目标

以销售额为导向的目标是指实现一定的销售量、销售额或者市场份额,但并不包括利润。零售业最常用的两个目标就是市场份额的增加和销售额的增加。这种定价目标是在保证一定利润水平的前提下,谋求销售额的最大化。某种产品在一定时期、一定市场状况下的销售额由该产品的销售量和价格共同决定,因此销售额的最大化既不等于销售量最大化,也不等于价格最高。根据需求弹性和利润之间的关系可以得出,对于需求价格弹性较大的商品,由于降低价格而导致的损失可以由销量的增加而得到补偿,并且会给企业增加利润,因此零售商宜采用薄利多销策略,保证在总利润不低于企业最低利润的条件下,尽量降低价格,促进销售,扩大盈利;反之,若商品的需求价格弹性较小,降价则会导致收入减少,利润降低,而提价则使销售额增加,因此零售商应该采用高价、厚利、限销的策略。

采用销售额目标时,最重要的一点就是要确保企业的利润水平。这是因为销售额的增加,并不必然带来利润的增加。有些零售商的销售额上升到一定程度,利润就很难上升,甚至销售额越大,亏损越多。因此,销售额和利润必须同时考虑。在两者发生矛盾时,除非是特殊情况(如为了尽量地回收现金),应以保证最低利润为原则。

(三)现状目标

零售商满足于自己当前的市场份额和利润水平时,通常会采用现状目标。在现状目标的指导下,那些拥有较高的市场占有率、经营实力较强或较具有竞争力和影响力的领导者先制定一个价格,其他企业的价格则与之保持一定的距离或比例关系。对大企业来说,这是一种稳妥的价格保护政策;对中小型零售商来说,由于大企业不愿意随便改变价格,因此在价格方面的竞争性减弱,其利润也可以得到保障。

三、定价政策

定价政策是定价行为的原则,或者说指导方针,它可以保证一个零售商内部定价决策的一致性。一个大型零售商中有很多采购员都会参与定价决策。通过制定商店的总定价政策,采购主管为这些采购员提供一个采用具体定价战略的框架。

一家零售商店的定价政策应当反映其目标市场的期望。很少有零售商能够吸引所有细分市场。中低收入消费者通常更愿意去低价的折扣商店中购物;中产阶级则通常在中等价格的日用商品连锁店中购物;富有的消费者则往往会选择那些能够提供额外服务的高级专营商店。只有超市才能够吸引各种收入水平的消费者,但即使这样也需要有一定的细分基础。成功的零售商会认真选择自己在市场中的定位,然后使用具体的定价策略满足其目标市场。很多时候,正确的定价政策能够成功地为零售商带来顾客。

在制定定价政策时,零售商必须决定它们是将价格定于市场水平之上,还是等于市场水平,或者低于市场水平。从零售商定价政策的具体实施来看,有两种对立的基本价格政策,即高/低价格政策和稳定价格政策。

（一）高/低价格政策

高/低定价策略（high/low pricing strategy）是指零售商制定的同一种商品价格经常变动，商品价格有时高于其竞争者所采取的稳定的低价格，但他们为了促销而经常使用广告降价，使其商品价格低于竞争对手。高/低定价策略目前在国内变得越来越流行，以前，时尚商品零售商仅仅在季末降价销售，杂货店和药店也只有在供货方提供特惠价或存货过多时才会降价销售。现在零售商对日益加剧的竞争和顾客对价值的关注作出反应，常年采用特价商品进行促销。高/低定价策略主要有以下四个好处：

（1）同一种商品在多重市场上具有吸引力。当时尚商品第一次进入市场时，零售商定最高价格，对价格不太敏感的时尚领导者或者那些难以得到满足的顾客常常是在商品刚进入市场时就购买；随着时间的推移和降价的实行，更多的顾客进入市场；最后，擅长讨价还价的搜寻者进入购买市场。

（2）刺激消费。在降价过程中常常出现一种"仅此一天，过期不候"的氛围，降价导致购买者人头攒动，这就刺激了消费。

（3）推动商品流通。所有的商品都能被卖掉——问题在于价格如何。经常降价使得尽管利润受损，但零售商可以尽快把商品销售出去。

（4）强调质量或服务。初始的高价格给顾客一个信号：该商品质量很好或能提供优质的服务。在商品继续销售的过程中，顾客仍用原来的价格作为其价值度量。

（5）通过特价商品，实现招徕效应。实行这种价格政策的零售商往往会选择一些特价商品作为招徕品，以牺牲该商品的利润吸引顾客前来购买。顾客进入商场一般不会只购买特价品，在卖场气氛的影响下往往会购买许多原先无计划的其他商品，于是，零售商的降价促销目的便达到了，通过特价商品吸引顾客，通过高价商品或正常价格商品实现利润。

（二）稳定价格政策

稳定价格政策是指零售商基本上保持稳定的价格，不在价格促销上过分做文章。主要形式有：每日低价政策（everyday low pricing，EDLP）和每日公平价格政策（everyday fair pricing，EDFP）。

每日低价政策的零售商总强调把价格定得低于正常价格，但高于其竞争者大打折扣后的价格。因此，从某种意义上说，"每日低价"这个词并不准确，"低"并不一定最低。尽管使用每日低价的零售商尽量保持低价，但他们的定价并非总是市场上的最低价。一般来说，在竞争性商店或在批发会员店购买特定的商品时，价格才可能是最低的。采取每日低价政策的零售商目的在于希望给顾客的印象是所有商品价格均比较低廉。美国四个最成功的零售商便是这一价格政策的实施者，它们是沃尔玛、Home Depot、Office Depot、Toys"R"Us。始终如一地采用这一价格政策需要零售商具备不同寻常的成本控制能力。

每日公平价格政策的零售商是在商品进货成本上附加一个合理的加价，它并不刻意寻求价格方面的竞争优势，而是寻求丰富的花色品种、销售服务、卖场环境及其他方面的优势，给顾客的印象是零售商赚取合理的毛利，以弥补必要的经营费用和保持稳定的经营。尽管每日公平价格政策的零售商可以在商品进货成本上附加一个他们认为合理的毛利，但如果忽视了控制进货成本和管理费用而使价格过高,同样不能被顾客所接受。

与高/低定价相比,稳定价格政策主要具有以下优点:

(1)减少价格战。稳定价格政策使得零售商从与对手的残酷价格战中撤出。一旦顾客意识到其价格合理时,他们就会更多、更经常地购买。

(2)减少广告。稳定价格政策减少了促销广告,而把注意力更多地放在塑造企业形象上。

(3)提高对顾客的服务水平。没有因贱卖的刺激而产生新的消费群,因而,销售人员可以在顾客身上花更多的时间,提高服务质量。

(4)提高边际利润。尽管在稳定价格政策中价格一般较低,但由于其商品大量销售,所以总的来说会提高边际利润。

(5)稳定商品销售,从而有利于库存管理和防止脱销。频繁的、大打折扣的减价销售造成顾客需求上的大起大落,而稳定的价格可以使顾客的需求趋于稳定。平衡的需求可以减少需求预测上的失误,从而能更有效地利用商店的储货室和仓库空间,并提高配送效率,从而降低物流费用。

(6)保持顾客的忠诚。顾客对经常大降价的商店里其他商品的标价容易持怀疑态度,如果一种商品在顾客购买之后商店不久又降价,顾客更会产生一种被欺骗的感觉,并由此对商店的标价更不信任。而稳定价格政策会让顾客感觉标价诚实可信,因而会对商店更忠诚。

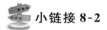

小链接8-2　　　　　　　沃尔玛的"天天低价"

沃尔玛能够迅速发展,除了正确的战略定位以外,也得益于其首创的"折价销售"策略。几乎每家沃尔玛超市都贴有"天天低价"的大标语,同一种商品在沃尔玛比其他商店要便宜。沃尔玛提倡的是低成本、低费用结构、低价格的经营思想,主张把更多的利益让给消费者,"为顾客节省每一元"是他们的目标。沃尔玛的利润通常在30%左右,而其他零售商,如凯马特的利润率都在45%左右。公司每个星期六早上举行经理人员会议,如果有分店报告某商品在其他商店比沃尔玛低,会立即决定降价。低廉的价格、可靠的质量是沃尔玛的一大竞争优势,吸引了一批又一批的顾客。

(资料来源:孟利锋,刘元元,翟学智.零售业态管理[M].北京:清华大学出版社,2013.)

第二节　零售定价方法

一、成本导向定价法

成本导向定价法是指零售商在商品定价过程中,以商品成本为基础的定价方法。成本导向定价法有各种不同的形式,具体有成本加成定价法和目标利润定价法。

(一)成本加成定价法

成本加成定价法是指按照单位成本加上一定百分比的加成来确定产品销售价格的定价方法。成本加成定价法是零售商普遍采用的定价方法。

在这种定价方法中,加成率的确定是定价的关键。加成率的计算有两种方式:倒扣率和顺加率。

倒扣率＝(售价－进价)/售价×100％

顺加率＝(售价－进价)/进价×100％

利用倒扣率和顺加率来计算销售价格的公式如下所示：

产品售价＝进价/(1－倒扣率)

产品售价＝进价×(1＋顺加率)

在零售商中，百货商店、杂货店一般采用倒扣率来确定产品售价，而蔬菜、水果商店则采用顺加率来确定产品售价。

加成率的确定应考虑商品的需求弹性和企业的预期利润。在实践中，同一行业往往会形成一个为大多数企业所接受的加成率。例如，在美国，一些商品的倒扣率一般为：照相机28％，书籍34％，服装41％，装饰用的珠宝饰物46％，女帽50％。

成本加成定价法具有计算简单、方便易行的特点，在正常情况下，按此方法定价可以使企业获取预期利润。但是，如果同行业中的所有企业都使用这种方法定价，他们的价格就会趋于一致，这样虽然能避免价格竞争，却忽视了市场需求和竞争状况的影响，缺乏灵活性，难以适应市场竞争的变化形势。

(二) 目标利润定价法

目标利润定价法是指根据损益平衡点的总成本及预期利润和估计的销售数量来确定产品价格的方法。运用目标利润定价法确定出来的价格能带来企业所追求的利润。

目标利润定价法要借助于损益平衡点这一概念。

假设：Q_0 表示保本销售量，P_0 表示价格，C 表示单位变动成本，F 表示固定成本，则保本销售量可用公式表示如下：

$$Q_0 = F/(P_0 - C)$$

在此价格下实现的销售额，刚好弥补成本，因此，该价格实际上是保本价格。由上式可推出：

$$P_0 = F/Q_0 + C$$

在零售商实际定价过程中，可利用此方法进行定价方案的比较与选择。如果零售商要在几个价格方案中进行选择，只要估计出每个价格对应的预计销售量，将其与此价格下的保本销售量进行对比，低于保本销售量的则被淘汰。在保留的定价方案中，具体的选择取决于零售企业的定价目标。假设企业预期利润为 L，预计销售量为 Q，则实际价格 P 的计算公式如下：

$$P = (F+L)/Q + C$$

零售企业在运用目标利润定价法时，对销售量的估计和对预期利润的确定要考虑多方面因素的影响，以保证制定出的价格的可行性。

二、需求导向定价法

需求导向定价法，价格是基于顾客希望或愿意付出的价钱而制定的。需求导向法的优点在于它与市场行为的一致性，就是说它考虑的是顾客的需求。而且，需求导向法可以提供使利润最大化的价格。但是按需求导向法确定价格很难掌握，特别是当需要确定几千个商品的零售价格时就更困难了。需求导向定价法主要包括理解价值定价法、需求差异定价法和逆向定价法。

(一) 理解价值定价法

所谓"理解价值",也称"感受价值"、"认知价值",是指消费者对某种商品价值的主观评判。理解价值定价法是指企业以消费者对商品价值的理解度为定价依据,运用各种营销策略和手段,影响消费者对商品价值的认知,形成对企业有利的价值观念,再根据商品在消费者心目中的价值来制定价格。

理解价值定价法的关键和难点在于如何准确获得消费者对有关商品价值理解的资料。企业如果过高估计消费者的理解价值,其价格就可能过高,难以达到应有的销量;反之,若企业低估了消费者的理解价值,其定价就可能低于应有水平,使企业收入减少。因此,企业必须通过广泛的市场调研,了解消费者的需求偏好,根据产品的性能、用途、质量、品牌、服务等要素,判定消费者对商品的理解价值,制定商品的初始价格。然后,在初始价格条件下,预测可能的销量,分析目标成本和销售收入,在比较成本与收入、销量与价格的基础上,确定定价方案的可行性,并制定最终价格。

(二) 需求差异定价法

所谓需求差异定价法,是指产品价格的确定以需求为依据,首先强调适应消费者需求的不同特性,而将成本补偿只放在次要的地位。这种定价方法就是对同一商品在同一市场上制定两个或两个以上不同的价格,或使不同商品价格之间的差额大于其成本之间的差额。其好处是可以使企业制定的价格最大限度地符合市场需求,促进商品销售,有利于企业获取最佳的经济效益。

根据需求特性的不同,需求差异定价法通常有以下几种形式:

(1) 以顾客为基础的差别定价。它是指对于同一产品,针对不同的顾客制定不同的价格。比如,对老顾客和新顾客、长期顾客和短期顾客、女性和男性、儿童和成人、残疾人和健康人等,分别采用不同的产品价格。

(2) 以销售区域为基础的差别定价。它随着销售区域的不同而收取不同的价格,比较典型的例子是影剧院、体育场、飞机舱等,其座位不同,票价也不一样。例如,体育场的前排可能收费较高,旅馆客房因楼层、朝向、方位的不同而收取不同的费用。这样做的目的是调节客户对不同地点的需求和偏好,平衡市场供求。

(3) 以时间为基础的差别定价。同一种产品,成本相同,而价格随季节、日期、甚至钟点的不同而变化。例如,供电局在用电高峰期和闲暇期制定不同的电费标准;电影院在白天和晚上的票价有区别。对于某些时令性商品,在销售旺季,人们愿意以稍高的价格购买;而一转到淡季,购买意愿就会明显减弱,所以这类商品在定价之初就应考虑到淡、旺季的价格差别。

(4) 以商品本身为基础的差别定价。不同外观、花色、型号、规格、用途的商品,也许成本有所不同,但它们在价格上的差异并不完全反映成本之间的差异,而主要区别在于需求的不同。例如,棉纺织品卖给纺织厂和医院的价格不一样,工业用水、灌溉用水和居民用水的收费往往有区别,对于同一型号而仅仅是颜色不同的产品,由于消费者偏好的不同,也可以制定不同的价格。

(5) 以流转环节为基础的差别定价。企业产品出售给批发商、零售商和用户的价格往往不同,通过经销商、代销商和经纪人销售产品,因为责任、义务和风险等的不同,价格就会有所不同。

(6) 以交易条件为基础的差别定价。交易条件主要指交易量大小、交易方式、购买频率、支付手段等。交易条件不同,企业可能对产品制定不同价格。比如,交易批量大的价格低,零星购买价格高;现金交易价格可适当降低,支票交易、分期付款、以物易物的价格适当提高;预付定金、连续购买的价格一般低于偶尔购买的价格。

由于需求差异定价法针对不同需求而采用不同的价格,实现顾客的不同满足感,能够为企业谋取更多的利润,因此,在实践中得到广泛的运用。但是,也应该看到,实行区别需求定价必须具备一定的条件,否则,不仅达不到差别定价的目的,甚至会产生负作用。这些条件包括:

(1) 从购买者方面来说,购买者对产品的需求有明显的差异,不同产品的需求弹性也不同,因此,市场能够细分,不会因为差别定价而导致顾客的反感。

(2) 从企业方面来说,实行不同价格的总收入要高于实行同一价格的总收入。因为差别定价不是目的,而是一种获取更高额利润的手段,所以企业必须对供求、成本和盈利进行细致、深入的分析。

(3) 从产品方面来说,各个市场之间是分割的,低价市场的产品无法向高价市场转移。这种现象可能是由于交通运输状况造成的,也可能是由于产品本身特点造成的。如劳务项目难以通过市场转卖而获取差额利润,所以,适宜采用差别定价方法。

(4) 从竞争状况来说,无法在高价市场上进行价格竞争。这可能是本企业已经垄断了整个市场,竞争者极难进入,也可能是产品需求弹性小,低价不会对消费者需求产生较大的影响;还可能是消费者对本企业产品已产生偏好。

(三) 逆向定价法

这种定价方法的重点是考虑需求状况而不是考虑产品成本。依据消费者能够接受的最终销售价格,逆向推算出中间商的批发价和生产企业的出厂价格。逆向定价法的特点是:价格能反映市场需求情况,有利于加强与中间商的良好关系,保证中间商的正常利润,使产品迅速向市场渗透,并可根据市场供求情况及时对商品进行调整,定价比较灵活。

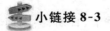
小链接 8-3　　　　　礼品店的错位竞争

情缘礼品店购进了一种与竞争店款式完全相同的电子宠物,但其制作材料和耐用性明显高于竞争店。经营者根据这种商品的差异性,将该电子宠物的定价比竞争对手高出了10元。虽然该电子宠物的价格稍高于竞争店,但由于商品材质好、使用期限长,仍然受到注重商品质量的顾客的肯定,虽然在销售数量上略逊于竞争店,但毛利率却明显高于竞争对手。店铺老板如法炮制,又购进了一些其他高质量的电子玩具,并同样制定了稍高于竞争店的价格,市场销售依然不错。日子久了,该店就形成了"高质高价"的店铺形象,与竞争店形成了错位竞争的经营格局。

(资料来源:孙晓红,闫涛,赵红霞.零售学[M].第 2 版.大连:东北财经大学出版社,2014.)

第三节　零售定价策略

一、地理定价

事实证明,特定商品的价格在不同的地区可以是不一样的。此类价格差异的原因可能涉及相对位置、市场因素、宏观环境或者零售价格政策。相对位置可以影响商品的分销成本,因为随着与生产中心的接近或分销距离的减短,运输成本通常会增加。零售商希望在所有商店中创造出预定的每单位商品边际利润,因此,需要为更远的商店设定更高的价格。

由于诸如"公平"价格水平或者竞争性压力等市场因素,价格可能也会不一样。由于前者,在给定的区域内,顾客尽管觉得价格偏高,仍会欣然地接受,因此零售商希望在市场价位上进行销售一定比例以上或以下的商品,于是会设定比其他地区更高的价格。而后者则因本地的竞争水平可能不同,导致了价格压力的不同。在很多情况下,更多的竞争倾向于压低价格,因此,商店较少的农村地区可能比繁华的城市或临近城市的地域价格更高。

二、促销定价

(一) 特殊事件定价策略

有些零售企业喜欢利用一些特殊的时间和事件,把全部或部分商品临时降价以吸引顾客并刺激购买。特殊节日包括公共性节日,如春节、元旦和中秋节等;另外一种特殊节日是商家的开业、店庆或装修后重新开张等。此外,商店还可利用各种与经营相关的特殊事件,实行折扣价格策略以吸引顾客关注和光顾,这是一种"借势"经营行为。无论是哪一种特殊事件定价策略,其主要目的都是通过这些特殊事件来引起顾客的注意,以实现宣传本店、扩大销售的目的。由于特殊事件定价只是临时性的降价,因而不会导致其与竞争对手之间的价格战,也不会在顾客心目中产生价格定式,因此是一种良好的促销价格策略。

(二) 提供赠品定价策略

提供赠品定价策略是指向顾客免费赠送礼品或者当顾客的购买金额达到一定幅度时向其赠送礼品。主要有三种操作方式:一是免费赠送,只要进店即可免费获得一件礼品;二是先买后送,即顾客购物满一定金额才能获得礼品;三是随商品附赠礼品,像买咖啡送咖啡杯、买生鲜食品送保鲜膜等。对某些新商品或利润较高的商品,也可以采用销售赠品的定价方法来刺激这类商品的销售。临近保质期的商品,在与供货商协商以非实际退货方式退货后,也可将其作为附赠品向消费者附带赠送。此外,还可将新商品以小包装方式作为赠品附送。这样,一方面可以促使顾客尝试购买新商品;另一方面也用实物反映价格优惠,有利于扩大销售。

三、竞争定价

此类定价是根据竞争者的价格来设定具体价格。在一般情况下,零售商会特别注意竞争者的比较性商品和已知质量商品。这两种类型的商品仅占了全部分类的一小部分，但消费者却用它们来对竞争的零售商的价格差异进行衡量。两者的竞争性价格的设定可能会对利润产生极其有限的影响，但可能会对零售商的价格形象产生巨大的影响。另外，由于消费者从价格搜寻中得到的感知利益被视为最小，因此，他们可能会放弃进一步的价格比较。

四、心理定价

心理定价策略是依据消费者的购买心理来修改价格，主要有以下几种形式：

（一）整数定价策略

整数定价就是在调整产品价格时采取合零凑整的办法，把价格定在整数或整数水平上，给人以较高档次产品的感觉。如将价格为 1 000 或 1 050 元，而不是 990 元。消费者认为，较高档次的产品能显示其身份、地位等，能得到一种心理上的满足。

（二）尾数定价策略

尾数定价策略是指保留价格尾数、采用零头标价，将价格定在整数水平以下，使价格保留在较低一级档次上。尾数定价一方面给人以便宜感，另一方面因标价精确给人以可信感。对于需求弹性较强的商品，尾数定价往往能带来需求量的大幅度增加。如将价格定为 19.80 元，而不是 20 元。

（三）声望定价策略

声望定价策略是指针对消费者"一分钱一分货"的心理，对在消费者心目中享有声望、具有信誉的产品制定较高价格。价格的高低时常被当做商品质量最直观的反映，特别是在消费者识别名优产品时，这种意识尤为强烈。这种声望定价技巧，不仅在零售商业中应用，而且在餐饮、服务、修理、科技、医疗、文化教育等行业也被广泛运用。

（四）习惯定价策略

习惯定价策略是指按照消费者的习惯性标准来定价。日常消费品价格，一般采用习惯定价。因为这类商品一般易于在消费者心目中形成一种习惯性标准，符合其标准的价格容易被顾客接受，否则易引起顾客的怀疑。高于习惯价格常被认为是变相涨价，低于习惯价格又会被怀疑产品质量存在问题。因此，这类产品价格应力求稳定，在不得不涨价时，应采取改换包装或品牌等措施，减少消费者的抵触心理，并引导消费者逐步形成新的习惯价格。

（五）招徕定价策略

招徕定价策略是指将产品价格调整到低于价目表的价格，甚至低于成本费用，以招徕顾客并促进其他产品的销售。例如，有的超级市场和百货商店大力降低少数几种商品的价格，特别设置几种低价畅销商品，有的则把一些商品用处理价、大减价来销售，以招徕顾客。顾客多了，不仅卖出了低价商品，更重要的是带动和扩大了一般商品和高价商品的销售。

五、类目定价

此类定价涉及为许多类似的商品设置价格。事实证明,简单的价格设置方法,例如一种固定基于边际利润的方法,不能提供最佳的定价结构。其原因在于消费在价格与质量分析中的价值评估。如果商品类目有一系列不同的价格可以进行比较,就更难做出价值判断。相关定价能更容易地做出相关感知质量的判断,并因此导致更容易的价格评估。例如,对消费者测试两套类目定价来测量他们的反映,结果呈近似一致或非一致的关系。经研究发现,这种一致关系使消费者在做出价格与质量判断的时候更有信心,并缩短了他们在购买评估中所花费的时间。非一致关系导致了消费者的迷惑,减少了价格与质量判断中的自信程度,并延长了购买评估的时间。这个发现同感知质量阶梯的概念相联系。这两者都认为感知质量的差异对消费者选择行为有利。

六、单位定价

此类定价是提供整包价格和每单位价格的过程。例如,一个4千克装的商品A会有一个整包价格,并且每千克有一个价格。单位定价在一些国家和地区对零售商来说是强制性,以便于消费者对购买该商品进行准确地评估。一般来说,除了对更小的包装进行促销性定价或者存在人员出错之外,当包装大小增加时,单位价格会减少。单位定价也可以用于合并一些促销定价方法,以使得消费者能在确切的单位价格基础之上评价这种特殊的出售方式。

七、弹性定价

弹性定价是指以不同的价格向不同的顾客提供相同的产品和数量。在需要个人推销的情况下,零售商一般会利用弹性定价策略。弹性定价可以使售货员根据顾客的兴趣、竞争者价格、商店与顾客过去的关系以及顾客讨价还价的能力来调整价格。大部分珠宝店和汽车经销店都会使用这种定价策略,尽管有些顾客对此表示不满。其他一些零售商也会通过向特殊消费者提供折扣来变动自己的价格,比如老年消费者或学生。弹性定价鼓励购物者花更多时间待在商店里,让他们认识到该零售商是折扣导向型的。若遇到不喜欢还价的顾客,就能使零售商获得较高的利润。这种方式需要高的初始价格及具有丰富推销技巧的销售人员。

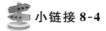 小链接8-4　　　　　　　　地铁商场的招徕定价

北京地铁有家每日商场,每逢节假日都要举办"一元拍卖活动",搜友拍卖商品均以一元起价,报价每次增加5元,直至最后定夺。这种由每日商场举办的拍卖活动由于基价定的过低,最后的成交价就比市场价低得多,因此会给人们产生一种"买得越多,赔得越多"的错觉。岂不知,该商场用的是招徕定价术,以低廉的拍卖品活跃商场气氛、增大客流量,带动了整个商场的销售额上升。需要说明的是,应用此术所选的降价商品,必须是顾客都需要,而且市场价为人们所熟知的才行。

(资料来源:孟利锋,刘元元,翟学智.零售业态管理[M].北京:清华大学出版社,2013.)

第四节　零售价格调整

一、提价

很多零售商对商品涨价都很谨慎,初始价格一旦确定以后,他们会努力维持现状,尽可能避免涨价。因为顾客对商品涨价非常敏感,常常会产生抵触心理。当然,零售商也不应过于害怕涨价,在经营环境发生变化,商品不得不涨价时,只要注意适当的涨价技巧,也能将涨价的负面影响降到最低。

（一）提价的方式

一般说来,零售店主动提高价格是由于:(1)物价上涨,成本上升,零售店为维持既得利润而提价;(2)商品供不应求,再购率提高,零售店为获取潜在的边际利润而提价;(3)零售商已取得垄断优势,为攫取垄断利益而提价。

零售店主动降低价格是因为:(1)市场供过于求,商品积压严重,在其他促销手段不能奏效的情况下,不得不降价求售;(2)为实现大批量销售下的成本降低利润增加而降价;(3)为夺回失去的市场或争取更大市场份额而降价;(4)为纠正前期决策失误而降价,如货不对路或错过时令、前期定价偏高。

提价的方式很多,零售店既可以直接提价,也可以采用间接方式提价,把提价的不利因素减少到最小的程度,使涨价不影响销量和利润,而且被潜在消费者普遍接受。如果零售店采用直接提价,则一定要让消费者知道此价该提,不得不提,提之有理,并进行广泛宣传,以免消费者产生反感情绪。零售店采取直接提价出售商品时,附带搞一点赠品和优惠措施,以免减少消费者对提价的压力,使提价顺利推行。

在很多时候,零售店采取间接提价方式,使提价具有隐蔽性和迷惑性。比如,零售店少给折扣或取消折扣,就是变相涨价;变免费服务为有偿服务,提高服务收费;价格不变,减少商品分量和附赠商品;价格不变,简化包装等;在系列商品中加进一些利润高的品种,或减少利润低、价格低的商品品种,减少额外费用支出,变送货上门为上门提货等。实行间接提价,一定要选择适当的方式,妥善运用,否则可能对零售店产生不利影响。比如,增加服务收费、减少服务项目等,不宜随便采用,因为这样做会损害零售店形象、影响零售店信誉、打击消费者信心,对消费者的需求和购买行为不仅不能产生刺激作用,反而会起到抑制作用。

（二）提价的时机

由于市场环境的复杂,竞争的格局不同,零售店应根据条件,选择适当时机提价。该提价不提价,不该提价又提价,对零售店不利。

1. 商品在市场上处于优势地位

当零售店商品在市场上处于优势地位,商品质量好、声望高、形象好、零售店实力雄厚,消费者产生了一定的偏好,预期价格往往高于其他商品的价格。所以,零售店可适当提价,以满足消费者可接受的心理价格,并促进零售店收入增加。

2. 提价能增加零售店利润

需求的价格弹性小,提价不会引起销售量锐减,甚至仍能维持原来的市场占有率和销量,增加零售店利润,这时,如果降价反而对零售店不利。像一些生活必需品就适合这一策略,如鸡蛋、食盐、大米和油等。

3. 进入成长期

进入成长期,消费者欲望增强,需求量上升,商品知名度在提高,需求弹性变小,尤其是在导入期实行渗透定价的商品,这时可根据商品的发展情况,适当提高价格,增加收入,弥补导入期的高本低利。

4. 季节性商品到达旺季

季节性商品到了旺季,商品俏销,市场活跃,零售店可进行季节性提价,以便使商品销售在旺季和淡季取得相应的销量。旺季提价,淡季降价,全年仍有一定的平均利润。旺季提价也容易被消费者所接受。

5. 竞争对手商品提价

如果不同零售店商品差别较小,竞争水平相同或相当,则竞争对手采用提价策略,零售店也可考虑提价,以保持原有商品的价格关系,稳定利润。在寡头垄断、垄断竞争和完全竞争条件下零售店甚至没有权利单独定价,只能根据市场条件的变化而变化,被动地接受价格。

6. 厚利限销的商品

对厚利限销的商品,提高价格,限制销售量,仍可维持高额利润。采用这种方式的商品,一般是市场俏销,供给有限,顾客对价格不敏感的商品;对消费者身心健康有不良影响,但又不便强行禁止的商品,如宗教迷信用品、烟酒商品等;使用稀缺资源生产的非生活必需品,如珠宝玉器等;具有很高心理价值、欣赏价值和地位价值的商品,如艺术品等;需要特殊工艺进行生产、具有鲜明特色的高档消费品和民族商品等。这些商品不宜实行薄利多销策略,通常都实行高价、厚利、少销的策略。

另外,利用通货膨胀、物价上涨、成本增加的机会,提高商品价格。这种提价零售店有时是主动的,有时是被迫的。不提价,往往意味着零售店的原有利润下降;提了价,消费者往往因预期心理上升而愿意接受。

(三)提价的技巧

引起商品提价的主要因素是供不应求或通货膨胀。当零售店不能满足所有顾客的需要时,商品的提价可能对顾客产生限量购买的作用,也可能促进顾客购买。

提高"实际"价格有几种技巧,每种技巧对顾客产生的影响各不相同,以下是零售店常用的几种提高价格的技巧:

(1) 时机涨价法。提价应利用有利的时机,如季节性商品换季、年度交替、传统节日和传统习俗期间等,零售店不要错过可能涨价的机会。

(2) 分段涨价法。价格一下子提得太高,就很难让顾客接受。如果需要调整的价格幅度较大,可以采取分段调整的办法。一次涨价幅度不宜过大,从经济数据看,每次上调幅度不宜超过原价的10%。

(3) 部分提价法。商店全部商品都提价会遇到顾客的抵制,不建议零售店采用。选择局部商品提价,才容易被顾客所接受。因此,店铺应采取部分提价为好。

(4) 间接提价法。这种方法是通过改变商品品质、包装、减少商品重量、数量等手段,间接提高价格,使顾客更容易接受涨价。

二、降价

(一) 降价的类型

降低价格是在最初的销售价格上向低调整,使商品的售价低于原售价。主要有以下几种类型:

(1) 成本降价。当供应商实现规模效益,生产成本下降时,零售企业的进货成本也随之降低。此时应主动适当降低价格,以增强竞争力。

(2) 竞争降价。当生产厂家实现规模效益,生产成本降低时,零售企业的进货成本也随之降低。为了扩大销售,提高市场占有率,零售企业应主动适当的降低价格,以增强竞争力。

(3) 招徕降价。在市场疲软或销售不利的情况下,为吸引顾客,零售企业可以选择一种或几种比较有吸引力的商品,以具有吸引力的低价销售,招徕顾客,带动其他未降价商品的销售。

(4) 拓市降价。这是指为销售不畅的商品开拓市场而降低价格。低廉的价格会促使消费者购买,有利于扩大销售,打开销路。

(二) 降价的时机

许多商店很早就开始降价,而那时的需求还相当活跃,通过及早降价销售,商店不必像在销售季节的晚期那样急剧降价。一些商店也采取后期降价的政策。尽管商店对安排降价的最佳时间顺序有不同的看法,但必须在保本期内把商品卖掉却是共识。在保本期内,可以选择早降价、迟降价或交错降价。

1. 早降价的好处

(1) 实施这种办法,是在需求还很旺盛的时候,就把商品降低价格出售,可以大大地刺激消费者的购买欲望。

(2) 早降价与在销售季节后期降价相比,只需要较少的降低价格就可以把商品卖出去。

(3) 早降价可以为新商品腾出销售空间。

(4) 早降价可以加快商店资金的周转。

2. 迟降价的好处

(1) 商店可以有充分的机会按原价出售商品。

(2) 避免频繁降价对正常商品销售的干扰。

(3) 减少商店由于降价带来的利润降低。

选择降价时机,关键要看减价的结果。如果商品能顺利地销售,商店可以选择延迟降价;如果降价对顾客有足够的刺激,能够加速商品销售,可以早降价。

交错降价就是将早期降价和晚期降价策略结合起来运用,现在这一方式变得越来流行了。例如,许多时尚商品专卖店在销售的前几周之后削价 20%,又过几周再削价 30%,这样下去直到商品卖完。这种方法看来比那种降价次数少但降价幅度很大的办法更能增加利润,这可能是因为顾客相信他们必须在降价结束之前而商品又未售完时去购买。同样,在第一次降价时未购买的顾客可能会在下一次降价时购买。两种策略结合的缺点是:商店可能会在第一次或第二次降价之后蒙受较大的损失。

但是,频繁降价会使顾客产生不良的心理反应。如果商店频繁地进行商品降价处理,顾客就会认为"降价处理的商品价格就是该商品的本身价格"。如果顾客形成这样的印象,降价就失去了对顾客的吸引力。

(三) 暗降的技巧

如果为了提高市场占有率或和竞争对手周旋而必须降价,但又不得不维持表面上的市场价格,就可采用暗降的方法。暗降的方法多种多样,主要包括:

(1) 实行优待券制度。应当注意的是,优待券的发放面不宜过大;报纸上刊登的优待券应有较强的时间限制而不宜期限过长,这样人们才有紧迫感。

(2) 返还部分货款。告知消费者,若将证明购买特定的商品的证件或标签返还,则可获得一定金额的货款返还。

(3) 实物赠品。通过赠送有一定价值的实物来吸引消费者。

(4) 以"新产品"面貌出现。比如经由简化包装,变换组合,使之以"新面貌"出现。这种新产品定价比老产品要低,容易销售,而与现有产品又"毫无关系"。

本章小结

在现代市场经济条件下,企业面临的竞争压力越来越大,消费者需求日益理性和个性化,使得零售商定价决策在管理中的位置越来越重要。选择合适的零售定价策略,直接关系到零售商的市场竞争和经济效益。零售商要综合考虑零售定价的影响因素、零售定价目标与政策、零售定价的方法、零售定价的策略以及零售定价的调整,以便适应多变的市场环境。

零售商在确定零售定价时,要综合考虑多种因素,这些因素主要包括:商品成本、零售商的定位和服务策略、消费者价格心理、竞争对手的价格、国家的法规政策以及零售商选址、商品效用和零售价格控制权归属等其他因素。

零售定价需要建立一定的定价目标,一般来说,根据零售商的实际情况,零售定价目标主要有:以利润为导向的目标、以销售为导向的目标和维持现状的目标。目前,在国内外零售业界流行两种对立的定价政策,即高/低价格政策和稳定价格政策。这两种定价政策使得零售商的价格管理和竞争策略有明显的区别,也形成了两种鲜明的特色。

零售定价方法是零售商在特定的定价目标和定价政策指导下,依据对影响价格因素的分析研究,运用价格决策理论,对商品价格水平进行计算决定的具体方法。零售商在选择定价方法解决定价问题时,应参考成本费用、市场需求和竞争状况这三个主要因素中的一个或多个,并通过此种定价方法产生一个独特的价格。常见的定价方法可归纳为成本导向和需求导向等两类。

零售商在制定了基本价格后,要建立一种多价位的商品结构,以适应不同的需求特点。因此,有必要针对不同的消费心理、购买行为、竞争态势、地区差异和需求差异等,对基本价格进行修改。常见的定价策略主要包括:地理定价、促销定价、竞争定价、心理定价、类目定价、单位定价、弹性定价等。

零售企业处在一个动态的市场环境中,产品价格的制定与修改都不是一劳永逸的。企业必须根据市场环境的变化,不断地对价格进行调整。零售价格调整有两种形式:提价和降价。无论是提价还是降价,都有可能对顾客产生一定的负面影响。为了降低这一影响,零售商在调整价格时需要十分注意调价时机和调价技巧。

1. 零售商在制定商品价格时需要考虑哪些因素?
2. 零售商常见的商品定价目标是什么?
3. 试分析零售商定价政策的类型及其优缺点。
4. 简述零售商常用的确定商品定价的方法。
5. 零售商有哪些主要的定价策略?
6. 举例说明零售商的心理定价策略有哪些?
7. 请选择一家零售商,分析其商品提价的原因、提价的时机以及给出其提价技巧的建议。

解构奢侈品定价密码

奢侈品的价格是基于价值定价。法国马赛商学院 MBA、EMBA 主任 Michel Gutsats 指出:"以价值为导向的定价法是根据客户对公司产品的价值认知,确定价格,而奢侈品的价值即在于它们的排他性。"

随着时间的变化投入于奢侈品生产制作的工时不是相对固定的就是增加的,不像大众市场的产品会随时间减少。爱马仕方巾所需的非熟练工 35 个工时与 1968 年时相同。而这也是其价值的体现之一。

在全球范围内,奢侈品牌通常根据欧洲、美国、亚洲 3 个不同的区域制定零售价。而不同区域的价格差异也非常大。根据商务部统计,手表、箱包、服装、酒、电子产品这五类产品的 20 种品牌高档消费品,境内售价比香港要高 45% 左右,比美国高 51%,比法国高 72%。

许多国家进口的奢侈品都需要支付消费税,这部分税有时会达到出口价格的 100%。在有些情况下,还需要增值税(包括在零售价中)和地方税(通常不包含在零售价中,在收银处另加)。同时每个地方开设店铺的成本不同,在东京经营直营店和人工成本通常是马德里的 2~3 倍,而这些在一定程度上都会反映到最终零售价中。按照此推算,即便中国是按照欧洲原产地的价格指数,仅计算关税、增值税和消费税这些税费,若以总额 50% 的税率计算,最后中国奢侈品的价格就比欧洲高出50%。

基于以上的定价框架,如果美元对欧元走弱,相对地,纽约的价格指数降到90或95,比巴黎的价格指数100要低,这时美国的零售价当然会有涨价的趋势。通常这样的涨价每年会发生2~3次,比如当新的产品目录出来时,由于美国的品牌不需要涨价,所以欧洲的品牌会非常谨慎地不让价格提高得太快以保持竞争力。

奢侈品牌在全球依据欧元汇率变化为涨价基础是其一直以来的规则也属于常态型的调价,而在每年春夏新品、秋冬新品上市之前是奢侈品进行调价的契机,这也难怪奢侈品商会有每年在国内外提价几次的铁律。

奢侈品牌无论任何理由,涨价都必须遵循一个原则,那就是永远要走在货币汇率变化之上和消费者购买力之上,无论如何不能随着货币贬值而价值缩水,也无论如何不能随着消费者个人购买力增强而降低购买压力。

除了宏观汇率的变化之外,各项成本的上升也会反映到最终奢侈品的零售价中,亦是奢侈品商调价的原因之一。而从整体上来看,奢侈品的涨价也是品牌商们不得不为之的策略。奢侈品本身是少数人的特定产品,通过涨价可以控制消费者层次与市场范围,保留其排他性的奢侈品属性,从而延长品牌生命力。

如果市场不接受提价的话会有反馈和修正,但提价之后销售没有受到影响说明还是有市场需求,奢侈品在中国市场依然持续提价说明中国人购买力并没有因此受到影响。正是深谙中国奢侈品消费者的这些心理,奢侈品牌也不惧怕在中国提价,而且还会是持续性的。现在中国奢侈品市场增长迅猛,欧洲品牌在国内具有绝对的优势,不管是政策还是竞争对手层面都没有什么因素能阻碍他们提价,在目前的市场环境下,正是他们提价的最好时机。

(资料来源:周苗苗.解构奢侈品定价密码[J].中华工商时报,2011-07-23.)

【案例思考】
1. 奢侈品是依据什么方法定价的?它主要受哪些因素的影响?
2. 根据案例,试分析为什么奢侈品会频繁的涨价?

本章实训

一、实训目的

1. 明晰零售定价的影响因素、目标与政策。
2. 通过实地调查,了解所在城市不同业态主要零售企业定价的方法和策略。
3. 锻炼调查收集资料、分析问题、团队协作、个人表达等能力。

二、实训内容

以小组为单位,就某一零售业态深入你就读高校所在城市的3~5家典型零售企业调查,收集这一业态零售企业的零售定价策略和技巧,比较分析不同企业零售定价策略对其竞争优势的影响。

三、实训组织

1. 指导教师布置实训项目,提示相关注意事项及要点。
2. 将班级成员分成若干小组,成员可以自由组合,也可以按学号顺序组合。小组人数划分视修课总人数而定。每组选出组长 1 名,发言代表 1 名。
3. 以小组为单位,选定调查的业态及这一业态的典型零售企业,拟定调查提纲,深入企业调查收集资料。写成书面调查报告,制作课堂演示 PPT。
4. 各小组发言代表在班级进行汇报演示,每组演示时间以不超过 10 分钟为宜。

四、实训步骤

1. 指导教师布置任务,指出实训要点、难点和注意事项。
2. 演示之前,小组发言代表对本组成员及其角色进行介绍陈述。演示结束后,征询本组成员是否有补充发言。
3. 由各组组长组成评审团,对各组演示进行评分。其中,演示内容 30 分,发言者语言表达及台风展现能力 10 分,PPT 效果 10 分。评审团成员对各组所评出成绩取平均值作为该组的评审评分。
4. 教师进行最后总结及点评,并为各组实训结果打分,教师评分满分为 50 分。
5. 各组的评审评分加上教师的总结评分作为该组最终得分,对于得分最高的团队予以适当的奖励。

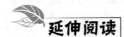
延伸阅读

1. 杨海丽,刘瑜. 我国零售商渠道管控能力及其定价权的实证研究[J]. 价格理论与实践,2010(8).
2. 彭娟. 基于顾客感知价值的服务零售定价策略研究[J]. 价格月刊,2010(4).
3. 苗晓娜. 连锁超市的零售价格与营销策略思考[J]. 价格月刊,2014(2).
4. 苏琪. 连锁超市的五种参照法[J]. 现代营销,2009(6).
5. 后东升,周伟. 零售店商品定价技巧[M]. 深圳:海天出版社,2007.
6. 罗利. 低价不是法宝:零售骄子塔吉特如何分庭抗礼沃尔玛[M]. 宋洁,等,译. 上海:上海远东出版社,2007.
7. 黄岚,蒋侃. 网络零售价格促销方式对消费者感知及购买意愿的影响[J]. 广西社会科学,2014(1).

第九章 零售促销管理

 本章学习目标

了解零售促销的类型和作用;熟悉零售促销的组合要素,掌握零售促销的概念与特点、零售促销的策划、实施和评估。

 引例

希尔顿的促销策略

希尔顿酒店的促销策略主要有五个方面:①会员制促销活动。希尔顿酒店会员房价制度规定,会员可以享受价格的优惠折扣。一般地,入住某些酒店一夜,会员费即可赚回来,而终生享受,顾客较认同。②周末度假促销活动。1987年推出,初期只在较低档酒店内实施,现已遍及高中低各类酒店。③家庭度假站促销活动。20世纪90年代推出,出发点是"让孩子们高兴"。通过深受孩子欢迎的举措,吸引家庭客,如提供欢迎礼品、免费使用玩具、设置儿童菜单等。推行此项目的酒店专门进行装修改造,设立度假站满足家庭客的需求。还加强员工在如何更好为家庭提供服务方面的专业培训。④公关促销。十分重视与所在地社会的关系,设有专门的捐赠审查委员会,决定公司慈善资金的使用。⑤环保促销。希尔顿酒店在经营管理中很重视保护环境,节约资源。如在埃及,塔巴希尔顿度假区采用垃圾收集机把有机垃圾分为塑料、金属、纸张和玻璃4种垃圾桶收集,然后送到开罗的回收中心。希尔顿酒店注意改造酒店的室内环境,在走廊多放置绿色植物、花盆,绿化酒店庭院环境,塑造小桥流水的园林环境。

(资料来源:漆浩.酒店之王希尔顿经营智慧[M].北京:中国商业出版社,2001.)

本章知识结构图

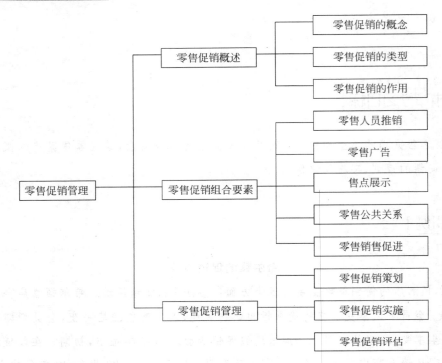

第一节 零售促销概述

促销是营销中的沟通过程。零售商像其他企业一样,需要与它的客户(购物者)进行沟通。这种沟通的目的是要确保现有和未来的购物者了解零售商,对零售商持正面的态度,并对零售商提供的商品和服务有广泛而正确的认识。当然更重要的是他们在商店里进行消费。这些沟通目标大致可分为三类:告知、说服和强化。零售商完成这些沟通目标需要对沟通过程、参与者、沟通内容、传递方法及其他一些因素有所了解。这些沟通会在店内、商业区或市场发生。

一、零售促销的概念

零售促销是指零售商通过人员或非人员的促销方式,向顾客传递有关商品和服务的信息,吸引、刺激、说服顾客购买零售商提供的商品和服务的行为与过程。这一概念的要点包括以下三个方面:

(一)人员或非人员的促销方式

零售促销的方式包括人员促销和非人员促销两类。人员促销也称人员推销,是零售商运用销售人员直接向顾客传递商品信息的一种促销方式。非人员促销一般是指零售商运用广告、售点展示、公共关系、销售促进等方式向顾客传递商品信息的促销方式。这两种促销方式各有其特点,零售商应选择合适的组合来进行促销活动。

(二)沟通信息是零售促销的核心

在竞争激烈的市场环境下,零售企业为适应市场环境的变化,自身的经营状况也要进行相适应的变化。因此零售企业需要通过各种传播方式告知顾客本零售企业变化的信息,顾客也需要知道零售企业的信息变化,以便决定其是否采取购买行为。如果零售企业未将自己经营的商品或服务的有关信息实时有效地传递给顾客,那么顾客对有关信息一无所知,自然不会购买。因此零售促销的核心是零售商与顾客之间的信息沟通。

(三)促进购买是零售促销的目的

在顾客可支配收入既定的条件下,顾客是否产生购买行为,主要取决于顾客的购买欲望,而顾客的购买欲望往往与外界的刺激、诱导分不开。零售促销就是针对这一点,通过各种促销方式把商品和服务的相关信息快速准确地传递给顾客,以刺激其购买欲望,促使其产生购买行为。

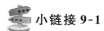

小链接 9-1　　　　　　　　零售促销的功能

零售促销的功能主要体现在以下三个方面:第一,告知功能,即通过促销活动把零售商有关商品、服务、价格、信誉等方面的信息告诉消费者;第二,劝说功能,即零售商通过提供证明、效果展示等形式说服消费者,强化他们对本店商品的信心,促进其购买行为;第三,提醒功能,即零售商通过经常性的广泛传播建立连贯持久的店铺形象,使消费者潜移默化中接受本企业的宣传。

(资料来源:[美]帕特里克·M.邓恩,罗伯特·F.勒斯克.零售管理[M].第5版.北京:清华大学出版社,2007.)

二、零售促销的类型

(一)按照促销时间的长短划分

1. 长期性促销

长期性促销活动的持续时间一般在一个月以上,主要着眼点是塑造本零售商店的差异优势,在顾客的头脑中留下深刻的印象,增加顾客对本商店的向心力,以确保顾客能够长期来本零售商店购物,不至于导致顾客的流失。

2. 短期性促销

短期性促销活动的持续时间一般是3~7天,主要目的是希望在有限的时间内增加销售量。零售企业通常借助具有特定主题的促销活动,吸引顾客并刺激顾客购买,以提高销售量,如春节促销、端午节促销、店庆促销等。零售企业也可以在短期内通过对某些或全部商品采取折扣的方式,增加销售量,如淘宝网进行的"双十一"促销活动,吸引了大量顾客前来购买,进而促进了商品销量的提高。

(二)按照促销活动的主题划分

1. 庆典促销

(1)开业促销活动。新的零售商店在开业的时候都会举行隆重的开业仪式,这也是一种促销活动。开业对零售商店而言是第一次向社会公众展示形象,为了给顾客留下深刻的第一印象。每一家零售商店在开业时都会策划一个较大型的促销活动,以达到吸引顾客并给顾客留下良好印象的目的。

(2) 周年店庆促销活动。周年店庆促销活动是仅次于开业促销活动的一项重要活动,每年只有一次,这也是零售商向顾客展示经营实力的好时机。零售商要在这一时期举办较大型的促销活动,大力宣传本零售企业与竞争者在经营等方面的差异,让顾客真正得到实惠,获得顾客认同,进而促进顾客进行购买决策。

2. 例行促销活动

通常零售商往往在一年的不同时期推出一系列的促销活动,主要是以节日为主题,如国庆节、儿童节、情人节等。由于每年的节日差不多是固定的,每一零售商店在下一年要做哪些促销活动可以提前做好计划,每年的变化一般不会太大,故称例行性促销活动。

3. 竞争性促销活动

竞争性促销活动是指针对竞争对手的促销活动而采取的促销活动。为了防止竞争对手在某一促销活动时期将当地客源吸引过去,零售商店往往会针对竞争对手的促销活动推出相应的竞争性促销活动。

按照促销沟通的地点不同,又可将促销分为基于店面的促销和基于市场的促销,在这里不再一一赘述。

三、零售促销的作用

零售促销对零售企业具有积极的促进作用,同时客观上也存在着一些消极的作用。

(一) 零售促销的积极作用

1. 传递信息,吸引顾客

在激烈竞争的零售市场环境中,即使零售企业的商品质量上乘、价格合理、服务周到、设施齐备、装潢高级,如果不能让顾客充分地获取这些信息,同样达不到较好的吸引效果。因此零售商要吸引顾客,创立竞争优势,就要与现有顾客及潜在顾客不断的沟通,向顾客传递商店地点、商品和服务方面的信息,使顾客相信购买该商店的商品能够满足他们的需求,吸引顾客进入商店。

2. 突出特点,刺激需求

零售商通过促销活动,宣传本零售商店的商品和服务,区别于竞争对手的特点,反映自己的经营特色,刺激他们到本零售商店购买商品和服务的需求。

3. 说服顾客,扩大销售

零售促销是买卖双方达成交易的关键,零售企业通过各种有效的促销宣传手段,帮助顾客挑选商品,刺激顾客的购买欲望,说服顾客购买,从而扩大商品的销售。

4. 树立良好形象,提升知名度

通过促销活动向顾客传递零售企业的相关信息,使顾客了解到本零售商店对待顾客的态度,为顾客提供的特殊利益,给顾客留下良好的印象,进而树立零售企业的良好形象。

(二) 零售促销的消极作用

(1) 零售促销通常是一种暂时性、短期性的活动,持续时间不应过长,因为时间持续过长对顾客来说就没有新鲜感了,促销的刺激性作用明显下降。若短期性的零售促销过于追求短期利益,会导致零售企业形象受损。

（2）零售促销活动的投入通常是非循环的,投入在促销活动上的创意、金钱等,很少能再重复使用。

（3）同一品牌的产品举行频繁的促销活动会损害品牌形象。顾客看到同一品牌过多的促销可能会认为这是厂商滞销的产品、库存太多或是廉价品,进而认为该零售商店的商品质量也很低劣,导致顾客不再愿意来本商店购物。

第二节　零售促销组合要素

一、零售人员推销

（一）零售人员推销的概念

人员推销就是零售商通过销售人员与顾客的直接沟通来传递商品的相关信息,引起顾客的关注和兴趣,说服顾客购买的促销活动。人员推销还包括邀请或聘请有关专家、顾问甚至商品的使用者,向顾客进行宣传与推销活动。零售商是否利用人员推销,取决于其所售商品的类型、顾客自我服务的程度以及对维持长期顾客关系的兴趣。

（二）零售人员推销的作用

人员推销的作用一般包括以下五个:

1. 增强顾客信任

人员推销是面对面的沟通交流,这种沟通交流可以增进销售人员与顾客之间的情感,有时可以把销售人员与顾客从纯粹的买卖关系培养成朋友关系,彼此建立友谊,使销售人员获得了顾客的信任。由于销售人员也代表了零售企业的形象,因此也增强了顾客对零售企业的信任。

2. 促进顾客购买

销售人员向顾客介绍商品,目的是促进顾客购买。向顾客介绍商品要从以下两方面入手:一是介绍商品能提供的利益,利益即是能满足顾客的某种需要,要着重介绍该商品如何能满足顾客的需要;二是演示商品,对商品只有介绍而无演示是不够的,只有向顾客演示商品,使顾客看到商品的使用过程及效果,才能对顾客购买产生较大的影响。

3. 增加补充销售

当顾客决定购买某一商品时,并不意味着销售过程的结束。销售人员在与顾客成交后还可提供给顾客其他相关商品的信息,提醒顾客是否购买,创造补充的销售。

4. 建立长期关系

人员推销的目的不仅是销售商品,还在于通过为顾客提供周到的服务和热情的帮助,获得顾客的认可,取得顾客的信任,与顾客建立长期关系。销售人员也可以向顾客提供多样化的服务,如向顾客提供咨询和技术服务、帮助顾客及时办理付款或免费送货服务等,这些都拉近了与顾客的距离,可以获得顾客的好感,进而提高顾客的满意度。

（三）零售人员推销的技巧

在顾客眼中销售人员的言行举止是零售企业形象的缩影,对零售企业来说销售人员是流动的活广告,因此销售人员在销售过程中要特别注意一些技巧的运用。

1. 洽谈的技巧

在开始洽谈时,销售人员应巧妙地把谈话转入正题,做到自然、轻松、适时。在洽谈过程中，销售人员应谦虚谨言，注意让顾客多说话，认真倾听，对顾客的需要表示特别关注，并做出积极的反应。洽谈成功后，销售人员切忌匆忙离去，这样做，会让对方误以为上当受骗了，从而使顾客反悔违约。应该用友好的态度和巧妙的方法祝贺顾客做了笔好生意，并告知顾客使用商品的一些注意事项和售后服务等。

2. 促进成交的技巧

促进成交的方法很多，一般包括请求成交法、选择成交法、期限成交法、从众成交法等，每种促进成交的方法都有其技巧，销售人员要掌握并善于运用这些技巧，以促进顾客做出购买决策。请求成交法是指销售人员在接到顾客的购买信号后，用明确的语言向顾客直接提出购买建议，以求适时成交的方法。选择成交法是销售人员向顾客提供几种可供选择的购买方案来促成交易的方法。这种方法的前提是顾客已经下定决心购买，但尚未确定买哪一个。在这种情况下，销售人员要提出几种选择方案，敦促顾客下定决心。当销售人员直接将具体购买方案摆到顾客面前时，顾客会难以拒绝，从而有利于顾客做出购买的决策。期限成交法是指销售人员通过限制购买期限从而敦促顾客购买的方法。如许多商店贴出"存货有限、欲购从速"、"三周年店庆，降价三天"等，都是典型的期限成交法的实例。它是利用了顾客"机不可失，时不再来"的心理，来推动顾客购买商品的。从众成交法是指销售人员利用大众购买的从众心理行为促进顾客购买的方法。从众心理是一种普遍的社会现象。保证成交法是指销售人员向顾客提供某种成交保证来促成交易的方法。顾客在考虑购买促销商品时，往往因为害怕上当受骗而拖延成交时间，甚至最后放弃购买。在保证成交法中销售人员向顾客提供了某种保证，解除了顾客的顾虑，增强了顾客的购买信心，使顾客可以放心购买。

二、零售广告

（一）零售广告的概念

零售广告是指零售商以付费的非人员的方式，即通过传播媒介向顾客提供有关零售商店的商品、服务、价值观念等信息，以影响顾客对零售商店的态度和偏好，直接或间接地引起销售增长。

与其他促销方式相比，零售广告的优点体现在：传播范围广，可以吸引大量的公众（pop 广告除外）；可供选择的媒体较多；零售广告内容生动活泼、表现方式非常灵活，容易引起公众注意；零售广告使顾客在购物前就对零售商及其商品和服务有所了解，这使得自助服务或减少服务成为可能。

（二）零售广告的作用

1. 告知顾客信息

零售广告一般是顾客初步认识商品及零售商的工具，零售商通过广告可以将零售企业的经营特色、商品等信息传递给顾客，还可以通过广告向顾客说明零售商店的定位，即为哪些顾客服务，吸引顾客光顾商店。

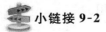 小链接 9-2　　　　　　　　　金利来广告语

"金利来，男人的世界。"

金利来的成功除了得益于一个好名字外还在于成功的定位,他们把自己的产品定位于成功和有身份的男士,多年来坚持不懈,终于成为男士服装中的精品,而这句广告语则画龙点睛般准确体现了金利来的定位和核心价值。

(资料来源:曾宪梓.金利来的创业之路[J].中国科技论坛,1933(1).)

2. 推动销售额增长

零售广告作为一种说服性沟通活动,可以多次重复同一信息,能够激发顾客的潜在购买意识,改变偏见和消极态度,影响顾客的购买行为。

3. 提高零售商店的形象

零售商可以将有利于塑造零售商店形象的广告信息以选定的形式向公众传播,可以很好地起到提高零售商店形象的作用。

(三)零售广告的类型

1. 按照广告的目的划分

(1)商品广告。这类广告通过对商品的性能、特点和用途的宣传介绍,提高顾客对商品的认识程度,吸引顾客迅速前来购买,以在短期内提高零售商店的销售量。

(2)声誉广告。零售商做这类广告是在为零售企业的长期发展作考虑,目的是想告知顾客本零售商店与竞争对手相比所具有的优势与地位。

2. 按支付方式划分

(1)自付型广告。自付型广告是指零售商自己支付广告费用的广告。自付型广告的优点是零售商可以控制广告的内容,并且可以根据自己的需要适时地调整广告内容;主要缺点是所需广告费用需要自己承担,费用有时会很高,有些零售商难以支付。

(2)他付型广告。他付型广告是指广告费用不由零售商自己承担,而是由制造商、批发商或赞助商承担的广告。这种广告的优点是不需要零售商支付广告费用,降低了零售促销费用;缺点是零售商一般不能控制广告的内容,广告的内容由支付费用的制造商、批发商或赞助商决定。

(3)合作型广告。合作型广告是指广告费用由两个或多个合作伙伴共同负担。这种广告的优点是零售商的广告费用降低了,但发布的广告信息必须要顾及合作方的商品宣传,有时可能会降低零售商的广告效力。合作型广告可分为纵向联合广告和横向联合广告。

3. 按照广告媒体划分

(1)印刷媒体类广告。印刷媒体类广告主要包括报纸广告、杂志广告、传单广告、包装广告、户外广告等。

报纸广告因市场覆盖面大、反应快、限制较少等优点成为零售商偏爱的媒体。报纸广告很适合定期和长期广告,零售商做报纸广告往往是为市场容量大的商品大幅度降价而做,广告的内容包括所有促销的商品及特殊的价格折扣。

杂志广告可以运用彩色照片和图片进行宣传,宣传效果比报纸更好,而且专业性强、生命周期长,有一定的保留价值。

传单广告是指将广告印成传单后散发给顾客的广告。传单广告制作简单、费用不高、方式灵活,对于提高商店知名度、引导顾客入店购物有很好的效果。传单的有效范围一般只限于商业圈内,散发的形式可以采用人员在街头或商店门前散发。

包装广告是将零售商店的店名、地址、电话号码、经营项目等信息印在包装纸(袋)上的广告。零售商店在包装纸(袋)等包装用品上,印上图文并茂的宣传本零售商店经营特色的内容,不仅可以增加商品包装的美感,而且还是一种具有一定宣传覆盖面的广告。

户外广告是指建在零售商店建筑物外面的招牌广告、栏架广告、临街广告、灯箱广告等。户外广告最大的优势在于曝光率高,生命周期长,可数月甚至数年保持,但缺点是广告牌不易寻找理想位置,且有效范围小,机动性差,更新的速度也比较慢。

(2) 电波媒体类广告。电波媒体类广告主要有电视广告、广播广告、网络广告等。

电视广告具有视、听双重效果,画面生动、富有魅力、色彩鲜艳,十分引人注目,广告效果显著,说服力强;但成本昂贵,时间很短暂,一般在 15~30 秒。

广播广告主要是将信息传递给听众。除了电台广播外,零售商店里还有内部广播。广播广告具有很好的灵活性和随机性,收听方便,既可传递商品信息,也可介绍零售商店,而且成本低;但广告内容一闪而过,不便于记忆和比较,听众区域大,目标顾客所占比例较小。

网络广告主要是指以数字代码为载体,采用电子多媒体技术设计制作,通过互联网传播,具有较强的交互功能的广告形式。网络广告的形式可分为旗帜广告、电子邮件广告、电子杂志广告、新闻组广告、公告栏广告等。

(3) 其他媒体类广告。其他媒体类广告主要包括交通工具广告、POP 广告等。

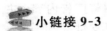 **小链接 9-3** 　　　　　　　　世界古代广告类型

广告在奴隶社会时期就已随之产生,纵观中外古代广告主要有以下几种形式:

1. 口头广告

口头广告又称叫卖广告,这是最原始、最简单的广告形式。早在奴隶社会初期的古希腊,人们通过叫卖奴隶、牲畜,公开宣传并吆喝出有节奏的广告。

2. 商标字号广告

商店的字号起源于圣经时代的以色列、庞贝和古希腊。商标字号一般都具有象征性,如古罗马的一家奶品厂就以山羊做标记,一条骡子拉磨表示面包房,而一个孩子被鞭子抽打则是一所学校采用的标记。

3. 音响广告

音响广告是人们利用器具所发出的声音代替口头叫卖的一种广告形式,早在西周时期,我国便出现了音响广告。在我国古代,各行各业都有自己的音响工具,如茶摊子敲响盖唱卖、布贩子摇拨浪鼓、补锅的敲大锣、卖油的敲油梆子等。

4. 招牌广告

招牌广告这种形式在古代多以悬物为主要标志。如酒店开设在固定场所,为了招揽顾客,悬挂一面酒旗,这是吸引顾客的一种广告形式。《水浒传》里也有这样描绘:"武松在路上行了几日……望见前面有一个酒店,挑着一面招旗在门前,上头写着五个字迹:'三碗不过岗'。"

5. 印刷广告

印刷广告是随着科技的发展，在古代广告中比较先进的一种广告形式。我国毕昇最先发明了活字印刷术，最早的工商业印刷是北宋时期济南刘家针铺的广告铜版，上面雕刻有"济南刘家功夫针铺"字样，是至今发现的世界最早的印刷广告物。1473年英国的第一个出版人威廉·坎克斯印刷了许多宣传宗教内容的印刷广告，张贴在伦敦的街头，这是西方最早的印刷广告，比我国北宋刘家针铺广告要晚三四百年。

（资料来源：陈钦华.世界古代广告类型[J].青年文学家，2005(5).）

三、售点展示

（一）售点展示的概念

售点展示是指零售商或其他主体在零售商店的特定区域，对商品及其相关辅助物进行空间设计和陈列，以促进特定品牌或系列品牌商品的销售。售点展示的组织者主要是零售商，同时也包括制造商、批发商等主体。售点展示实质是通过有效的空间艺术设计，创造一个有利于促进销售的环境。售点展示的空间艺术设计是一种直接与商品品牌联系，借助各种陈列辅助设施形成多元空间的视觉传达设计；是一种多感官、综合性信息传达的设计；是一种多学科技术综合应用的设计。

（二）售点展示的作用

1. 感官刺激

刺激是一种使人产生心理现象的方式，售点展示对顾客的刺激，主要是感官刺激，既有商品的性能、用途、效果、质量等需求的刺激，又有图形、文字、造型、色彩、动感等视觉的刺激。售点展示在顾客的购物经历中注入新颖的、令人激动的、欣赏性的因素，从而改善顾客的厌倦情绪。

2. 引导顾客

根据商业心理学分析顾客的行为心理，可将顾客分为三类：目的性较强的顾客，他们进入卖场之前已有购物目标，因此目光集中，脚步明确；有一定选择的顾客，他们对商品有一定注意范围，但也留意其他商品，他们脚步缓慢，但目光集中；无目的顾客，他们去卖场无一定的目的，脚步缓慢，目光不集中，行动无规律。售点展示中的空间设计，对展示区域具有引导性，对顾客起到视觉、路线导向的作用。展示的主题色、企业标准色、商标标志色的普遍使用，形成了各类展示活动的象征色，在展示过程中有良好的指示和引导作用。

3. 营造氛围

赏心悦目的色彩，统一和谐的色调，富有韵律感、节奏感的色彩组合序列，能美化商品，美化展示环境，给顾客视觉与精神上以舒适的审美效应。优美独特的售点展示，为顾客创造了良好的购物氛围。

4. 塑造形象

售点展示能够以有形的、生动的形式传达零售企业的形象。为顾客提供各种售点展示，可以让顾客相信所提供的商品和服务能够给顾客带来特殊利益，能够在顾客心目中塑造良好的企业形象。

（三）售点展示的内容

1. 设计风格

售点展示设计的风格要与展示的商品相一致，商品有特定的目标顾客，根据他们的经济条件、文化素养等各个方面的状况形成售点展示的风格，以达到吸引目标顾客的目的。

2. 空间布局

售点展示的空间布局设计必须方便顾客的流动，容纳一定的顾客流量，既能使所有的商品能够有效地对顾客进行展示，又能有效地利用有限的销售空间。

3. 商品陈列

售点展示中的商品陈列力求具有独特性，能够很快地引起顾客的注意，激起他们的购买欲望。具体来讲，在设计商品陈列时，应遵循的原则有：醒目美观的原则；方便易选的原则；充实丰富的原则；格调新颖的原则等。

四、零售公共关系

（一）零售公共关系的概念

零售公共关系是指零售商通过开展某些有效的活动，改善零售商店与社会公众的关系，在公众心目中树立良好的形象，建立良好的声誉，扩大零售商店的知名度，进而扩大商品市场占有率的方式和方法。

零售公共关系的主要任务是沟通和协调零售企业与社会公众之间的关系，以争取公众的理解、认可与合作，进而实现扩大销售的目的。这一任务决定了其工作的主要内容是零售企业要正确处理与宣传对象的关系。

1. 正确处理零售商与顾客的关系

顾客对零售企业的印象和评价，决定着零售企业的生存和发展，决定着零售企业能否保持和扩大市场占有率。因此，公共关系要树立以顾客为中心的思想，主动、积极地争取顾客，处理好与他们的关系。

2. 正确处理零售商与新闻媒介的关系

新闻媒介对零售企业的影响很大，报纸、杂志、广播、电视等新闻媒介是重要的社会舆论工具，影响民意，间接有力地影响零售企业。零售企业公共宣传人员应当同新闻媒介保持经常、广泛的联系，通过主动合作，打开市场局面，提高零售企业的知名度，树立良好的社会形象。

3. 正确处理零售商与社区的关系

零售企业与社区存在着千丝万缕的联系，只有建立融洽的社区关系，零售企业才能立足扎根。零售企业应主动地担负起社会责任，造福于社区。

4. 正确处理与社会组织的关系

各种社会组织和商业团体，比如消费者权益保护协会、环境保护组织、少数民族组织等。这些社会组织和团体有时候虽然与零售企业没有直接关系，但是它们在信息传递中却拥有自己的优势，可以帮助零售企业在相关环境中获得竞争优势。

5. 正确处理零售商与政府的关系

零售企业的活动应服从政府的监督与管理，并正确处理零售企业与政府的关系。在遵守国家法令、自觉接受政府有关部门的指导和监督的同时，企业应主动与政府有关部门沟通信息，赢得政府的信赖与支持。

（二）零售公共关系的作用

1. 传递有利信息

作为零售企业的宣传手段，公共关系通常是将零售企业的正面信息不断地传递给公众，可加深公众对零售企业的理解、认识和信任，为零售企业树立良好的形象，赢得公众的支持。

2. 改善相互关系

公共关系传递对零售企业有利的信息，可以排除公众的误解，争取公众的谅解。一方面是使一些社会上传播的不真实的、容易引起公众误解、损害零售企业形象的信息，通过公共关系得以弱化、消除，进而改善零售企业与公众的关系；另一方面是当零售企业与公众发生纠纷或矛盾激化时，零售企业可以充分运用公共关系宣传正面信息，努力减少矛盾，改善相互之间的关系。

3. 维护或改进形象

知名度低的零售企业可通过公共关系来引起人们的注意，提高其知名度，维护其社会形象。而公共形象欠佳的零售企业可以利用公共关系来改善形象，扭转顾客对零售企业的态度。

4. 促进商品销售

零售公共关系不直接鼓励顾客来商店购物，而是通过某些活动的开展提升了零售商店的知名度，给顾客留下了良好的印象，并使顾客对零售商店产生了好感和信赖，进而来零售商店购物，促进了商品的销售，因此说零售公共关系对商品销售的促进作用是间接的。

五、零售销售促进

（一）零售销售促进的概念

零售销售促进是指零售商运用各种短期诱因，吸引顾客及时购买商品或服务的活动。美国市场营销协会认为，销售促进是指"除了人员推销、广告、宣传以外的，刺激消费者购买的各种市场营销活动，例如陈列、演出、展览会、示范表演以及其他推销努力"。

（二）零售销售促进的作用

零售销售促进作为一种短期行为，它的目标就是为了提高零售商店的短期销售量，销售额的变化是衡量销售促进是否成功的最重要标准。销售促进一般包括以下几个作用：

1. 加速新商品导入过程

当顾客对刚进入市场的新商品还不够了解，不能做出积极的购买决策时，通过有效的销售促进活动，如免费试用、折扣优惠等，可以在短期内迅速让顾客了解新商品，促使顾客接受新商品，从而加速新商品的市场导入过程。

2. 刺激顾客迅速购买

有时顾客的需求不是很急迫，或者可能在多个品牌间犹豫不决，此时，各种形式的销售促进会让顾客感觉此时购买获得的利益更大或高于其他品牌,因此可以激发顾客的兴趣,刺激顾客迅速购买,从而在短期内迅速扩大零售企业的销售额。

3. 突出顾客价值

通常大部分顾客都认为如果用较低的价格购买到同样的商品,所获得的价值较高。促销的商品虽然价格优惠,但其功能、美观方面并不比正常商品差。销售促进通过运用价格优惠、附赠品等多种方式,形成强烈的利益诱导,为顾客提供了很高的价值,进而促进顾客购买。

(三)零售销售促进的方式

1. 派送免费样品

顾客往往会习惯性地购买自己熟悉的品牌或商品,因此当零售商推广一种新品牌或一个新商品时,派送免费样品或现场品尝往往成为首选的促销手段。

2. 赠券和优惠券

赠券是指凭券可免费换取商品,优惠券指凭券可获价格折扣。赠券和优惠券的派送方式有:①邮寄;②附于其他商品上;③把优惠券印在报纸、杂志的广告上,让顾客可以剪下来使用;④在国外最新流行的一种渠道是通过互联网派发优惠券。麦当劳和肯德基就在公司网站上提供电子优惠券下载。经验表明,如果想让你的优惠券对顾客有足够的诱惑力,应提供不低于15%～20%的折扣。

小链接 9-4　　　　　　　　　电子优惠券在中国

电子优惠券在中国的历史不过短短五年,经历了两个阶段:电子优惠券最早出现在连锁快餐店(肯德基、必胜客、麦当劳等)的中文官方网站上,这一阶段的特征表现为水泥加鼠标式的优惠券集散地网站;随着这一商业模式的推进以及对国外电子优惠券商业模式的学习,现阶段表现为两个重要特征:一是圈地运动兴起——电子优惠券服务商加紧在各大城市布局市场;二是商业模式的进步——以精准营销思想为指导的为企业提供以电子优惠券为核心的营销解决方案提供商,商业模式的逐步清晰是现阶段电子优惠券行业的最大进步。

(资料来源:三星研究院.2009年电子优惠券行业竞争对手分析报告[EB/OL]. http//bbs.pinggu.org/thread-839340-1-1.html. 2010-06-21.)

3. 优惠套装

把两件以上的商品捆绑包装、一起销售,价格比两件商品分别出售时要便宜,这称为优惠套装。优惠套装可以用同样的商品捆绑销售,也可以用相关联商品的捆绑销售,如牙刷和牙膏、洗发水和沐浴液等。

4. 礼品

(1) 随送礼品。礼品随所购商品附送,如送精美挂历等。

(2) 优惠换购礼品。要获得这类礼品时,顾客仍需付款,但价格显著低于正常零售价。

(3) 换领礼品。领取这类礼品时,顾客需提供某购物的证明,如瓶盖、商品的空包装等。

5. 印花

当顾客购买某一种商品时,零售商给予一定张数的印花,购买者将印花积累到一定数额时,可到指定地点换取这种商品、赠品或奖金。

6. 积分计划

顾客每次光临,根据消费量的大小,可以得到一定的积分,满一定的积分,可以换领礼品。大型连锁零售商使用积分计划效果会更显著。

7. 联合促销

联合促销是指两个或两个以上的企业或品牌合作开展促销活动。这种做法的最大好处是可以使联合体内的各成员以较少费用获得较大的促销效果,联合促销有时能达到单独促销无法达到的效果。进行联合促销的通常不是同类、不具有竞争性的企业或品牌。

8. 购物抽奖

购物抽奖的促销方式由来已久,其方式最大的优点在于满足顾客的博彩心理。奖品的内容、等级、数量事先都已制定,与其他促销方式相比,在促销成本的控制上零售商显得更为主动。

第三节 零售促销管理

一、零售促销策划

(一)确定零售促销目标

零售商策划的任何一次促销活动,都应该有其确定的目标,因为一个明确的促销目标不但可以节约成本、集中资源,而且通过制订可评估性的促销目标,可以持续改善和提升零售促销活动的效果。一般而言零售促销的目标可以分为短期目标和长期目标,短期目标就是提高零售企业的销售量,长期目标则是树立零售企业的良好形象。

1. 提高销售量

销售量的提升是零售商开展促销活动的最大动力。零售商花费在现有顾客身上的促销费用是鼓励他们在自己的零售商店中购买更多的商品,使现有的顾客更加忠诚于自己;此外通过零售促销活动还可以吸引新的顾客,刺激新顾客的购买欲望,促进新顾客购买本零售商店的商品。因此零售企业销售量的提升可以通过增加现有顾客的光顾和吸引新的顾客来实现。

2. 树立良好形象

零售商店的形象是零售企业的无形资产,直接影响着商品的销售。通过零售促销活动向顾客传递零售企业的相关信息,使顾客了解到零售企业能为其带来的特殊利益,从而建立并巩固本零售企业的良好形象,进而可以扩大零售企业的知名度和可信度。

(二)确定零售促销主题

1. 主题设计的重要性

每次零售促销活动都需要有一个主题,它是整个促销活动的灵魂。好的促销主题可以给顾客一个购买理由,有效规避价格战带来的品牌损害,所以促销主题一定要与促销需求相吻合,以简洁、新颖、亲和力强的语言来表达。一个富有创意的促销主题往往会产生较大的震撼效果,能带来销售额的提高和零售企业知名度的提升。

2. 主题设计的原则

零售促销活动的主题要根据零售企业的整体战略目标来确定,与商品诉求和零售商的定位相一致,以避免给目标顾客留下混乱的印象。促销主题的选择应把握两个字:一是"新",即促销内容、促销方式、促销口号要富有创意;二是"实",即顾客通过购买商品能实实在在地得到更多的利益。

(三)选择零售促销组合

零售促销组合是指零售企业在促销活动中,把零售人员推销、零售广告、售点展示、零售公共关系和零售销售促进有机结合、综合运用,以便实现较好的整体促销效果。通常影响零售促销组合选择的因素主要有以下五个:(1)目标因素;(2)产品因素;(3)市场因素;(4)预算因素;(5)时机因素。

(四)确定零售促销预算

促销预算是零售商从事促销活动而支出的费用,促销预算支撑着促销活动,它关系着促销活动能否顺利实施以及促销活动效果的大小。促销预算的制定方法主要有销售百分比法、目标任务法、竞争基准法和量入为出法四种。

二、零售促销实施

(一)确定促销商品

任何零售促销活动的最终目的都是商品销售量的增加,因此零售商店促销活动的关键是选择什么商品作为促销载体。促销商品对顾客是否有吸引力,其价格是否有震撼力,都影响着促销活动的成败。选择促销商品时,通常要选择节令性商品、敏感性商品、大众性商品、特殊性商品等,还要衡量季节的变化、商品销售排行榜、厂商的配合度、竞争对手的状况等,选择最适合的促销商品。一般的,主要的促销商品应该具有以下特征:

(1)国内著名品牌或者是国际知名品牌的商品;

(2)与知名品牌商品具有相同功效,又具有价格优势的商品;

(3)其他商店非常畅销,并为顾客所瞩目且熟悉的商品。

(二)确定促销媒体

零售商要以目标顾客的媒体习惯为基础,结合促销商品的特点和传递的促销信息,权衡媒体的效果与费用之比,选择合适的媒体。在进行广告媒体的选择时,通常应考虑以下五个方面的因素:(1)目标顾客的媒体习惯;(2)商品的特性;(3)广告信息的特点;(4)媒体的传播范围;(5)媒体的成本。

(三)确定促销时机

顾客的购买行为深受节令、天气、时段等各种因素的影响,也受周边环境、氛围所影响。对于零售企业而言,促销时机的选择就意味着零售企业要掌握并顺应顾客的种种便

利性需求,并根据市场环境变化制定相应的促销活动。促销活动的时机通常主要有以下四种:

(1) 针对节假日的促销,如春节、情人节、端午节、中秋节、周末等,由于这些时段顾客的时间宽裕,购物欲望强烈,零售商在这些时机配合一些促销活动往往能产生较好的销售效果。

(2) 针对社会热点的促销,如奥运会、世界杯等,对于这种流行的、阶段性的社会热点,如果零售商能敏锐地捕捉并利用这些商机,不但有利于商品的销售,还有利于零售企业形象的提升。但是,社会上的热点很多,选择哪个热点作为自己的促销活动主题,就需要设计者善于捕捉,一般是选择那些社会反响大和影响力强,受主流舆论追捧的话题和事件。

(3) 针对市场变化的促销,通常市场变化包括商圈升级、换季、引入新品类等。

(4) 针对顾客心理变化的促销,如针对绿色消费热潮、旅游热、户外运动热、健身热等,作为社会人,大家很容易产生"从众心理"。

(四) 确定促销队伍

一个好的促销活动方案可能由于执行和管理的漏洞而不能达到预期目标。促销活动执行效果的关键还在于组织的执行力,需要事先成立促销活动组织以及准备充裕的销售人员,通过培训和监控来确保整个促销活动的顺利开展。

在组织建设方面,必须既有总指挥、总协调等类似主管的角色,也有各个项目的具体负责人。在职责分工方面,应体现清晰明确的原则,专人负责,以避免职责不清、相互推卸责任现象的发生。

在销售人员方面,必须做好充裕的人手准备。基于促销活动对顾客购买欲望的刺激,促销活动期间的客流量、销售量均会有大幅的攀升。

(五) 零售促销过程控制

零售促销过程控制是根据促销计划的要求,设立衡量促销活动效果的各项标准,确定促销活动中出现的偏差及其偏离程度,在此基础上,有针对性地采取必要的纠正措施,以确保促销资源的有效利用和促销目标的圆满实现。

三、零售促销评估

一次零售促销活动结束后,要对其进行评估。一方面,可以通过零售促销活动费用投入与产出比来计算出促销活动的收益;另一方面,可以通过对零售促销过程中出现的问题及时总结,来提高零售商促销活动的管理水平。

(一) 促销业绩评估

促销业绩即对促销前、促销期间和促销后的销售额或市场份额进行比较分析,根据销售额的变动来判断促销活动的效果。促销业绩的评估方法一般包括目标评估法和前后比较法。

(二) 促销效果评估

促销效果评估主要包括三个方面:促销主题配合度、促销商品选择的正确与否以及创意与目标销售额之间的差距。

1. 促销主题配合度

促销主题是否针对整个促销活动的内容，促销主题是否抓住了顾客的需求和市场的卖点。

2. 促销商品选择的正确与否

促销商品能否反映零售企业的经营特色；是否选择了顾客真正需要的商品；能否给顾客增加实际利益；能否帮助零售企业处理积压商品；促销商品的销售额与收益率是否与预期目标相一致。

3. 创意与目标销售额之间的差距

促销创意是否偏离预期目标销售额；是否符合促销活动的主题和整个促销内容；创意是否过于沉闷、正统、陈旧，缺乏创造力、想象力和吸引力。

（三）供应商配合状况评估

供应商配合状况评估主要是评估供应商对零售企业促销活动的配合是否恰当及时，能否主动参与和积极支持，并为零售企业分担部分促销费用；在促销期间，当零售企业请供应商直接将促销商品送到卖场时，供应商能否及时供货、数量是否充足等。

（四）零售企业自身运行状况评估

1. 从总部到门店的配合状况

总部运行状况评估：零售企业自身系统中，总部促销计划的准确性和差异性；促销活动进行期间总部对各门店促销活动的协调、控制及配合程度；是否正确确定促销活动的次数，安排促销时间，选择促销活动的主题，选定与落实促销活动的供应商和商品。

门店运行状况评估：门店对总部促销计划的执行程度，是否按照总部促销计划操作；促销商品在各门店中的陈列方式及数量是否符合各门店的实际情况。

2. 促销队伍评估

组织建设的评估：组织设计是否合理；指挥、协调是否到位；职责分工是否明确。

销售人员的评估：促销活动是否连续；是否达到企业目标；是否有销售的热情；是否在时间上具有弹性；能否与他人一起和谐的工作；是否愿意接受被安排的工作；他们的准备和结束的时间是否符合规定；是否与顾客保持密切联系；是否受顾客欢迎等。

本章小结

促销为零售商提供了一种与现有的或潜在的顾客沟通的渠道。零售促销是指零售商通过人员或非人员的促销方式，向顾客传递有关商品和服务的信息，吸引、刺激、说服顾客接受零售商提供的商品和服务的活动。零售促销的特点有策划性、互动性和灵活性三个。按照不同的划分标准，零售促销可以分为不同的类型。零售促销对零售企业有积极和消极两方面的作用。

零售促销组合包括零售人员推销、零售广告、售点展示、零售公共关系和零售销售促进五个。零售人员推销是销售人员与顾客面对面进行交流，向顾客传递信息，介绍商品知识，引起顾客的关注和兴趣，以促进顾客购买；零售广告是由零售商付费，通过大众媒体向顾客传递商品或零售商的信息；售点展示是指由零售商设计的能够促进特定品牌或一组商品在零售商店内销售的展示；零售公共关系是零售商运用公关宣传工具，改善与社会公众的关系，促进是公众对组织的认识、理解及支持，树立良好组织形象的一种间接促销手段；零售销售促进零售商运用各种短期诱因，鼓励顾客迅速或大量购买商品。零售商应分析各促销组合的特点，并加以灵活运用。

促销活动的管理包括零售促销策划、零售促销实施和零售促销评估。零售促销策划包括促销目标、促销主题、促销组合、促销预算的确定。零售促销实施包括促销商品、促销媒体、促销时机和促销队伍的确定，还包括零售促销过程的控制。促销活动结束后，要对促销业绩、促销效果、供应商配合状况、零售企业自身运行状况进行评估，为以后的促销活动做参考。

1. 零售促销的类型有哪些？
2. 零售促销的特点有哪些？零售促销的作用是什么？
3. 零售促销组合有哪些？各有什么特点？
4. 如何对零售促销进行策划？
5. 实施零售促销应做哪些准备？
6. 如何对零售促销进行评估？
7. 选择你所在社区的一家零售商店，结合即将到来的节假日，试着为该零售商店设计一份完整的促销计划。

华联两周年促销方案

一、活动目的

1. 庆贺上海华联超市开业2周年。
2. 培育一批忠诚顾客。
3. 提升上海华联超市的美誉度，扩大市场份额。

二、活动主题

华联2周年，沟通无极限。

三、活动内容

（一）第一阶段：媒体造势阶段

1. 时间：20××年9月6日至12日。
2. 策略：借助各媒体的宣传攻势，吸引消费者的注意力，同时与消费者展开沟通。
3. 合作媒体：

报纸：活动广告＋软文。

电视：活动广告。

电台：活动广告＋专栏。

4. 具体内容

(1) 报纸广告

"华联2周年，沟通无极限"，即日起至9月18日，将您对在超市购物的真实感受(感受华联)或对超市经营的一个好点子(金点子行动)与我们沟通，即有机会获取大奖一份(9月7日、9日《××晨刊》1/4版)。

奖项设置：

一等奖(1人)：价值约500元的奖品。

二等奖(2人)：价值约200元/人的奖品。

三等奖(5人)：价值约100元/人的奖品。

参与奖(不限)：价值约10元/人的奖品。

(2) 电视广告(游走字幕)

"华联2周年，沟通无极限"，即日起至9月16日，将您在超市购物时的切身体会和真实感受("感受华联")或对超市经营的一个好点子("金点子行动")与我们沟通，即有机会获取大奖一份(9月6日至12日)。

"华联2周年，同结生日缘"，凡生日为9月20日的消费者，凭身份证即可免费获赠会员卡一张、礼品一份。凡2002年9月20日出生的儿童，由上海华联超市赠送厚礼一份，并授予该儿童终生"荣誉顾客"称号(9月13日至18日)。

"华联2周年，回报教师节"，凡9月10日当天在上海华联超市购物的教师凭本人身份证、工作证，即可免费获赠会员卡一张、礼品一份(9月8日、9日)。

(3) 电台广告(活动广告＋专栏)

"华联2周年，回报教师节"，凡9月10日当天在上海华联超市购物的教师凭本人身份证、工作证，即可免费获赠会员卡一张、礼品一份(9月6日至9日)。

活动广告："华联2周年，同结生日缘"，凡生日为9月20日的消费者，凭身份证即可免费获赠会员卡一张、礼品一份。凡2002年9月20日出生的儿童，由上海华联超市赠送厚礼一份，并授予该儿童终生"荣誉顾客"称号(9月10日至14日)。

开设专栏：周一至周三加周六的专栏主题为"华联2周年，沟通无极限"之"感受华联"篇，开通热线，请听众畅谈在上海华联超市购物的美好感受。周四、周五加周日的专栏主题为"华联2周年，沟通无极限"之"金点子行动"篇，开通热线，请听众为上海华联超市的经营、发展出谋划策。所有参与听众均可获赠会员卡一张、礼品一份(9月6日至28日)。

(二) 第二阶段：正式活动阶段

1. 时间：20××年9月13日至22日。

2. 策略：将媒体宣传与现场活动有机结合，营造上海华联超市2周年店庆活动的热烈氛围，吸引众多消费者关注的目光。同时，在此次活动中埋下伏笔，使参与此次活动的消费者产生这样的心理："在十一黄金周期间要光临上海华联超市，可能会有惊喜出现！"

为保证活动的效果，必须将媒体造势阶段活动、9月18日至20日店庆活动、十一黄金周活动整合在一起,以保证消费者持续对上海华联产生持续的高度关注,进而顺利地将关注此次活动的消费者转化为上海华联超市的忠诚顾客。

3.合作媒体:

报纸广告:活动广告+感受华联/金点子行动告知消息。

电视广告:活动广告+电视宣传片。

电台广告:活动广告+专栏(延续上阶段内容)。

DM:活动广告。

4.具体内容

(1)报纸广告

"华联2周年,沟通无极限",凡于9月18日至20日凭会员卡购物满18元以上的消费者,即可获"幸运大抽奖"的机会;普通消费者购物满38元即可获得同样的机会。

抽奖日期:20××年10月1日至3日。

抽奖时间:每天上午10:00~12:00。

奖项设置:

一等奖(1人):价值约1 000元的奖品。

二等奖(2人):价值约500元/人的奖品。

三等奖(5人):价值约100元/人的奖品。

四等奖(10人):价值约50元/人的奖品。

五等奖(20人):价值约10元/人的奖品。

(9月16日《××晨刊》1/4版、17日《××晨刊》1/2版)

"华联2周年,快乐中秋节",凡于9月22日至28日凭会员卡购物满18元以上的消费者,即可获"幸运大抽奖"的机会;普通消费者购物满38元即可获得同样的机会(抽奖日期其奖项设置同上)。

(9月21日《××晨刊》1/2版)

感受华联/金点子行动告知消息(9月22日《××晨刊》1/4版):

(2)电视广告

活动广告(游走字幕):"华联2周年,沟通无极限",凡于9月18日至20日凭会员卡购物满18元以上的消费者,即可获"幸运大抽奖"的机会;普通消费者购物满38元即可获得同样的机会。奖品丰厚,机会多多,详见超市海报(游走字幕:9月15日至18日)。

"华联2周年,快乐中秋节",9月22日至28日在上海华联超市购物有惊喜,详见店堂海报(游走字幕:9月20日至26日)。

1分钟宣传片:介绍上海华联超市的发展之路,所获成就,完美的供货渠道带给消费者以超值商品,先进的管理模式带给消费者愉悦的购物环境等。

(3)电台广告

活动广告:"华联2周年,沟通无极限",凡于9月18日至20日凭会员卡购物满18元以上的消费者,即可获"幸运大抽奖"的机会;普通消费者购物满38元即可获得同样的机会。奖品丰厚,机会多多,详见超市海报(游走字幕:9月15日至18日)。

"华联2周年,快乐中秋节",9月22日至28日凭会员卡购物满18元以上的消费者,即可获"幸运大抽奖"的机会;普通消费者购物满38元即可获得同样的机会(抽奖日期其奖项设置同上,9月20日至26日)。

开设专栏,延续第一阶段内容。

(4) DM

"华联2周年,沟通无极限",凡于9月15日至21日凭会员卡购物满18元以上的消费者,即可获"幸运大抽奖"的机会;普通消费者购物满38元即可获得同样的机会。"华联2周年,快乐中秋节",凡于9月22日至28日凭会员卡购物满18元以上的消费者,即可获"幸运大抽奖"的机会;普通消费者购物满38元即可获得同样的机会(抽奖日期其奖项设置同上)。

"华联2周年,快乐中秋节",凡于9月22日至28日凭会员卡购物满18元以上的消费者,即可获"幸运大抽奖"的机会;普通消费者购物满38元即可获得同样的机会(抽奖日期其奖项设置同上)。

介绍上海华联超市的发展之路,所获成就,完美的供货渠道带给消费者以超值商品,先进的管理模式带给消费者愉悦的购物环境等。

特价商品表。

5. 9月20日2周年店庆日

(1) 策略:店庆活动本身不能吸引消费者前来购物,吸引消费者的仍是其对超市的感受以及活动提供给消费者的各种"利益点"。因此,店庆日活动简捷即可,不必铺张浪费。

(2) 活动内容:选择部分供货商于店庆日在门前举行适当规模的促销活动。

(3) 现场布置

在超市辐射商圈内悬挂20条过街横幅。

活动现场:现场主题巨幅、升空气球、垂幅、宣传展板、墙体垂幅、POP等(文字略)。

四、费用预算

1. 媒体费用

《××晨刊》:

1/2版:2次×10 000元/次=20 000元。

1/4版:6次×5 000元/次=30 000元。

电台:

活动广告:9月6日至30日共25天、13次/天、40秒/次:共6 600元。

专栏:9月6日至20日共15天、20分钟/期,15期×300元/期=4 500元。

DM:20 000份×0.5元/份=10 000元。

媒体费用合计:71 100元。

2. 活动费用

感受华联/金点子行动奖品:预估300人次×20元/人均=6 000元。

抽奖活动:3 700元。

教师节活动礼品:200人×10元/人=2 000元。

POP:3 000元。

巨幅：60平方米×10元/平方米＝600元。

过街横幅：20条×150元/条＝3 000元。

升空气球：1 000元。

墙体垂幅：1 000元。

合计：20 300元。

3. 不可预测费用：5 000元。

4. 总计：96 400元。

（资料来源：根据百度文库"华联两周年促销方案"缩编。）

【案例思考】

1. 该案例主要运用的是哪种促销方式？

2. 试分析这些促销方式的可能效果。

3. 请找出该促销方案中的遗漏与不足。

本章实训

一、实训目的

促使学生将所学零售促销专业知识应用于零售企业促销实践，增进对零售促销策略的掌握，培养应用能力。

二、实训内容

选择你就读高校所在城市的某一家零售企业，设计一项可实际执行的节日促销方案。该方案包括但不限于以下内容：活动目的、活动对象、活动内容、活动时间、活动地点、活动流程、物资准备、人员安排、活动宣传、应急预案、活动预算、注意事项。

三、实训组织

1. 指导教师明确实训目的、任务和评价标准。

2. 学习委员将班级成员分成若干小组。成员可以自由组合，也可以按学号顺序组合。小组人数划分视修课总人数而定。每组选出组长1名，发言代表1名。

3. 每个小组选择一家零售企业，查找资料，实地调查，设计某个节日的促销方案。制作课堂演示PPT。

4. 各小组发言代表在班级进行汇报演示，每组演示时间以不超过10分钟为宜。

5. 鼓励同学们在每个组发言后提问、讨论、质疑。

四、实训步骤

1. 指导教师提前2周布置任务，指出实训要点、难点和注意事项。

2. 各小组根据实训任务制定执行方案，经指导教师同意后执行。

3. 小组成员分工实地调查，收集、整理案例企业的资料。

4. 各小组组织讨论,按实训任务撰写书面促销方案,列出汇报演示提纲。

5. 演示之前,小组发言代表对本组成员及各自承担的任务进行介绍陈述。演示结束后,征询本组成员是否有补充发言。其他小组成员提问、质疑,由发言代表或该组成员答疑。

6. 班级演示之后,指导教师带领全班同学对各组设计的节日促销方案进行评价、讨论。

7. 指导教师进行最后综合评定及总结,并为各组实训结果打分,对表现优秀者提出表扬。

延伸阅读

1. 卢长宝.销售促进强度与效用研究[D].上海:复旦大学博士学位论文,2004.
2. 刘国华.基于顾客视角的销售促进对品牌资产的影响研究[D].上海:复旦大学博士学位论文,2008.
3. 潘建国.美国连锁零售业促销的主要策略和手段[J].广州市财贸管理干部学院学报,2004(3).

第十章 零售服务管理

 本章学习目标

了解零售服务管理的意义和零售服务方式,熟悉零售服务的相关理论和策略,掌握常用零售服务质量管理的理论和方法。

 引例

零售服务的典范——迪斯尼

迪斯尼公司信奉这样的理念:企业不是为了自己生产产品,企业应该不断地了解人们需求的变化,为他们生产产品。迪斯尼就是靠这种以顾客为中心的服务获得了广大消费者的支持并不断发展的。在"迪斯尼世界"开幕式上,沃尔特·迪斯尼向来到这里的所有人说:"在迪斯尼世界,来访者都是我们的客人。"在迪斯尼的公司信念中还包括:了解企业的顾客,真诚地、尊敬地对待他们,他们就会不断地来访。

"服务存在于细节之中"。市场竞争越来越注意服务的竞争。细致入微的服务才能够真正打动顾客的心。谁注意服务的精细化,谁才会在市场上更胜一筹。而这种细微完全建立在仔细地观察、研究每一个顾客的基础上,要在乎每一个顾客的感受和意见。迪斯尼公司通过每年进行7d"交叉利用"计划,要求公司的高级经理在这7d里离开办公室,脱下制服,换上乐园的道具服,在乐园的第一线干活,卖门票、管理停车场、驾驶单轨车或者小火车等。所有的小组主管70%~80%的上班时间都在乐园内走动,目的不是监督一线员工,而是观察游人的反应,收集有利于改善经营的信息。

据调查发现,在迪斯尼乐园,平均每天大约有2万游人将车钥匙反锁在车里。于是公司雇佣了大量的巡游员,专门在公园的停车场帮助那些将钥匙锁在车里的家庭打开车门,这一切无须给锁匠打电话,无须等候,也不用付费。公司的服务极其注重"晃动的灯影"这样的细节。

所谓"晃动的灯影",实际是迪斯尼公司企业文化的一部分。它源自该公司一部动画片。片中有个人物不小心碰到了灯,使得灯影也跟着晃动。这一精心设计,只有少数电影行家才会注意到。但是,无论是否有人注意到,这都反映出迪斯尼公司的经营理念。

有一次,几位客人住在迪斯尼的旅馆里,在他们乘坐汽车参观迪斯尼世界时,与司机闲聊之中说出房间的水龙头漏水,而且没有时间和管理部门沟通,司机立刻向他们保证帮助他们解决这个问题。几位客人说完也没有放在心上。当晚餐后回到房间的时候,水龙头已经修好了,而且得知司机还在下班的时间里来查看水龙头是否已经修好。迪斯尼所追求的服务水准,就是要求企业的员工对待顾客像对待自己家里的客人一样。

迪斯尼虽然被称为娱乐帝国,但是在从大处着眼的同时,不忘从细节入手。在迪斯尼乐园里,售货员的目光必须与顾客的目光处于同一水平线上。如果客人是儿童,售货员还必须面带微笑地蹲下去,眼睛跟眼睛要保持一个高度,不要让儿童抬头和员工讲话,要微笑地把商品递到儿童手里。

为了给游客提供一个干净、整洁的环境,乐园中禁止售卖口香糖,就连花生也只卖无壳的。园中设有专人巡视,看到有人随地乱扔脏东西,就马上把它捡起来,并会劝说扔东西的人下次不要这样做。迪斯尼以人性化、精细化的服务,满足游客的各种需求,哪怕是最细微的地方,也一丝不苟,从而赢得了回头客。

(资料来源:无名.世界500强服务之道迪斯尼——精细化赢得回头客[J].种子世界,2007(4).)

本章知识结构图

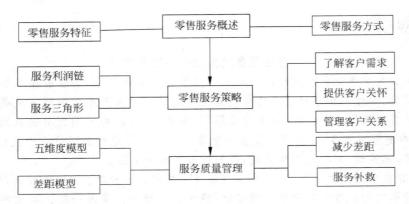

当今世界已经从"产品经济时代"跨入"服务经济时代",产品与服务已经很难分离开来。有资料表明,企业的服务质量每提高1‰,销售额可增加1%;而服务员工每怠慢一位顾客,会影响到40位潜在顾客。目前,服务因素已取代产品价格成为企业竞争的新焦点。在物质相对过剩的今天,消费者在购买商品时变得越来越挑剔,这种现象不只体现在对商品质量上,越来越多地体现在对商店的购物环境、购物的便利程度及员工的服务质量上。这就要求零售企业不但要为顾客提供优质的商品,还要提供优质的服务,以顾客为中心,倾听顾客声音,追踪顾客需求。在机遇与挑战共存的环境下,零售企业必须不断提高自己的服务质量来满足日益挑剔的顾客。服务的好坏代表着一个企业的文化修养、整体形象和综合素质,这是影响零售企业是否赢得客户、是否能培养顾客忠诚度和是否盈利的一个关键环节。

第一节 零售服务概述

一、零售服务的含义和特征

(一)零售服务的含义

在ISO8402《质量管理和质量保证——术语》中"服务"的定义是"为满足顾客需要,供应者与顾客接触的活动和供应者内部活动所产生的结果"。从定义上看,可认定服务是一种涉及某些无形因素的活动、过程和结果,它包括与顾客或他们拥有的财产间的互动过程和结果,并且不会造成所有权的转移。服务不仅是一种活动,而且是一个过程,还是某种结果。例如,顾客到超市购物,除了消费食品、日用品等有形商品外,同时也消费了无形的气氛和各种服务。

零售服务是零售企业为顾客提供的、与其基本商品相连的、旨在增加顾客购物价值并从中获益的一系列无形的活动。可见,零售服务是与产品紧密联系在一起的服务,零售商所提供的一切服务都紧紧地围绕着销售商品这个核心。

零售服务不仅帮助实现商品销售,而且也有推动并扩大商品销售的作用,把潜在的需求转化为现实的需求。零售企业经营活动的中心是销售商品,所以零售服务要服从所销售的商品的要求,对不同的商品采取合适的服务组合,也就是说零售服务是商品销售的派生物。

(二) 零售服务的特征

零售活动中所提供的服务并不是实物商品,它和其他服务一样具有以下特征:

(1) 无形性(intangibility),也叫不可触知性,这是服务最为显著的一个特征,它可以从三个不同的层次来理解。首先,服务是活动或行为而不是物体,故不能被看到、听到、感觉到、品尝到或接触到,无形无质。其次,顾客在购买之前,往往很难描述他能得到的服务内容,因为大多数服务都非常抽象。最后,顾客在产品销售过程中往往忽略服务的存在,也难以对服务的质量作出客观的评价。

(2) 不可分离性(inseparability),即服务生产与消费的同时性。一般来说,商品是先生产,然后销售,最后消费;然而服务是首先销售然后同时生产和消费,也就是说服务人员向顾客提供服务时,也正是顾客消费服务的时刻,二者在时间上不可分离。服务的这一特性表明,顾客只有而且必须加入服务的生产过程才能最终消费到服务。

(3) 异质性(heterogeneity),即服务的产出或质量随生产者、顾客或时间的不同会发生变化。原因有三个方面:第一,由于服务人员的心理状态、服务技能、努力程度等差异。第二,由于顾客的知识水平、爱好、经验、诚实和动机等也直接影响服务的质量和效果。第三,由于服务人员与顾客间相互作用的原因,在服务的不同次数的购买和消费过程中的服务也可能会存在差异。

(4) 不可贮存性(perishability),也称易消失性,即在零售服务过程中,服务人员对某一产品或某一顾客的当次服务不能贮存到给下一个商品或顾客,即多数服务无法同一般有形产品一样在生产之后可以存放待售。由于服务无法被储存,因此零售业对于需求的波动更为敏感。正是由于服务的即时性,零售业在提供服务时,客户更加关心服务的价格是否合理、促销方式是否得当以及需求是否得到满足等因素。

从上述四个特征的分析中可以看出,"无形性"可被认为是服务产品的最基本特征,其他特征都是从这一特征中派生出来的。

二、零售服务方式

零售商在零售活动中的服务方式可以分为多个种类,可以分为产品服务、便利服务、支付服务、产品供应服务、信息服务、客户销售服务等。

（一）产品服务

产品服务是与产品本身有直接关系的服务,是产品的"附加物"。零售商与顾客的关系不是在成交时终止,而是持续到产品有关的服务提供完毕。例如,顾客购买一台空调,零售人员把货物送达顾客家中并安装好之后使顾客感觉他们的需要得到全面满足。

（二）便利服务

便利服务是为了使顾客从忙碌而紧张的生活中解放出来,不必去专业商场购买所需产品。超市零售商常常提供以下便利服务：购物车、装袋、卫生间、送货上门、雨伞租借、幼儿看护、取款机、停车场等。

（三）支付服务

支付服务是应对顾客多种需求的付款方式而出现的。现在零售业普遍采用的支付方式有：现金、信用卡、支票、购物卡、借记卡、分期付款等。兼有支付功能的积分卡对于商家可以用来收集客户的详细信息以利于今后的营销活动,对于顾客而言可以支付、获取优惠及产品信息。

（四）产品供应服务

产品供应服务是指零售商要给顾客及时、足量地提高所需产品。商家存货不足或顾客找不到所需产品必将导致客户流失到竞争对手处购物。在此情况下,商家要采取非规服务补救,如留下联系方式通知到货或安排送货到家等。

（五）信息服务

信息服务是指商家给顾客提供关于产品或企业运作方式等信息,常用面谈、电话、网站、邮箱或传单等方式提供信息。现在大多数零售商都建立信息网站,甚至有些商家在此提供客户可能感兴趣的信息链接,这是非常有效的客户沟通方式。信息服务是一项服务,也是一项公关活动。

（六）客户销售服务

客户销售服务是指销售人员在商店内与客户的接触,它分为两种情况：一种是客户自行选择产品,销售人员只在销售点或客户需要时提供帮助；另一种是销售人员主动接近客户提供信息服务或选择方案。

以上多种服务种类的出现是商家追求顾客满意度、保持高质量服务形象和夺取市场份额的有效手段。

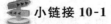 小链接 10-1　　　　　　苏宁电器的终端服务

服务是苏宁的唯一产品,顾客满意是苏宁服务的终极目标。苏宁电器立志服务品牌定位,为顾客提供涵盖售前、售中、售后一体化的阳光服务。

连锁店服务——苏宁电器以客户体验为导向,不断创新店面环境与布局,制定了系列店面服务原则,率先推出5S服务模式,会员专区、VIP导购实现一站式购物。根据顾客多样化需求,提供产品推荐、上门设计、延保承诺、家电顾问等服务。

物流配送服务——物流是连锁经营的核心竞争力。苏宁电器在全国建立了区域配送中心、城市配送中心、转配点全国三级物流网络体系,依托 WMS、DPS、TMS、GPS 等先进信息系统,实现了长途配送、短途调拨与零售配送到户一体化运作,平均配送半径 200 公里,日最大配送能力 20 多万台套,并率先推行准时制送货,24 小时送货到户。

以"网络集成化、作业机械化、管理信息化"为目标,苏宁电器在全国大力建设以机械化作业、信息化管理为主要特征的第三代物流基地。第三代物流基地集物流配送中心、呼叫中心、培训中心、后勤中心等于一体,支撑半径 80~150 公里零售配送服务及每年 50 亿~200 亿元的商品周转量,成为苏宁电器大服务与大后方平台。目前,杭州、北京、南京、沈阳等地的物流基地已投入使用,在北京、广州、天津、重庆、成都、福州、合肥、无锡、青岛、济南等数十个物流基地正全面建设,预计到 2015 年,苏宁电器将完成全国 60 个物流基地的建设。

售后安维服务——本着"专业自营"的售后服务,苏宁电器不断拓展服务品类和精细服务,依托遍布城乡的数千家售后服务网络,2 万多名专业服务工程师时刻响应顾客需求,24 小时内快速上门,为顾客提供专业、可信赖的售后保障,成为中国最大的电器服务商。

围绕顾客需求,苏宁电器还推出了阳光包、IT 帮客、服务管家卡等自主服务产品,自主推广的系列家用电器安检标准也成为行业或国家标准,拥有多项国家发明专利,是业内首家国家职业技能鉴定资质单位,荣膺中国最佳售后服务奖。

客户服务关怀——以"提升客户满意度"为目标,苏宁电器做到为消费者承诺 365 天的电话、互联网、短信、视频等自助式、专家式的服务,利用业内最大的全国呼叫中心平台,全国统一服务热线 4008-365-365 全天 24 小时为顾客提供咨询、预约、投诉和回访等服务。与此同时,专家坐席、会员服务、电话支付、理赔服务、松桥热线、以旧换新通道等全方位的快速服务通道全面响应,极大地方便了消费者。

以客户关怀为己任,苏宁电器成功实施了业内首个客户关系管理系统(CRM),致力于挖掘顾客的消费与服务需求,有针对性地推出系列增值服务、电话销售与在线客服等服务为顾客创造了更多人性化的选择。

(资料来源:苏宁电器官方网站。http://www.cnsuning.com/about/sngk/history/8609.html。)

第二节 零售服务策略

一、零售服务理论

(一)服务利润链理论

1994 年,哈佛大学的赫斯凯特等教授在前人研究的基础上提出了服务利润链理论(service profit chain),表明利润、顾客、员工、企业四者之间的关系并由若干链环组成的链,在利润、成长性、顾客忠诚、顾客满意、提供给顾客的产品与服务的价值、员工能力、满意、忠诚及效率之间存在着直接相关的联系。它们之间的关系如图 10-1 所示:

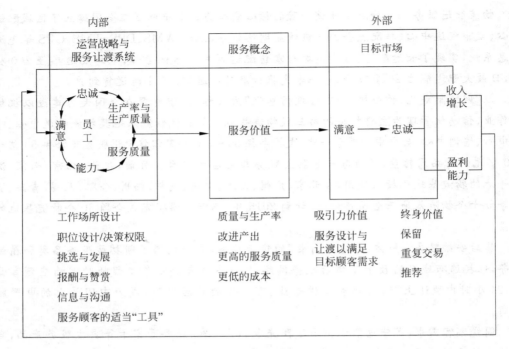

图 10-1　服务利润链构成因素

从图中我们可以看出：

（1）企业利润是由客户的忠诚度决定的，忠诚的客户给企业带来超常的利润空间；客户忠诚度是靠客户满意度取得的，企业提供的服务价值（服务内容加过程）决定了客户满意度。据研究发现：吸引一位新顾客所花的费用是保留一位老顾客的 5 倍以上。

（2）零售商要实现顾客满意、培育顾客忠诚可以从两个方面入手：一方面是改进服务，提升企业形象来提高服务的总价值；另一方面是降低生产与销售成本，减少顾客购买服务的时间、精力与体力消耗，降低顾客的货币与非货币成本。

（3）高质量的"内部服务"是"外部满意"的基础。企业要明确为"内部顾客"——公司所有内部员工服务的重要性，因此企业必须设计有效的薪酬和激励制度，并为员工创造良好的工作环境，尽可能地满足内部顾客的内、外在需求。

小链接 10-2　　西尔斯公司的员工——顾客利润链

服务利润链理论提出后，西尔斯公司的员工——顾客利润链实证研究显示，员工与顾客友好关系中，愉快的相互作用和个人联系是影响顾客满意的两个最重要的维度。

1993—1998 年，西尔斯将自己转型为一家以顾客为中心的企业。运用一种持续的数据收集分析的方法，公司创造了一套总体绩效指数 TPI，以测定公司与顾客、员工及投资者的关系。通过公司所做的广泛的分析，可以了解每项指标对其他指标的影响，并以 TPI 为基础运营企业。西尔斯公司认识到每个人——经理和员工，必须在此项行动方案中有主人翁意识。他们创造的是建立系统要遵循的模式——称为 3C 和 3P。3C 表示三种强烈的吸引力，使西尔斯公司成为一个对工作、购物和投资具有强烈吸引力的地方。3P 表示公司的三种共同的价值观:对顾客的热爱、员工创造价值以及绩效占主导地位。公司在每个层次、每个商店、每种设施中都运用 TPI,几乎每位经理都有一定比例的薪酬依据非财务指标确定。在实施后的 12 个月里,员工对西尔斯公司的满意度增长了大约 4 个百分点,顾客满意度增长了 4 个百分点,公司营业收入增加了 2 亿多美元。

(资料来源:[美]戴夫·乌尔里克.人力资源新政[M].北京:商务印书馆,2007.)

(二)服务三角形

卡尔·阿布里奇建立的以顾客为中心的"服务三角形",强调的是企业服务策略、服务系统和服务人员都要以顾客为中心,形成"服务三角形"(如图 10-2 所示)。

图 10-2 中每一个部分都相互关联,每一部分都不可缺少。服务策略、服务系统、服务人员三者共存又相对独立地面向顾客这个中心,各自发挥着作用,顾客则是这个服务三角形的中心。

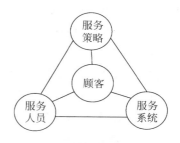

图 10-2　服务三角形

顾客之所以处于服务三角形的中心,就在于整个服务三角形的其他元素都服务于顾客。顾客是服务三角形中最为重要的元素。服务三角形中的其他元素相互沟通,共同发展并和谐地服务于顾客这个中心,使服务三角形有效地运行。

从顾客的角度看,价值等式可以表示为:

价值=(为顾客创造的服务效用+服务过程质量)/(服务的价格+获得服务的成本)

顾客价值直接决定了顾客满意度的高低,从而企业要努力为顾客创造更大的价值,以便收获顾客的高度满意。

小链接 10-3　　宜家通过自助式销售提供良好服务

在宜家商场内,"这是我们的家"的标示让人耳目一新。在商场内设置了数个整套的样板间展示,客厅、卧室、厨卫等一应俱全。户型从 25 平方米至 80 平方米,依据不同定位精心进行了布置。一位工作人员说:"这些样板间都是根据天津市民对于居家生活的要求而量身定制的。这些实际案例对消费者而言,展示了最有效的整体解决方案。"在面积 25 平方米的户型内,顾客感叹说,"没想到感觉这么狭小的空间,也能装饰得这么丰富多彩。单身的自己要能有这样的一个居所会是相当的惬意。"

散布于展区内的自助设计台,让不少年轻人体会到家居 DIY,"我的地盘我做主"。例如,在家庭工作室和办公家具区,通过自助设计台的电脑和相应软件,消费者可以轻松在原有型号基础上,添入自己的想法,使得书柜等产品更符合自身的需求,或者更可以抛开原有的设计,利用现有的框架、内部部件展现自己的构思。工作人员说:"自助的设计,可以更好地控制家居产品的规格大小、形状和色彩,满足各类不同的需求,尤其受到年轻人的青睐。"宜家以顾客需求为中心,提供自主自助式的购物体验,为老百姓带来另一种购物理念。

(资料来源:http://www.tj.xinhuanet.com/news/.)

二、零售服务策略

零售商从崇拜价格的作用转变到注重服务,说明已经意识到服务是吸引顾客、建立顾客忠诚度的重要手段。做好零售服务策略通常可以从以下三个方面着手:

(一) 了解客户需求

零售服务策略首先是了解顾客需求,针对特定的顾客群,了解他们的特点和需要,以此作为自己发展的方向和重点。比如说,选择超级市场的顾客,可能看中的是整洁、方便、实惠;选择购物中心的顾客,则会更注重档次、品质以及休闲放松的需要;当然如果是社区内的便利店,经营的大多是生活中的日常用品,顾客需要的就是快速便捷。了解客户需求能让零售客户感到企业能站在他们的角度看待问题、处理问题,让零售客户在无形之中就会产生对企业的信任感和依赖感,消费者在评价和购买商品时注重综合感觉,这种感觉所产生的情感、态度决定着消费者的购买决策。

(二) 提供客户关怀

客户关怀是服务质量标准化的一种基本方式,它涵盖了公司经营的各个方面,从产品或服务设计到它如何包装、交付和服务,关注对于从设计和生产一直到交付和服务支持的交换过程中的每一元素,包括订货服务、咨询服务、金融服务、包装服务、形象设计服务、租赁服务、临时幼儿托管、连带销售服务等,送货、安装、邮购、维修、免费停车、退换货等项服务,并开展商品以外的附加服务,包括售前、售中、售后服务以及微笑的面容、敏捷的动作、温馨的话语、通俗化的解释、细致又耐心的释疑的基本性和技术性的高级服务,以创造和适应消费者的文化品位和个性化的需求,综合运用情感服务来影响顾客心理感知。

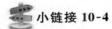
小链接 10-4　　　　　　　　客户关怀方案

客户关怀真正体现了"以客户为中心"的现代企业经营理念,是企业打造持续的市场竞争力、实现可持续发展的基本要求。

(1) 亲情服务:根据客户的基本信息选择出特定的客户列表,在客户的生日或在重要节假日,寄送本公司的贺卡、小礼品等,以示祝贺;或通过短信平台短信通知祝贺、参与客户的周年庆典等重要庆祝活动。区分不同规模、贡献、层次、地区,采取不同的策略,从关怀频度、关怀内容、关怀手段、关怀形式上制订计划,落实关怀。

(2) 产品推荐:根据对客户分析得到的各类客户群体特征,针对不同的群体,公司提供的最适合该类客户的各项服务产品。倾听客户的意见,随时关注客户的新需求,解决客户的难题,关注客户资源的动态变化,挖掘客户更多、更深层的应用,为客户提供更多更新的应用,保持长久关系,争取实现经营客户和持续销售的目的。

(3) 问题反馈:制订、审批和执行客户关怀计划,反映对客户的关怀情况,了解客户对我们公司的反馈意见,及时调整客户关怀体系,并对客户的反馈意见进行处理,防止与降低客户的流失。

(4) 个性化的服务措施:服务热线、日常经营技术支持、客户需求研讨、客户需求评估及合作商家优惠政策服务等。

（资料来源：http://wenku.baidu.com/.）

（三）管理客户关系

客户关系管理(customer relationship management,CRM)在市场需求和企业追逐盈利的双重推动下,成为近年来西方市场的热点。通过信息系统与客户建立长期、固定的关系,如通过会员卡、送货上门等服务了解顾客需求,反馈商品信息,为零售企业的决策支持和智能分析提供重要的依据,并为他们提供更多、更好的个性服务,最大限度地提高他们对企业的忠诚度。

第三节 零售服务质量

一、零售服务质量管理理论

（一）服务质量五维度模型

西方学者很早就重视服务质量评估方法的研究,一直在探讨服务质量、消费者满意度与再次购买意愿的相关性,目前得到以下结论：消费者满意度对再次购买意愿具有显著的影响,但服务质量对之的正向影响力更大。

1. 服务质量

泽思曼尔(Zeithaml)、贝利(L. L. Berry)和帕拉苏拉曼(A. Parasuraman)三位学者提出了被学术界公认且广泛使用的服务质量测度模型SERVQUAL量表,设计了顾客期望服务质量的22个标准,归纳为可靠性、响应性、保证性、移情性和有形性的服务质量五个维度。

2. 顾客满意

奥利弗(Oliver)提出"期望不一致"理论,认为当消费者对商品的实际感知优于之前的心理期望时,表现为正向的不一致性,此时消费者是满意的；但当实际感知比心理期望差时,表现为负向的不一致性,则消费者觉得不满意。实际感知与心理期望的一致程度与消费者的满意程度呈正相关。后来有学者将此定义为"消费者满意度是指上述提到的这种差异所引发的愉悦或失望的情绪"。

3. 顾客忠诚

1996年Cremler和Brown提出的顾客忠诚是指在对该种商品或服务的需求量上升时,仍将该商品或服务作为唯一的选择对象。顾客忠诚是一种行为、态度和认知多方面的复合标准,消费者满意度与顾客忠诚度之间有较强关联,前者对后者有着显著影响。

4. 顾客容忍区

1991年Parasuraman、Zeithaml和Berry(以下简称PZB)发现顾客对于服务持有两种不同层次的期望。第一种叫作理想的服务(desired service),被定义为顾客渴望得到的服务水平。第二种叫作适当的服务(adequate service),被定义为顾客可以接受的服务水平。PZB的研究结果将顾客的期望(E)由一个点扩展成为一个区域(zone of tolerance),

即两种期望水平构成了顾客对服务整体期望的上下限,在两种期望水平之间的区域则被称为容忍区(如图10-3所示)。

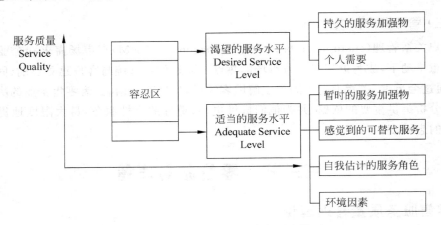

图10-3 顾客服务期望的类型与决定因素模型(PZB)

5. 服务质量的五维度特征

各维度指标设计及变量名对应举例如表10-1所示。

(1)可靠性。可靠性是指服务企业可靠的、准确的履行承诺的能力。该维度要求服务行动按照顾客所希望的服务方式、时间安排,无差错地执行承诺。常用指标有:企业向顾客承诺的内容能否及时完成;顾客遇到困难时是否表达关心及帮助;公司是否可靠;提供所承诺的服务是否准时;是否正确记录相关的内容。

(2)响应性。响应性是指迅速为客户提供需要的服务,尽量缩短顾客等待时间,服务出现问题时,以最快的速度解决问题。常用指标有:准确地告知顾客提供服务的具体时间;是否及时在事先确定的时间提供相应的服务;员工是否随时愿意帮助顾客;员工是否过于忙碌无法立即满足顾客的需求。

(3)安全性。安全性是指员工表达出值得信赖的知识及合理的态度的能力。包括提供服务的技能,对顾客的尊重和礼仪,时刻关注顾客的需求,并及时进行有效的沟通。常用指标有:员工是否值得信赖;接受服务时顾客是否感到放心;员工是否有礼貌;公司是否对员工给予适当的支持,使之能够提供更好的服务。

(4)移情性。移情性是指设身处地的为顾客着想并对顾客个体给予特别关注。服务人员需具备接近顾客的能力以及对顾客新需求的敏感度。常用指标有:公司会不会针对顾客提供个别的服务;员工会不会给予顾客特别的关心;员工是否能够了解顾客的需求;企业是否优先考虑顾客的利益;企业提供服务的时间能否符合所有顾客的需求。

(5)有形性。有形性指有形的设施、设备、人员和宣传资料等。如地毯、办公桌、灯光和服务人员的服装和外表等。常用指标有:企业是否具备现代化的服务设施;服务设施是否具有吸引力;员工是否有整洁的服装和外套;公司的设施与他们提供的服务是否匹配。

表 10-1　各维度指标设计及变量名对应举例

维度	变量	关于游泳培训服务的问题
可靠性	Q1	您认为本次游泳培训的教学目标是否明确？
	Q2	您认为本次游泳培训的教学进度是否合理？
响应性	Q3	您认为本次游泳培训的现场安排是否合理？包括入场、点名、散场等现场安排。
	Q4	您认为该培训机构对顾客的信息反馈是否及时？例如顾客抱怨、意见及建议。
安全性	Q5	您认为本场教练员自身游泳技术是否达到水准？
	Q6	您认为本场教练员对待学员态度是否尊重友善？
移情性	Q7	您认为本场教练员是否对学员个体学习情况表现出应有的关心和帮助？
	Q8	您认为本场教练员教学方式是否迎合学员需求？是否具备因材施教能力？
有形性	Q9	您认为该培训场所的硬件设施是否达到要求？如场地宽敞明亮、设备现代化等。
	Q10	您认为该培训场所的教练员及工作人员的服务形象是否得体？
顾客满意度	Q11	请问您对此次游泳培训的总体满意程度？
	Q12	请问此次游泳培训与您预期相比的满意程度？
顾客忠诚度	Q13	请问您今后继续参加该培训机构开办的培训项目的可能性？
	Q14	请问您将该培训机构介绍并推荐给家人或朋友的可能性？

（二）服务质量差距模型

服务质量差距模型是 20 世纪 80 年代中期到 90 年代初，美国营销学家帕拉苏拉曼（A. Parasuraman）、泽思曼尔（Valarie A. Zeithamal）和贝利（Leonard L. Berry）等人提出的，5GAP 模型是专门用来分析质量问题的根源。这五个差距分别是认知差距、标准差距、交付差距、沟通差距和顾客差距，其中顾客差距是此模型的核心（如图 10-4 所示）。

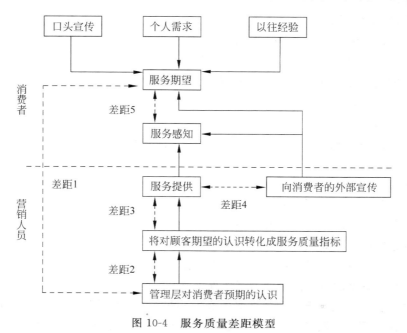

图 10-4　服务质量差距模型

图 10-4 中差距 1 是认知差距,差距 2 是标准差距,差距 3 为交付差距,差距 4 为沟通差距,差距 5 是顾客差距,是以上四个差距的复合函数。

1. 认知差距

这是指顾客预期的服务与零售商理解的消费者预期服务之间的差距。不同的消费者有不同的预期,如幼儿护理对年轻家长而言是基本的预期服务,但对单身的年轻人来说无所谓,对他们而言 ATM 提款机可能更重要。零售商只有通过消费者调查才能预料消费者期望的服务。消费者需求也会随着时间发生变化,零售商也需随之改变所提供的服务。

认知差距产生的原因有:

(1) 对市场研究和需求分析的信息不准确;

(2) 对期望的解释信息不准确;

(3) 没有需求分析;

(4) 从企业与顾客联系的层次向管理者传递的信息失真或丧失;

(5) 臃肿的组织机构阻碍或改变了在顾客联系中所产生的信息。

零售商的对策首先是对消费者知觉、期望进行研究;其次是利用研究成果以改善本身和顾客预期服务之间的差距。

2. 标准差距

标准差距是零售企业对顾客期望的认识与其制定的顾客服务标准之间的差距。通过真正了解客户的需要缩小认知差距后,零售商需要进行现实评估以确定如何达到这种服务质量。高层管理者的承诺及为之实现更优服务而接受成本增加,如为改善对顾客服务的员工培训,都是这个过程的组成部分。

标准差距产生的原因有:

(1) 计划失误或计划过程不够充分;

(2) 计划管理混乱;

(3) 组织无明确目标;

(4) 服务质量的计划得不到最高管理层的支持。

零售商的对策是认同提供高品质的服务、对服务发生的问题能提出创新的解决方案、制订服务的目标和衡量服务的绩效。

3. 交付差距

交付差距是零售商的服务质量标准与服务实际交付之间的差距。产生的可能原因是:

(1) 标准太复杂或太苛刻;

(2) 员工对标准有不同意见,例如一流服务质量可以有不同的行为;

(3) 标准与现有的企业文化发生冲突;

(4) 服务生产管理混乱;

(5) 内部营销不充分或根本不开展内部营销;

(6) 技术和系统没有按照标准为工作提供便利。

零售企业在制定实现合理服务质量的标准和规范后,必须保证每名顾客在接受服务时都能达到这个预设的服务质量。对于提供服务的一线员工要进行定期培训,以确保其具备所需的知识和技能,并能给予适当的授权和支持,同时制定处理顾客需求和零售商店需求之间矛盾的清晰的方针措施和服务政策,解释这些措施的基本缘由,运用物质刺激来激励员工的积极性,以便这些员工向消费者交付符合组织标准的服务水平。

4. 沟通差距

沟通差距是零售企业提供给顾客的实际服务与其对外宣称要达到的服务水平之间的差距。这个差距表明零售商没有兑现他们对顾客承诺的服务。产生的原因是:

(1)营销沟通计划与服务生产不统一;

(2)传统的市场营销和服务生产之间缺乏协作;

(3)营销沟通活动提出的一些标准,组织却不能按照这些标准完成工作;

(4)有故意夸大其词,承诺太多的倾向。

零售企业宣传的各种服务会在顾客心中形成一种预期,要减低不能满足顾客预期的风险,零售企业应与顾客进行有效的沟通,实现已作出承诺的服务。零售企业不同部门之间也要进行良好的沟通,以使各部门齐心协力为顾客提供高质量的服务。同时由于一线员工代表的是零售企业,所以员工对顾客作出的承诺也视为零售企业对顾客的承诺。加强对一线员工的监督和控制,防止其对顾客作出不合理的承诺而损害组织利益。

5. 顾客差距

顾客差距即指顾客感知或经历的服务与期望的服务不一样。它导致的后果有消极的质量评价(劣质)和质量问题;口碑不佳;对公司形象的消极影响甚至丧失业务。质量模型揭示了引起消费者不满的对服务的预期和享受到的服务之间的差距,即顾客差距(差距5)是由服务过程中认知差距、标准差距、交付差距和沟通差距四个方面的差距决定的,所以要提高服务质量水平就要尽力缩小这四方面的差距以使消费者满意。

二、服务质量管理方法

(一)减少认知差距,积极预防失误的产生

零售企业对消费者、对服务期望认知出现偏差的原因在于对消费者需求缺乏深入的调查了解,不了解顾客的真实需求。要减少这一认知差距的具体做法是:进行消费者调查和顾客访谈,建立顾客投诉系统,加强内部员工培训和员工反馈机制。

零售企业应防患于未然,针对可能出现的服务失误进行服务补救训练,培训员工如何避免失误,如何在失误发生时采取正确措施,如何正确处理人际关系,如何提高服务补救的应变能力等,使员工面对服务失误能正确使用授权并迅速补救、妥善解决。

(二)建立健全服务质量体系,减少标准差距

正确的商业服务思想,为零售商业企业提高服务质量提供了基础和前提。而把这一思想制度化、标准化、程序化,就需要建立服务质量体系。服务质量体系是服务思想的具体贯彻和实施,是服务水平得以不断提高的保障。完善的服务质量体系应该具有以下内容:

(1)服务质量实施机构。包括服务质量的领导机构、管理机构、执行机构和监督机构以及它们各自的职责、权利、性质和隶属关系。合理的机构是服务质量体系有效运行的必

要环节和组织保证。

（2）服务质量实施规划。服务质量标准制定时要尽可能地体现出管理层对顾客服务期望的认识，减少标准差距，其实施规划包括服务质量方针、服务质量的总目标、阶段性目标、具体目标以及实施的步骤、程序、方式和方法等，这样既能避免其盲目性，又可增强其有序性。

（3）服务质量实施标准。服务标准的制定要根据不同的销售环节、不同的工作岗位以及顾客的不同需求来制订，重点是售中服务标准和售后服务标准。服务的标准化不仅是服务工作开展的依据，而且是衡量服务工作质量的尺度，如沃尔玛员工面对顾客必须用"三米微笑、八颗牙齿"原则。要达到和超越服务标准，必须要求服务人员具备相应的知识和技能，要对他们提供物质和精神上的支持，要加强内部沟通减少冲突，并适当授权给员工，以顾客和企业的最大利益为出发点。其主要途径有：提供信息和训练、提供物质和精神支持、加强内部沟通、适当授权。

小链接 10-5　　　　国美电器公司的"彩虹服务"

彩虹代表着一切美好事物和崭新事物的开始，国美将其服务体系命名为"彩虹服务"就是要向广大消费者诠释一种新型的服务模式和理念。据国美售后服务中心介绍，"彩虹服务"是国美总结了以往的服务经验，整合家电厂家的服务资源推出的包括售前、售中、售后服务的全系列家电服务品牌。彩虹的缤纷颜色体现其服务内容的丰富多彩、细致全面；彩虹的桥梁形状体现了国美电器是架起商家与消费者的桥梁，也是架起厂家与消费者的桥梁；彩虹是由阳光折射而成的现象，代表着国美的服务阳光向上、温暖亲切；彩虹的七色还代表了服务工作中的 7 个 100% 承诺，即咨询服务落实率 100%、客户投诉回复率 100%、安装调试合格率 100%、维修合格率 100%、用户档案完备率 100%、上门服务到位率 100%、服务时间准时率 100%。

"彩虹服务"的服务内容主要基于三个品牌的核心价值，分为三大系列，同时对应着商标 logo 的三种颜色：绿色"无忧"服务——购物无忧、投诉无忧、维修（后顾）无忧、价格无忧，使消费者买得安心；红色"个性"服务——会员制、服务提速承诺、免费上门设计、异地购物、以旧换新、网上商城，使消费者买得称心；蓝色"亲情"服务——亲情服务台、"三米三声"服务、电脑十项免费服务和培训、空调免费服务、发烧影院安装服务，使消费者买得舒心。

红、绿、蓝为颜色的三个基本色素，通过这三个色素可以组成所有颜色。以此表现出国美彩虹服务的多样性，是以国美为龙头，涵盖了所有家电厂家的服务内容联盟。

国美"彩虹服务"的服务项目突出人性化、个性化和对顾客的关怀细致入微、体贴备至，正如彩虹服务的口号"无微不至，无所不在"。"无微不至"体现了彩虹服务在服务品质上追求的深度，同时，彩虹服务以其强大的联盟实力作保证，服务项目周到而全面，渗入家电服务领域每个细节，并且总在不断完善之中。"无所不在"体现了彩虹服务在服务品质上追求的广度。正是在对"深度"和"广度"的不懈追求中造就了"彩虹服务"，国美也将"彩虹服务"全力打造成为国内家电服务领域第一品牌。

（资料来源：畅言.建立家电服务新标准——国美电器启动彩虹服务工程.家用电器[J],2004(Z1).）

（三）主动进行服务沟通，减少沟通差距

顾客抱怨产生后，企业要及时和顾客沟通，在事发现场即时解决，而不能等专门的人员来处理顾客的抱怨，那样，将会耽误服务补救的时机，顾客会以为店方缺乏诚意而使抱怨升级，将会增大服务补救的成本。

同时，零售企业要树立"从服务补救中学习"的观念，并把这种观念融入商业文化的建设中去，认识到弥补服务缺陷以换取客户忠诚是店员的责任和义务，只有这样，才能真正地做好服务补救工作。如真心诚意地向顾客致歉，并提供弥补的办法，这是与顾客真诚沟通，重新赢得顾客信任的有效办法，也可以有效地平衡商家和客户的利益，留住为此而可能流失的顾客。

另外，零售企业也要减少沟通差距，不能夸大提供的服务，那会提高消费者的预期。把服务宣传得过高也许会在最初吸引较多的顾客，但其后会导致顾客不满而使下次光临的顾客减少。所以要让顾客对服务质量满意就必须进行诚实的宣传，要求各部门之间互相沟通、获得消费者理解。同时由于这些差距难以完全避免，因此进行及时的服务补救也是提高服务水准的重要途径。

三、零售服务补救

零售服务补救，是指零售企业在对顾客提供服务出现失败和错误的情况下，对顾客的不满和抱怨当即做出的补救性行为。失误可因各种原因产生：服务可能没有如约履行，货品可能有瑕疵，服务执行质量低劣，员工可能粗暴或漠不关心。所有这些失误都会引起顾客的消极情绪和反应，如顾客离开，将其经历告之其他顾客，甚至通过消费者权益组织或法律途径投诉。

服务补救的主要目的是重新建立顾客满意度和忠诚度，更重要的是有助于零售企业获得改进服务工作、提高服务质量所需的有价值信息，还可以避免重大公共关系危机局面的出现，减少服务补救成本的支出。

进行服务补救的常用方法如下：

（一）跟踪并预期补救良机

建立一个跟踪并识别服务失误的系统能使企业挽救和保持顾客关系。企业通过听取顾客意见来确定企业服务失误所在，不仅被动地听取顾客的抱怨，还要主动地查找那些潜在的服务失误。市场调查（如收集顾客批评）、监听顾客抱怨、开通投诉热线、有效的服务担保和意见箱是常用的方法。

（二）重视顾客问题

企业一线服务员工能主动地出现在现场，承认问题的存在，向顾客道歉（在恰当的时候可加以解释），并将问题当面解决，这是顾客认为最有效的补救方法，如退款、服务升级、无条件退货。例如某顾客在租用已预订的别克车时发现该车已被租出，租车公司将本公司的劳斯莱斯车以别克车的租价租给该顾客。

（三）尽快解决问题

服务人员必须在失误发生的同时迅速解决失误，否则服务失误会很快扩大并升级。

在某些情形下，还需要员工能在问题出现之前预见到问题即将发生而予以杜绝。例如，某航班因天气恶劣而推迟降落时，服务人员应预见到乘客们会感到饥饿，特别是儿童。服务人员会向机上的乘客们说："非常感激您的合作与耐心，我们正努力安全降落。机上有充足的晚餐和饮料。如果您同意，我们将先给机上的儿童准备晚餐。"乘客们点头赞同服务人员的建议，因为他们知道，饥饿、哭喊的儿童会使境况变得更糟。服务人员预见到了问题的发生。在它扩大之前，员工就杜绝了问题的发生。

（四）授予员工进行服务补救的权力

一线员工需要特别的服务补救训练，如服务补救的技巧、权力和随机应变的能力训练。员工必须被授予使用补救技巧的权力。当然这种权力的使用是受限制的，在一定的允许范围内，用于解决各种意外情况，但也不应因员工采取补救行动而受到处罚；相反，企业应鼓舞、激励员工们大胆使用服务补救的权力。

（五）从补救中汲取经验教训

服务补救不只是弥补服务裂缝、增强与顾客联系的良机，它还是一种极有价值但常被忽略或未被充分利用的、具有诊断性的、能够帮助企业提高服务质量的信息资源。通过对服务补救整个过程的跟踪，管理者可发现服务系统中一系列亟待解决的问题，并及时修正服务系统中的某些环节，进而使"服务补救"现象不再发生。

恰当、及时的服务补救措施以及真诚、主动的服务补救行为，可以减弱顾客的不满情绪，有效化解矛盾，避免零售企业的服务危机，最终换取顾客的忠诚、赢得顾客的满意、树立企业的形象和提高企业的声望。

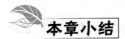

本章小结

通过提供好的顾客服务，零售企业可以提高顾客再次来购买的机会，建立起持续的竞争优势。但是，要做到持之以恒地提供良好的顾客服务并不是一件容易的事。与有形产品相比，服务具有无形性、不可分离性、异质性和不可贮存性等共同特征。零售企业的服务方式可以分为产品服务、便利服务、支付服务、产品供应服务、信息服务、客户销售服务等。

常用的零售服务理论是服务利润链理论和服务三角形理论，了解客户需求、提供客户关怀和进行客户管理是零售企业常用的客户服务策略思路。运用服务质量五维度理论和服务质量差距模型对零售企业服务质量进行诊断，有助于识别提升零售企业服务质量的有效路径。零售企业在对顾客提供服务时出现失败和错误的情况下及时进行服务补救是留住顾客必不可少的一项措施。

思 考 题

1. 区分可供零售企业选择的主要零售服务类型。
2. 经常有人说，零售价格与服务上的优势不能两者兼得。你对此持多少赞同态度？

3. 请为某一零售商设计顾客关怀计划。
4. 如何测量顾客的满意度？请用相关模型进行解释。
5. 举出你在某家零售商店的体验没有达到你的预期的例子。这种差距是如何出现的，出现的原因是什么？你对这家零售商缩小这种差距有什么建议，这家零售商已经采取哪些消除这种不满足的措施？
6. 在顾客对优质服务的感受方面，雇员起着至关重要的作用。如果你准备雇佣一些营业员，你应该注意他们的哪些性格特征，来评价他们提供良好服务的能力。

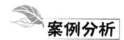

家乐福：收银排队解决方案

法国家乐福集团是全球第二大零售连锁集团，其主要经营业态包括大型综合超市、社区超级市场、折扣店等，超过9 000家的门店遍布全球。众所周知，超市里顾客与营业员接触的机会较少，收银员的服务质量至关重要。收银排队等待、收款员态度不好和因扫描设备问题而耽误时间是影响消费者购物情绪的主要因素。调查显示，有64.7%的顾客认为，在超市不愉快的购物经历主要由收款队伍太长引起。排队长度如果超过3人就难以容忍的顾客占45.4%，另有40.5%的顾客容忍长度为6人。

家乐福与德利多富公司合作针对这个问题进行了收银方案的创新。收银排队具体操作流程是：(1)扫描顾客采购的商品条码；(2)产生唯一性的扫描批次号码；(3)客户带着唯一的批次号码和采购打包好的商品走到收银台付款；(4)收银员在收款台扫描此次号码，并获得所有顾客采购的商品信息及价款总额；(5)从CALYPSO POS系统重新找回预先扫描的商品信息数据；(6)付款后，销售小票包括详细购物信息将被打印出，客户完成购物并减少购物的等待时间。通过实施这套系统，明显减少并缩短了客户购物结算的等待时间，从而达到顾客"开心地来，满意地回"的结果。

(资料来源：中国销售十佳创新案例. http://www.cszk.com.cn)

【案例思考】
1. 与其他商店相比，家乐福的收银方案为什么能赢得顾客好评？
2. 家乐福的服务创新对中国本土零售企业有什么启示？

一、实训目的

1. 了解本地零售业服务质量状况。
2. 增进对零售服务性质与影响因素的理解。
3. 学会诊断零售服务质量，培养解决实际问题的能力。

二、实训内容

以小组为单位,各自选择本地一家知名零售企业进行调查,了解这家零售企业提供的服务产品以及顾客对这家零售企业服务质量的感知,总结其成功经验,发现问题并提出改进建议。

三、实训组织

1. 指导教师明确实训目的、任务和评价标准。
2. 学习委员将班级成员分成若干小组。成员可以自由组合,也可以按学号顺序组合。小组人数划分视修课总人数而定。每组选出组长 1 名,发言代表 1 名。
3. 以小组为单位,通过对零售企业和顾客的访谈、问卷调查收集零售企业服务质量状况资料。根据资料和零售服务质量理论,运用统计分析、理论分析等方法对零售企业的服务质量现状、经验、问题进行分析,提出对策建议,并写成书面分析报告,制作课堂演示 PPT。
4. 各小组发言代表在班级进行汇报演示,每组演示时间以不超过 10 分钟为宜。
5. 鼓励同学们在每组发言后提问、讨论、质疑。

四、实训步骤

1. 指导教师布置任务,指出实训要点、难点和注意事项。
2. 各小组设计调查方案和调查问卷。
3. 小组成员分工实地调查,收集、整理案例企业及其顾客感知服务质量的资料。
4. 各小组组织讨论,按实训任务撰写书面调研报告,列出汇报演示提纲。
5. 演示之前,小组发言代表对本组成员及各自承担的任务进行介绍陈述。演示结束后,征询本组成员是否有补充发言。其他小组成员提问、质疑,由发言代表或该组成员答疑。
6. 班级演示之后,指导教师进行最后总结及点评,并为各组实训结果打分,对表现优秀者提出表扬。

延伸阅读

1. 刘璐.零售业服务质量管理对我国的启示[J].商场现代化,2008.
2. 赵辉.零售业服务质量评价实证研究[J].企业经济,2007(6).
3. 陈丽娇.零售业基于服务营销的顾客满意战略探讨[J].营销策略,2012(2).
4. 王桂朵.零售服务管理[M].郑州:郑州大学出版社,2006.
5. 马媛媛.浅析我国零售企业的服务补救[J].黑龙江对外经贸,2006(7).
6. 中华人民共和国行业标准.SB/T 10962-2013 商品经营企业服务质量评价体系.

第十一章 零售连锁经营管理

本章学习目标

了解连锁经营的基本模式、采购谈判签约注意事项、连锁经营物流配送的功能要素，熟悉连锁经营商品采购组织类型、连锁经营库存管理目标与类型，掌握连锁经营商品采购的基本流程、连锁经营库存管理方式、连锁经营物流配送中心的作业管理。

引例

沃尔玛的连锁经营

我们之所以能够在世界各地享受到沃尔玛提供的满意服务，主要得益于它的连锁经营模式。沃尔玛连锁公司作为世界零售巨人，它的强大优势主要表现在流通规模大、采取统一采购配送、订货批量大，从而降低了费用，实现了低价位经营。它在27个国家拥有10 994家分店以及遍布10个国家的电子商务网站，2014年财政年度销售额高达4 700多亿美元。截至2014年4月30日，已经在中国21个省、自治区、4个直辖市的约170个城市开设了400多家商场、7家配送中心和9家鲜食配送中心。

（一）高效的运营管理

沃尔玛公司的第一家连锁商店在1962年开办，随着其第一家配送中心在1970年建立，沃尔玛开始走上了快速发展之路。现在沃尔玛的连锁店分为折扣商店、购物广场、山姆会员店、家居商店四种形式，全部由该公司控股，实行直营连锁。

沃尔玛对它旗下的连锁店实行扁平结构的管理体制，下设四个事业部，分别管理着购物广场、山姆会员店、国际业务和物流业务。两个商店管理事业部，通过事业部总裁、区域总裁、区域经理、店铺经理四个层次，直接对店铺的选址、开办、进货、库存、销售、财务、促销、培训、广告、公关等各项事务进行管理。店铺销售的所有商品，除了部分生鲜食品考虑到保鲜的要求，由店铺在附近自行采购外，其余全部要由事业部的采购部门统一采购，物流部门统一配送。这种连锁经营的模式，使得沃尔玛公司具有强大的市场竞争能力。

在这种扁平化的管理方式下，沃尔玛对商品的配送实行全过程统一管理。从供应商处订货后，供应商就会按订单将商品送到配送中心，然后沃尔玛的检验部门运用多种技术手段，对商品质量进行严格检验。对信用好的供应商提供的商品，进行随机性的抽检；新的供应商送来的商品，则要重点检验，防止假冒伪劣商品进入商店，影响整个公司的声誉。

采用连锁经营，使沃尔玛公司可以进行大量集中采购、配送，不仅减少了中间环节，降低了进货中间成本，而且生产厂家面对如此大批量订货的客户，在价格上也会给予优惠，降低进货的总成本。使得沃尔玛销售的商品价格比其他商店的同类商品一般要便宜10%左右。

(二)标准的采购运作

目前沃尔玛在全球通行的采购办法是通过电子数据交换系统(EDI)采购。通过这样的采购系统,沃尔玛可以通过网络平台向它在全世界的近4 000家供应商发送采购订单,并向全球近11 000家商场供货,每个商场的品种平均在两万种以上。利用这种采购确认方法给了沃尔玛极大的帮助。

沃尔玛采购的基本原则就是"质量要好,价格要低",不过即使两者都合它的意,也要经过复杂的程序,经过几轮讨价还价。在达成协议后,沃尔玛还要对它的供应商进行严格的验厂程序,沃尔玛在提供的合同上将各自的责任依据明确的标准详细划分,可操作性很强。在付款方面严格按合同办事,不找任何理由拖欠。在整个采购过程中,企业只凭产品质量取胜,暗箱操作在沃尔玛采购中没有市场。

沃尔玛在与供应商的谈判上,主要采用规范化、标准化的谈判业务程序。第一:谈判地点统一化。与供应商谈判地点一律选择沃尔玛公司洽谈室,一方面,作为谈判主战场,对公司谈判有利;另一方面,使谈判透明度高,规避商务谈判风险,防止业务员的投机行为。第二,谈判内容标准化。按公司规定的《产品采购谈判格式》要求进行谈判。譬如,商品属性、产品质量、包装要求、采购数量、批次、交货时间和地点、价格折扣、付款要求、退货方式、退货数量、退货费用分摊、产品促销配合、促销费用分摊等相关内容。

(根据锐智《沃尔玛零售攻略》(南方日版出版社,2004)、沃尔玛中国网站公司概述改编。)

本章知识结构图

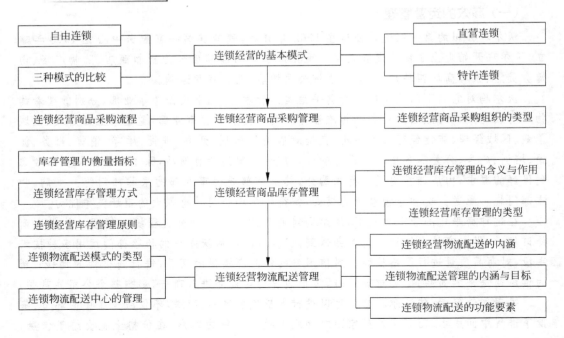

第一节　连锁经营的基本模式

连锁经营是一种商业组织形式和经营方式，是由众多经营同类商品或服务的众多门店组成的联合体，这些分店通过采用标准化的运作方式和集中化管理，实现联合体的规模经济效益。其中，连锁店是重要载体，它是指经营同类商品、使用统一商号的若干门店，在同一总部的管理下，采取统一采购或授予特许权等方式，实现规模效益的经营组织。连锁经营模式以资产、合同为纽带可划分为3种基本模式：直营连锁、特许连锁、自由连锁。

一、直营连锁

（一）直营连锁的定义

国际连锁店协会（IFA）将直营连锁定义为："以单一资本直接经营11个商店以上的零售业或饮食业组织。"

美国商务部将直营连锁定义为："由总公司管辖下的许多门店组成，它往往具有行业垄断性质，利用资本雄厚的特点大量进货和大量销售，具有很强的竞争力。"

本书认为，直营连锁（又称正规连锁，regular chain，RC），是连锁企业的总部通过独资、控股或吞并、兼并等途径开设门店，发展壮大自身实力和规模的一种形式。连锁企业的所有门店在总部的直接领导下统一经营，总部对各门店实施人、财、物及商流、物流、信息流等方面的统一管理。

（二）直营连锁的基本特征

直营连锁的基本特征是集中统一，具体体现在集中统一的所有者、管理权、财务制度和人力资源管理。

集中统一的所有者。直营连锁企业由同一经营资本构成，成员店之间以资本为主要联结纽带，所有门店属于同一个所有者，归一个公司、一个联合组织或一个人，由同一个投资主体开办，各分店不具有法人资格。这是直营连锁与特许连锁和自由连锁的最大区别。

集中统一的管理权。直营连锁的所有权、经营权、监督权完全集中在总部，由总部根据统一的发展规划方针，统一管理连锁企业的人事、财务、投资、分配、采购、促销、物流、商流、信息流等方面，门店的业务必须按总部的指令行事。因此，直营连锁企业必须顺利地推进合理的分工体制，即总部必须设置分工明确、精细专业的内部管理机构及与各门店的层级管理制度、各类责任制度、薪酬与绩效挂钩的分配制度和规范的门店管理制度，以保证总部与各职能部门和门店的统一运作。

集中统一的财务制度。直营连锁门店的店长是连锁企业的员工而不是所有者，所有门店的店长均由总部委派。整个连锁企业实行统一的核算制度，各门店的工资和奖金由总部依据连锁企业制订的标准来决定，各个门店的店长无权决定门店的利润分配。

集中统一的人力资源管理。直营连锁企业各门店的所有员工均由总部统一招募，各门店的经理人员也由总部委派，他们是公司的雇员而不是公司的所有者。

二、特许连锁

(一) 特许连锁的定义

国际连锁店协会(IFA)将特许连锁定义为:"总公司授权加盟者经营生意,并且在组织结构、人员训练、采购及管理上协助加盟者,相应地,加盟者也必须付出相当代价给总公司的一种持续性关系。"

美国商务部将特许连锁定义为:"主导企业将自己开发的商品、服务和营业系统(包括商标、商号等企业象征的使用、经营技术、营业场所和区域),以契约形式授权加盟店在规定区域内的经销权或营业权,加盟店则要交纳一定的营业权使用费,并承担规定的义务。"

美国特许连锁协会将特许经营定义为:"特许经营是由一方(特许权拥有方)给予另一方(特许权接受方)的合同性特许。"

日本特许连锁协会将特许连锁定义为"特许连锁经营是指特许拥有者与其他方签订合同,特许权拥有者授予特许加盟者使用自己的商标、商号、服务标记和其他营业象征的标识和经营管理技巧,在同样的形象下进行商品销售。相应地,特许加盟者需要按照销售额或毛利的一定比例,向特许者支付报偿金,并在特许者的要求与指导下开展业务。"

中国在《商业特许经营管理办法》中规定:"特许经营是指通过签订合同,特许人将有权授予他人使用的商标、商号、经营模式等经营资源,授予被特许人使用;被特许者按照合同规定,在统一经营体系下从事经营活动,并向特许人支付特许经营费。"

从以上定义可知,特许连锁是一种以契约为基础的连锁企业经营形式。一般而言,连锁企业总部与加盟店签订特许加盟合同,特别授权加盟店使用自己的商标、服务标记、商号和其他为总部所独有的经营技术,在统一的形象下进行商品销售,加盟店对自己的门店拥有所有权,但经营权集中于总部,并需要按销售额或毛利的一定比例支付报酬。

(二) 特许连锁的特征

特许连锁的特征体现在以下几个方面:所有权的分散与经营权的集中、特许权的转让、特许加盟合同。

所有权的分散与经营权的集中。加盟店具有独立的法人资格,是其门店的所有者,门店店长是加盟者,不受聘于总部,其拥有进货权、人事权、财务权等权力,但加盟者必须按照特许合同的规定严格执行经营任务,没有独立的经营权,经营权集中于总部。

特许权的转让是特许连锁的核心。总部作为特许权的拥有者,除了授予加盟店店名、商标、商号、服务标识等在一定区域内的垄断使用权,还要向加盟者提供完成经营所必需的信息、知识、技术等一整套经营系统,并且在加盟店的运营过程中不断地给予指导。

特许加盟合同是特许连锁经营的纽带。特许加盟合同通常不是双方协商签订的,而是由连锁企业总部制定的,加盟者只有接受特定的合同内容才能加盟连锁系统,相应地,总部也要在合同中承担一定的义务和责任。

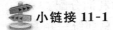 小链接 11-1　　　　　麦当劳的特许经营

麦当劳的经营方式主要有两种:一种是总部直接投资经营;另一种是分店由业主独

立经营,即特许经营。在美国本土,公司直接经营的连锁分店只占16%,而加盟店却占84%,可见特许加盟制度已成为麦当劳"帝国大厦"的基础。麦当劳所签订的加盟合约期限一般都在20年。加盟者一旦和总部签订合约,必须先付一笔特许权使用费,总额为2.25万美元,其中一半现金支付,另一半以后上交。此后,每年上交总部一笔权利金和房产租金,前者为年销售额的3%,后者为年销售额的8.5%。麦当劳对加盟店提供的服务有:对所有加盟店派出顾问,帮助选择最佳位置和理想的装修设计;帮助招聘员工;帮助寻找符合公司总部要求的原料基地等。对这些活动,总部不仅分文不取,而且还十分认真。麦当劳公司一般不直接向加盟店提供餐具和食物原料,而是与专业供销公司签订合同,再由其向各个分店直接供货,有条件的地方则由总部直接提供原料。由于麦当劳分店众多,原料需要量大,对美国市场的影响力也非常大。

(资料来源:杨宜青.连锁经营原理与管理技术[M].北京:高等教育出版社,2001.)

三、自由连锁

(一) 自由连锁的定义

美国商务部将自由连锁定义为:"由批发企业组织的独立零售集团,成员零售店经营的商品全部或大部分从该批发企业进货,作为对等条件,该批发企业必须向零售企业提供规定的服务。"

日本经济界将自由连锁定义为:"自由连锁店是许多零售企业自发组织起来的,在保持各自经营独立性的前提下,联合一个或者几个批发企业建立强有力的总部组织,并在总部的指导下实行共同经营。通过集中采购、统一经销来获得低成本、高效率的利益。"在相关法律中还规定:自由连锁主要是指对中小零售企业,依照一定的合同条款持续地销售商品,并开展经营方面的指导事业。

简单地说,自由连锁就是通过签订连锁经营合同,总部与具有独立法人资格的门店合作,各门店在总部的指导下集中采购、统一经销的经营模式。根据自由原则,各门店可以自由地加入或退出该连锁经营体系。

(二) 自由连锁的基本特征

自由连锁的最大特点是各门店的所有权与财务权相对独立,与总部没有所属关系,只在经营活动上保持协商和服务关系,如统一订货和送货、统一使用信息及广告宣传、统一制定销售战略等。具体表现在以下几个方面:加盟店拥有独立的所有权、经营权和财务核算权,拥有一个或几个核心企业作为总部组织,协商签订的合同是维系各方经济关系的纽带,自由连锁的核心是共同进货。

自由连锁体系中拥有许多分散的零售商加盟成员,这些零售商一般是小型的,但它们是独立的。各门店不仅独立核算、自负盈亏、自主安排人事,而且在经营品种、方式和策略上拥有很大的自主权,只需每年向总部交纳加盟金、管理费等。

自由连锁的总部拥有一个或几个核心企业作为总部组织。该总部组织通常是已经存在的企业,有的是单独设置的,有的是由核心主导企业兼行总部职能。

协商签订的合同是维系各方经济关系的纽带。总部与各加盟的成员通过合同作为纽带联结在一起，合同是由各成员共同协商制定的，而不是特许连锁签订的定式合同，这种合同的约束力比较弱，加盟店可以随意退出自由连锁体系，在合同中并未规定对随时退出自由连锁体系的成员店的具体惩罚。

自由连锁的核心是共同进货。共同进货是中小企业成为自由连锁店的最大因素，因为这样可以使中小型零售商和大型超市、百货商店一样，获得较低的进货价格。对总部而言，自由连锁门店是总部强有力的分销渠道，形成了自由连锁的"联购分销"机制。

四、三种模式的比较

（一）共同点

总部和门店。不同的连锁经营模式都是由总部和门店构成，总部与各个门店之间分工明确，相互配合。总部作为连锁经营的统一组织机构，主要负责盈利模式的维护与推广、品牌的建立与管理、商品的采购与配送、商品的定价与促销等，而各个门店则具体实施总部的政策、方案和完成销售目标。

标准化的运营手册。为了保证总部的政策、方案能够高效的在各个门店落实到位，不同连锁经营模式均需要制定标准化的实施手册。

盈利模式。无论何种连锁经营模式，均只有具备了成熟的盈利模式才能发展，才能吸引加盟者。

（二）差异点

所有权的拥有者不同。在直营连锁模式中，所有分店都属于同一所有者，各个门店不具有法人资格，而自由连锁和特许连锁经营模式中的每个成员店都具有法人资格，具有自主管理的人事权和财务权。

总部与各个门店的内部关系不同。直营连锁经营中的各个连锁店是总公司的分公司，与总部关系最为密切，但自主性小。自由连锁没有总公司与分公司的划分，内部关系最为松散，各个连锁店的自主权较大，不同连锁店之间的关系是一种互利互助的形式。特许连锁是不同零售企业之间一种特许权的买卖契约关系，这种契约关系有一定的期限限制，总部与连锁店之间的关系较为密切，但契约关系解除，则内部关系就宣布结束。

产生的原因不同。直营连锁经营模式往往是零售企业为了进一步扩张和发展而采用的一种渠道策略，旨在减少中间的商品流通成本从而提升竞争力。特许连锁经营模式产生的原因首先是特许人拥有了独特的知识产权，具备了很好的盈利模式，且加盟商可以以该种盈利模式赚钱。自由连锁经营模式的产生是若干中小型零售商店为了与大型零售连锁商店竞争而采取的策略。

第二节 连锁经营商品采购管理

一、连锁经营商品采购组织

连锁零售企业商品采购组织一般分为集中化采购组织和分散化采购组织两种类型。

（一）集中化采购组织

1. 本部采购

本部采购是指采购权集中在本部，并设立专职采购部门，采购权不下放，商品的导入、淘汰、价格制定和促销活动的实施等均完全由本部控制。分店只负责商品的陈列、库存管理及销售工作，对商品采购无决定权，但有建议权。其组织结构如图11-1所示。

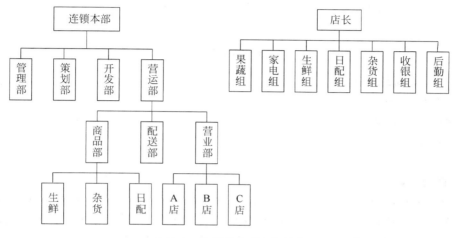

图11-1　总部采购型组织结构

该种组织的优点如下：

- 分部不负责采购，可专心致力于营业。
- 发挥集中议价能力。
- 价格形象一致。
- 利润控制较佳。
- 活动易于规划。
- 易掌握资源。

该种组织的缺点如下：

- 弹性小，有时较难满足消费者的需求。
- 易造成营业人员与商品采购人员的对立。

2. 采购委员会

较大的零售连锁企业通常会设立采购委员会，裁决商品采购事宜。从各部门、分店中选出采购委员会成员，目的是综合各部门、分店的意见来决策采购问题。理论上，该组织是一种比较客观的采购组织，但因组成成员比较复杂，意见出现分歧时会延迟采购时效。一般来说，该种组织适合于商品品项变动与更新较小的连锁零售企业。采购委员会组织结构如图11-2所示。

该组织的优点如下：

- 采购较公正，非优良品不会被导入。
- 可以求得较优惠的进价。

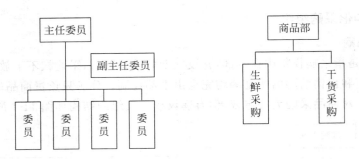

图 11-2　采购委员会型组织结构

- 采购的商品有各部门参与意见。
- 属计划性采购。

该种组织的缺点如下：
- 易产生分歧意见。
- 采购耗时。

3. 联合采购

联合采购也称集团式采购或委托采购。目前联合采购在国内尚不盛行，只有在几个大集团的关系企业内实施，而在国外，类似加盟方式的联合采购很常见。但欲想联合采购取得较好的效果，只有将相同业务集合起来的采购情况才易实现，因为不同业态之间的商品结构相差很大，硬把采购业务集中处理，则会让采购业务变得更加复杂。比较可行的方式是把一些畅销品种集中起来采购。其组织结构如图 11-3 所示。

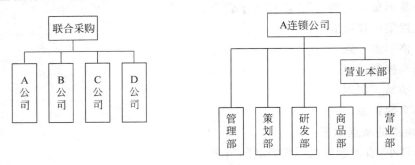

图 11-3　联合采购型组织结构

该种组织的优点如下：
- 采购量大，能够获得优惠商品进货条件。
- 人数充足，能够充分收集市场资料。
- 集团内的小公司能够获得较大的折扣利益。

该种组织的缺点如下：
- 组织复杂，不易协调运作。
- 产品线过长，采购效率较低。
- 卖场的意见不会被重视。

（二）分散化采购组织

分散化采购组织是将采购业务授权给各分店自行负责,其组织结构如图11-4所示。

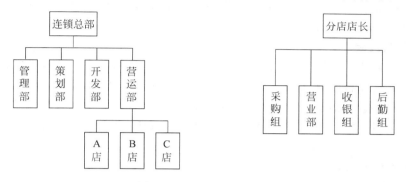

图11-4　分散式采购组织

该种组织的优点如下：
- 常见于连锁店刚形成时,将采购权委托各店自己负责,可精简人力。
- 采购组织弹性大,较具有市场竞争力。
- 各分店自主定价,灵活性强,有较大的经营权。
- 较能符合消费者的需求。

实际上选择这种采购组织的连锁零售企业,不是完全意义上的连锁零售企业,其缺点显而易见,主要有：
- 较难发挥大量采购、以量制价的功能。
- 很难控制利润。
- 容易产生各自为政的弊端,无法塑造连锁经营的统一形象。

目前许多连锁零售企业在建立集中化采购组织的同时,一般会授予分店修改订单的权力,或给予分店自行采购部分商品的权力,以此综合集中化采购和分散化采购两种组织形式的优点。

二、连锁经营商品采购流程管理

（一）配备采购人员

采购是一项相当复杂,而且要求很高的工作,采购人员必须具备一定的才能、经验与品德方能胜任。

1. 必备的才能

（1）分析能力。采购人员常常面临着许多不同方案的决定,如商品品种、商品样式、商品颜色的购买决定、商品购买价格的决定,因此采购人员应具备一定的分析能力,以做出最有效的决策。

（2）预测能力。在当今动态变化的经济环境下,商品的品种、价格与供应量都是经常变化的,采购人员应具备一定的预测能力,以在合适的时点采购价格合适、数量合适的商品。

（3）表达能力。采购人员不管是以语言或文字与供应商沟通时，必须能够清晰、准确地表达所要采购商品的各种条件，例如规格、数量、价格、付款方式等。

（4）谈判能力。谈判是商品采购流程中的重要环节，采购人员必须具备一定的谈判能力，以争取有利于公司的采购条件。

2. 知识与经验

（1）商品知识。作为采购人员，必须对其需要采购的每种商品的基本知识都有一定的了解。以家电采购为例，必须了解产品的功能、技术层次、保修期等方面。

（2）客观理智。采购人员在采购商品时必须要运用科学的方法针对消费者需求与市场趋势进行合理分析后，选择最有利的商品，而不仅仅凭自我感觉来决定。

（3）专注投入。对于采购人员来说，必须要专注投入，需要利用更多的时间去了解市场趋势与发掘消费者需求。

3. 品德优良

（1）廉洁。采购人员处理的"订单"与"钞票"有直接的联系，在采购过程中，难免被"唯利是图"的供应商所包围，采购人员必须以公司利益为重，保持廉洁之心。

（2）敬业精神。采购人员必须具备敬业精神，以敬业的态度尽量避免缺货或断货的情况出现。

（3）遵守纪律。采购人员与外界打交道不仅仅是代表个人形象，更多的是代表着企业形象，因此采购人员必须遵守公司规章制度，以维护企业形象。

（二）确定采购商品

连锁经营零售企业如何确定自己的商品组成结构，是一项十分复杂的工作，因为它受到外部因素与自身实力和发展的影响。连锁零售企业在确定采购商品结构时，必须遵守一定的原则。

1. 业态是商品构成的决定性因素

每一种零售业态都有自己的基本特征和商品经营范围，业态的差异决定了连锁经营商品的重点不同。例如传统意义上的超级市场，专门或主要经营食品和家用杂货；专业店则主要经营某一大类商品，如连锁药店。但无论哪种业态，作为连锁企业都应该明确谁是我的顾客？他们到这里来买什么样的商品？我们应该如何满足他们的需求？

2. 适应消费者的需求变化

随着经济的发展，消费者的生活水平不断提高，其消费日益成熟。在这种情况下，连锁零售企业的商品定位一定要与消费者的消费结构相适应，要随时调整自己的商品经营结构。

3. 掌握影响目标客户的各种因素

影响目标顾客的因素很多，但最主要的是地理因素、心理因素和人口因素。地理因素是指连锁零售商店所处在的位置和周围的环境，如交通状况等。这些因素对目标顾客的购买习惯产生一定的影响。人口因素是指目标顾客的性别、家庭状况、收入水平、文化程度、年龄等，这些对顾客的消费习惯和消费心理产生影响。心理因素是指顾客在购买和消费过程中的心理活动，随着人们收入水平和教育程度的提高，心理因素越来越显著地影响到顾客的消费习惯，进而影响到连锁零售企业的商品定位。

（三）选择供应商

选择合格的供应商是确保采购工作能够有效执行的前提。最合适的供应商应具备以下几个基本条件：

（1）过硬的商品质量。供应商提供商品的质量好与坏、价格高与低是选择供应商的第一个条件。供应商最好应取得 ISO 的系列认证，并具有质量合格证、商标合格证等。

（2）齐全的企业资料。选择的供应商必须是遵纪守法的，连锁零售企业初次和供应商洽谈时，务必要求供应商提供以下基本资料，并对其资信等方面进行调查、评估：

- 营业执照副本。
- 税务登记证。
- 生产许可证。
- 商检合格证。
- 商品检验报告。
- 商标注册证。
- 安全认证。
- 卫生许可证。

（3）合理的交易条件。合理的交易条件包括低廉的供应价格、合适的折扣、较长的付款期限、及时的交货、强大的促销支持等方面。

（四）谈判与签约

采购人员与供应商谈判交易条件的内容主要有以下几点：

（1）品质。对采购人员而言，品质的定义应是："符合买卖约定的要求或规格就是好的品质。"

（2）包装。商品包装分为内包装和外包装两种。内包装是用来保护或说明商品用途的包装，而外包装则用于仓储及运输过程的保护。具体而言，采购人员应选择外包装坚固，内包装精美的商品。

（3）价格。商品的价格是谈判中最重要、最敏感的内容。采购谈判人员一定要清楚地了解商品的价格内容，正确掌握价格术语及含义，以避免损失。在谈判中的价格分为送货价、出厂价、现金价、净价、毛价、现货价、合约价和实价等。

（4）促销与赞助。为了增加企业利润，采购人员应该积极与供应商谈判，争取更多的促销与赞助。赞助具体分为以下几个方面：促销快讯的广告赞助、前端货架的广告赞助、卖场灯箱的广告赞助等。

（5）订货量。订货量具体包括订货总量与订购批量。

（6）折扣。折扣分为数量折扣、付现金折扣、促销折扣、无退货折扣、新品折扣等。采购人员要了解每一种折扣的适用时机以及每个供应商能够接受的折扣方式。

（7）付款条件。付款条件包括付款期限与付款方式等，付款条件与采购价格相关，付款期限越短，一般能够获得越多的折扣。采购人员应计算最有利的付款条件。

（8）交货。包括交货时间、频率、交货地点、验收方式等方面。

（9）售后服务保证。包括保修、保换、保退、安装等方面。

(五)供应商管理

连锁零售企业一般都拥有成百上千家供应商,而且由于商品淘汰换新,供应商的变动也比较频繁,这就需要对供应商进行统一的管理。其管理应着重做好以下几个方面的工作:

(1)对供应商的分类与编号。分类的方法一般可按产品来划分,比较简单的编码方法是用四位数码,第一位为商品大类代码,后三位为供应商代码。

(2)建立供应商档案。将每一个供应商基本资料归档,包括供应商公司名称、地址、电话、负责人、注册资金、营业资料等资料。

(3)建立供应商商品台账。包括商品代码、商品名称、规格、单位、进货量、销售额、进价、售价、供应商代码等方面。

(4)统计分析销售状况。定期统计每一个供应商提供商品的数量、销售金额等信息。

(5)定期评价供应商。连锁零售企业可按照一定的标准对供应商评价分级,进行分类管理。

(6)对采购合同的管理。连锁零售企业应事先制定一份规范的采购合同,同时制定包括合同签订、审核、记载、检查等内容的合同管理细则。

(7)建立商品及服务检查制度。应定期抽查供应商所供应商品的品质、销售状况、服务状况,及时向总部反映并与供应商及时沟通,有问题应要求供应商限时改进。

小链接 11-2　　沃尔玛的采购管理

(1)采购信息管理系统的使用

沃尔玛斥巨资建立了卫星通信网络系统,大大提高了其供货系统的效率。虽然在一定程度上受国家相关政策的影响,使这套系统不能被充分利用,但较其他大型零售超市而言,沃尔玛仍然能在相对较短时间内完成"填妥订单—各分店订单汇总—送出订单"的整个采购流程,这在一定程度上提高了其运营的高效性和准确性。

(2)全面压价降低采购成本

沃尔玛提出"帮顾客节省每一分钱"的宗旨,就是要为每一名进店购物的顾客省钱。进而从根本上降低商品的成本,每多省下一分钱,就是多赢得顾客的一份信任。因此,沃尔玛一直坚持对价格的强硬要求,虽然某些方面会给予供应商相应的帮助和优惠,但仍要求每一个采购人员在采购产品时要态度坚决,全面压制采购成本。

(3)沃尔玛的本地采购

沃尔玛本地采购指的是店铺从本地供应商进货,这是沃尔玛公司采购部门的工作。这种采购方式需要公司在组织形式上做出与之相适应的安排。结合沃尔玛零售业务的特点,在置办本地采购的组织上采用以地理布局为主的形式。如自2008年至今,沃尔玛相继在大连建立了绿色苹果、葡萄、蔬菜、鸡蛋、樱桃、油桃直接采购基地,使大连成为沃尔玛在全国城市中建立农产品直接采购基地最多的城市。这就为沃尔玛的本地采购提供了便利。

(4)"一站式"采购

"如果你在沃尔玛找不到它,或许你根本不需要它。"沃尔玛的"一站式购物",为顾客精选最佳的品类组合,商品陈列位置变化小,顾客能在熟悉的位置找到需要的商品,方便顾客,满足多数顾客的日常生活所需。沃尔玛坚持所有品类的商品都保持长期稳定的较低价格,顾客不必费心研究价格,就可降低整体消费开支。这种策略可以减少商店理货、商品变价及应对需求波动的人力需求,有助于实现货流的高流量和稳定性以及采购的规模经济。

(资料来源:高志飞.浅谈沃尔玛的采购管理对我国大型零售企业的启示[J].商业经济,2013(4).)

第三节 连锁经营商品库存管理

一、连锁经营库存管理的内涵

(一)连锁经营库存管理的含义

连锁经营库存管理是对连锁零售企业经营全过程的各种商品进行管理和控制,使其储备保持在经济合理的水平之上。库存管理基于两点考虑:一是用户服务水平,即在正确的地点、正确的时间、有足够数量的合适商品;二是订货成本与库存持有成本。对库存管理控制不力会导致库存的不足或过剩。库存不足将错过送货、失去销售额、使客户不满、产生生产瓶颈等;而库存过剩则不必要地占用如果用在别处会更有效益的资金。当库存持有成本较高时,容易失控。

(二)连锁经营库存管理的目的

库存管理的总目标是:在库存成本的合理范围内达到满意的客户服务水平。为达到该目标,尽量使库存平衡,库存管理人员须做出两项基本决策,即订货时机与订货批量(何时订货与订多少货)。

库存管理的目的是在满足客户服务要求的前提下,通过对企业的库存水平进行控制,力求尽可能地降低库存水平、提高物流系统的效率,以强化企业的竞争力。

二、连锁经营库存管理原则

库存管理状况直接影响物流配送的质量。无论连锁零售企业的规模如何,最重要的是要有适量的库存,以及时送达到分店手中,但又要避免商品库存过大,导致连锁零售企业资金周转不灵、存货成本上升。所以,在库存管理方面需要把握以下几点原则:

(1)树立经济采购量、领先时间、安全存量等观念。要对以往的库存信息有准确的了解,并经常检查每日库存情况,提供给分店参考。

(2)不建立高存货量。每次订货量除参考最少数量的倍数外,订货量除以每日销售量乘以领先时间即为标准订货量。

(3)提高库存周转。通常比较畅销的商品周转快,滞销的商品周转慢。如果消除或减少这些滞销的商品就可以增加库存周转次数。要提高存货周转可以采取如下方法:利用季节性促销减少商品存量、提高售货员的销售能力、利用价格政策减价促销、要分旺季和淡季慎重选择商品并及时备货等。

(4)保持一定的存销比例。存销比是指月初或月末存货与该月销货净额之比,如果知道存销比例，就可以预估某月份的销货量了，而所需的存货量也同时可以计算出来。

（5）掌握商品的有效日期。有效日期为一年以上的，以不超过原出厂日期1/2为原则；有效日期为低于一年高于半年的，以不超过原出厂日期1/6为原则；有效日期低于一个月的商品，以不超过原出厂日期1/10为原则。

（6）做好商品盘点工作。不仅要做好商品的盘点，也要做好资金和固定资产的盘点工作。

三、连锁经营库存管理方式

（一）供应链管理方式

近年来，供应商管理库存（vendor managed inventory，VMI）在商品分销系统中使用越来越广泛。有学者认为这种库存管理方式是未来发展的趋势，甚至认为这会导致整个配送管理系统的革命。支撑这种理念的理论非常简单：通过集中管理库存和各个零售商的销售信息，生产商或分销商补货系统就能建立在真实的销售市场变化基础上，能够提高零售商预测销售的准确性、缩短生产商和分销商的生产与订货提前期，在链接供应和消费的基础上优化补货频率和批量。

（二）客户管理方式

相对于VMI，客户管理库存（custom managed inventory，CMI）是另外一种和它相对的库存控制方式。配送系统中很多人认为，在连锁经营中，按照和消费市场的接近程度，零售店在配送系统中由于最接近消费者，在了解消费者的消费习惯方面最有发言权，因此应该是最核心的一环，库存自然应归零售店管理。持这种观点的人认为，配送系统中离消费市场越远的成员就越不能准确地预测消费者需求的变化。

（三）联合管理方式

联合库存管理（jointment managment inventory，JMI）是介于供应商管理库存和客户管理库存之间的一种库存管理方式，它是由供应商与客户共同管理库存，进行库存决策。它结合了对产品的制造更为熟悉的生产或供应商，以及掌握消费市场信息能对消费者的消费习惯做出更快更准反应的零售商各自的优点，因此能更准确地对供应和销售做出判断。在配送系统的上游，通过销售点提供的信息和零售商提供的库存状况，供应商能够更加灵敏地掌握消费市场变化，销售点汇总信息使整个系统都能灵活应对市场趋势；在系统另一端，销售点通过整个系统的可视性可以更加准确地控制资金的投入和库存水平。通过JMI在配送系统成员中减少系统库存，增加了系统的灵敏度。由于减少了需求的不确定性和应对突发事件所产生的高成本，整个系统都可以从中获益。在JMI环境下，零售商可以从供应商那里得到最新的商品信息以及相关库存控制各种参数的指导或建议，但是由于是独立的组织，零售商同样需要制定自己的库存决策。

四、连锁经营库存管理的常用方法

连锁经营库存管理的方法有很多分类方法。常用的有以下几种。

（一）ABC 管理法

ABC 管理法，又称重点管理法。就是将库存货物根据消耗的品种和金额按一定的标准进行分类，对不同类别的货物采用不同的管理方法。

小链接 11-3　　家乐福存货控制的 ABC 制度

家乐福是"ABC 制度"的忠实遵循者，它依据商品定位特性，采取将销售额向少数品种高度集中的商品组合方法，即根据"ABC 制度"精心选择卖场商品，以达到大量销售的目标。家乐福认为，占销售额 80% 的一级商品是店铺生存的命脉，卖场必须付出更多的心血去加以经营，不能缺货，否则将造成"销售机会损失"。家乐福通过 POS 机对汇集来的数据进行统一汇总和分析，对每个产品的实际销售情况、单位销售量和毛利率都进行了严密监控，充分关注各商品销售状况的变化，由此得出需要格外关注的"20% 商品"，并不断优化商品结构，完全面向顾客的需求，减少滞销产品对资金和卖场空间的占用。

家乐福根据 ABC 库存管理方法：

A 类商品的品种数所占比例为 15%～20%，而库存资金所占比例为 75%～80%；

B 类商品的品种数所占比例为 20%～25%，而库存资金所占比例为 10%～15%；

C 类商品的品种数所占比例为 60%～65%，而库存资金所占比例为 5%～10%。

对 A 类存货的控制，首先需要千方百计地减少每次的订货量，适当增加全年的订货次数，使日常存量达到最优水平，及时登记每次订购、收入、发出和结存的数据。当实际库存达到"再订货点"时，需立即发出请购信号，通知采购部门订购，经常对存货的动态进行对比分析，严格监督，如果发现问题，应及时查明原因，迅速纠正。

对 B 类存货的控制，平时要登记，但无须经常逐项进行对比分析，严格监督，只要定期进行概括性的检查即可。

对 C 类存货的控制，由于它们为数众多，而单价很低，因而会酌量增大每次的订购量，减少每年订货次数。因为这类存货即使存量较大，对于保持存货的成本影响不大。在卖场里，C 类存货通常是以优惠促销物品名义出现在顾客面前，占容积量比较大，但价值又很低，所以只需在畅销的情况下添加货物，平时做好必要检查就可以了。

（资料来源：陈月.家乐福存货控制的 ABC 制度[J].经营管理者，2013(3).）

（二）定量订货法

定量订货法，也称连续检查控制方式或订货点法。其原理是：连续不断地监视库存余量的变化，当库存余量下降到某个预定数值时，就发出固定批量的订货请求，经过一段订货时间，订货到达后补充库存。

（三）定期订货法

定期订货法，又称周期性检查控制方式或订货间隔期法。它是以固定的间隔周期提出订货，每次订货没有固定的定货量，需要根据某种规则补充到目标库存量，目标库存量与订货周期是事先确定的。这种方式可以省去许多库存检查工作，在规定订货时检查库存，简化了工作。缺点是如果某时期需求量突然增大，有可能发生缺货，所以一般适用于重要性较低的商品库存管理。

五、连锁经营库存管理的衡量指标

连锁零售企业用于衡量库存管理的指标主要包括库存周转率、平均库存值和可供应时间。

(一) 库存周转率

库存周转率就是商品的年销售额与平均库存值的比率。库存周转率通常被连锁零售企业用来衡量库存的合理性。库存周转率高,意味着库存管理的效率高;反之,库存周转慢,表明库存占用资金量大,库存成本大。但也不是周转率越高越好,有时周转率很高,但销售额超过了标准库存的拥有量,缺货远远超过了允许缺货率从而丧失销售机会,反而会带来损失。另外,对将来销售额的增加应有正确的估计,较多的库存会使周转率变低。因此,在应用库存周转率衡量经营状况时,要结合具体情况做出判断。

(二) 平均库存值

平均库存值是指某一段时间全部库存商品的价值总和。它可以反映企业资产中与库存相关部分所占的比例。一般而言,零售企业库存所占的比例可能达到75%左右。管理者可以根据历史数据或同行业的平均水平来衡量这一指标。

(三) 可供货时间

可供货时间是指现有的库存能满足多长时间的需求。这一指标可用平均库存量除以相应时间段内的速率得出。

第四节 连锁经营物流配送管理

一、连锁经营物流配送的内涵

(一) 连锁经营物流配送的含义

配送是连锁零售企业物流中最重要的职能。连锁经营零售企业的物流配送与一般企业的物流配送有所不同,它需要根据零售企业经营的需要,从供应商那里采购商品,在物流配送中心经过必要的储存、保管,并按照各个门店的订货要求进行分拣、配货后,将配好的商品在规定的时间内以最合理的方式送达门店的一项物流活动。

对于连锁经营模式而言,物流配送是一种完善的、高级的输送活动,不是简单地将连锁门店所需的商品送到各门店,而是按照各门店的要求,在备货和配货的基础上,以确定的组织和明确的供货渠道进行送货。其目的在于最大限度地降低商品储存成本和流通成本,实现连锁经营零售企业少库存甚至"零库存"。

(二) 连锁经营物流配送的特点

连锁经营作为一种特色的零售经营模式,它把零售经营与满足自己需要的物流活动以"联购分销"的方式有机结合起来,以实现经营上的规模效益。它的配送对象是各个连锁门店,配送行使者与配送对象之间具有隶属关系,是实行统一经营下的商品配送,即特定配送。它的特点具体表现为以下几个方面。

1. 预约配送

连锁零售企业对各个连锁门店的配送不是一般的送货上门推销,而是配送前各个连锁门店先预约,总部按照各个门店的订货要求进行配送。此外,配送强调送货方式的合理性,即要求在时间、速度、服务水平、成本、数量等方面寻求平衡,以实现双方受益。

2. 物流活动集中化

连锁经营零售企业的配送是把各连锁门店的商品采购、储存、保管、运输等活动集中起来,并按各个门店的要求对商品进行分类、编配、整理,经配装后将商品送至各个门店;同时借助分拣、配货等作业,使送货达到一定的规模,以降低配送成本。

3. 购销关系稳定

由于连锁零售企业的配送对象是所属的连锁店,因而形成了比较稳定的购销关系。这种关系不是靠行政手段来维持的,而是以提高经济效益为纽带,即通过配送取得规模效益,使连锁总部和各个连锁门店都能降低经营成本。

(三)连锁经营物流配送的作用

1. 提高服务水平

连锁经营物流配送不仅具有集货功能,还兼有配货、送货等多种功能,使商品由静态储存变为动态储存,仓库由储备型变为流通型,服务由被动变为主动,仓储技术由传统型变为现代型,因此能够按照门店的要求及时、准确、安全、高效地进行商品配送,提高了服务水平。

2. 强化门店销售功能

连锁经营物流配送使商品以合适的数量、合理的方式、在恰当的时间送到各门店,避免门店缺货,满足顾客需求。同时,连锁经营物流配送能够减少门店的商品库存量,加快商品的周转率,降低营运成本,强化门店销售功能。

3. 降低经营成本、提升利润

连锁经营物流配送可以使车辆、仓库等物流资源和设施得到充分有效地利用,也大大提高了车辆、人员的工作效率,从而降低了经营成本,提升了利润。

二、连锁物流配送管理的内涵与目标

(一)连锁物流配送管理的内涵

连锁物流配送管理就是根据连锁物流配送活动的特点和规律,应用现代管理方法,对连锁物流配送活动的各个要素进行计划、组织、指挥、协调和控制,使连锁物流配送活动各个方面实现最佳协调和配合,通过降低配送成本和满足顾客要求来提高社会效益和经济效益。

(二)连锁物流配送管理的目标

连锁物流配送管理的主要目标是在保证服务质量的前提下,最大限度地降低物流配送成本,一般可从不同角度定性考察几项管理目标:

1. 配送合理化目标

配送合理化是连锁物流合理配送的重要体现和要求,配送合理化具体表现在以下几个方面：降低配送成本、降低配送损耗、加快配送速度、发挥各种配送方式的最优效果、有效衔接干线运输和末端运输、不增加中转次数、采用先进的技术手段等。

2. 库存管理优化目标

库存管理优化目标是连锁物流配送管理的主要目标之一，具体表现在库存总量目标管理和周转库存目标管理两个方面。库存总量是指配送中心的库存量与各个门店的库存量之和，库存总量目标管理要达到以下两点要求：配送后的库存总量应小于配送前的库存总量、每个门店在实行配送后的库存量小于在实行配送前的库存量。周转库存目标管理也要达到以下两点要求：库存周转应快于原来各门店的库存周转、每个门店在实行配送后的库存周转也应快于实行配送前的库存周转。

3. 资源节约目标

连锁物流配送的重要观念是为各门店配送，运输、仓储的设备设施和人员集中在配送中心，以减少连锁企业的物流资源。

4. 供应保证目标

在实行配送时，必须提高对各门店的供应保证能力，具体要求为：缺货次数降低到最低水平、库存必须设有合理的库存量、必须具备及时配送的速度和能力。

三、连锁物流配送的功能要素

连锁物流配送一般包括集货、储存、配送加工、分拣、配货、配装、配送运输、送达服务等基本功能要素。

（一）集货

集货是指将所采购的分散的或小批量的商品集中起来，以便进行运输、配送作业。集货是配送的主要环节，为了达到客户的配送要求，有时需要把从几家甚至数十家供应商处预订的商品集中起来。

（二）储存

储存即按照客户提出的要求并依据配送计划，将购到或收到的各种商品进行检验，然后分门别类储存在相应的设施或场所中以备拣选和配送。储存作业一般包括这样几个程序：运输—卸货—验收—入库—保管—出库。

（三）分拣

分拣是将商品按品种、出入库先后顺序进行分门别类堆放的作业。分拣是配送不同于其他物流形式的功能要素，也是配送成败的一项重要支持性工作。

（四）配货

配货是指使用各种拣选设备和运输装置，将存放的商品，按客户要求分拣出来，配备齐全，送入指定发货地点。

（五）配装

配装是在单个分店配送数量不能达到车辆的有效运载负载时，把存在几个分店的配送商品，进行搭配装载以充分利用运能、运力。与一般送货不同之处在于，通过配装送货可以大大提高送货水平及降低送货成本，所以配装也是连锁配送中心有现代特点的功能要素。

（六）配送运输

配送运输是运输中的末端运输、支线运输，它不同于一般运输形态，它是一种较短距离、较小规模、额度较高的运输形式，一般使用汽车运输。由于配送客户数量较多，且城市交通路线复杂，如何组合最佳运输路线、如何使配装和路线有效搭配等问题是配送运输需要重点考虑的。

（七）送达服务

将配好的商品运输到目的地还不算配送工作的结束，因为送达商品和分店接货可能还会出现不协调，因此要圆满地实现运到之货的移交，并有效地、方便地处理相关手续并完成结算，还需要考虑卸货地点、卸货方式等问题。

（八）配送加工

配送加工是按照配送客户的要求所进行的流通加工。在连锁配送中，配送加工这一功能要素不具有普遍性，但往往具有重要作用，因为通过配送加工，可以提高客户的满意程度。

四、连锁物流配送模式的类型

（一）自营配送模式

自营配送模式是指连锁零售企业通过建设配送中心，实现对内部各门店的商品进行配送。自营配送使配送中心成为连锁零售企业物流系统中的重要组成部分，具有灵活性，能够满足门店的独特需要和增强连锁零售企业的核心竞争力，但同时这种模式将大大增加连锁零售企业的投资规模，在配送规模较小时又会造成资源的浪费。目前大型连锁零售企业多数采用自营配送模式，实行统一配送，特别是在常温仓储和冷冻品及生鲜品仓储方面。

（二）供应商配送模式

简单地说，供应商配送就是由生产企业或供应商直接将连锁零售企业采购的商品送到各个门店的配送模式，主要适用于保质期短的商品，或价值高、需求量少的商品。通常中小型连锁零售企业由厂商直接配送商品的比例高，而大型连锁零售企业趋向于通过自己的配送中心对门店实施配送。供应商配送模式的主要缺陷在于经常导致配送不到位等问题，如缺货断档、配送不及时等。

（三）共同配送模式

共同配送是指连锁企业为实现整体的配送合理化，以互惠互利为原则，与相关企业之间互相提供便利的协作型配送模式，这种模式适用于中小型连锁企业的配送业务。共同配送能促进运输规模扩大，有利于企业有限资源的合理互用，提高配送效率，降低配送成本，实现配送的合理化和系统化。从物流效率和商品鲜度管理的角度来看，共同配送是一种值得借鉴的配送模式。

（四）第三方配送模式

第三方物流配送是指由第三方的专业物流公司来承担连锁零售企业的物流配送业务。连锁零售企业可以将全部或部分物流配送业务委托第三方物流公司承担。这种模式的优势在于第三方专业物流公司通过规模化操作，实行专业化作业管理，能够降低成本，提高资源利用率。随着社会经济的发展，第三方物流配送将是连锁零售企业配送发展的未来趋势。

小链接 11-4　　　　　　　　欧尚在中国的物流配送

欧尚是在家乐福、沃尔玛、麦德龙这些零售巨头之后进入中国市场的，它发现了中国众多的物流问题，一开始便利用多元化采购与物流系统法去解决各个问题，可谓做到因地制宜，运用灵活的手腕使物流问题得以缓解。

欧尚一部分采购工作让区域采购中心负责，也有让分店向供应商进行采购的。

欧尚有的要求供应商配送，有的是自己的车队进行配送，也有聘请第三方物流公司为自己进行配送的。

在华东地区，它充分利用供应商配送和自营配送，而后来进入华北地区后，则把物流工作外包，以使自己在刚刚进入一个"新"的市场时能够全心全意管理好营销的要务。

（资料来源：郎咸平.模式——零售连锁业战略思维和发展模式[M].北京：东方出版社，2006.）

五、连锁物流配送中心的管理

（一）连锁物流配送中心的管理办法

1. 建立配送中心的管理制度

（1）制定配送中心规范的业务流程标准。根据连锁经营的需要，对配送中心的业务流程进行分析与研究，制定出全面、详细、完善的配送中心业务流程标准，并以书面形式确定下来。

（2）制定工作制度。根据配送中心的业务流程规范，分别制定出配送中心不同环节和不同工作岗位的管理权限、工作内容与责任的相关工作制度，并以书面形式确定下来。

（3）制定管理与操作手册。根据工作制度，再就不同环节、不同岗位、不同职别的工作人员的管理和操作内容、标准等，制定详细、完善的管理或操作手册，实行"手册化管理"。如《配送中心主任管理手册》、《理货员操作手册》等。

2. 构建配送中心的信息管理系统

运用计算机管理系统来全面、系统化的管理配送中心的业务，可以提高配送中心管理水平与运作效率。配送中心的软件管理系统，根据不同业态、不同规模、不同企业的差异情况设计的管理体系也有差别，但一般地讲，配送中心的计算机管理系统包括以下内容：

（1）进货记录与库存信息管理系统。供应商送来的商品进行清点与核对后的信息录入、商品的编码、库存货架号位记录等信息的管理，以及将收货信息、库存信息及时汇报给总部的信息输送系统。

（2）仓储商品与加工商品的信息管理系统。对仓储区内现有商品种类、型号、规格、数量等在进货、库存、出货方面进行动态记录的系统;对库存商品结构的合理性进行分析的系统;对配送中心内加工商品的种类、规格、数量、成本、损耗等进行记录、核算的系统。

(3)商品的集配、出库与送货管理系统。主要包括:对各个分店所要商品的记录、集配任务的管理(不同分店对商品的种类、型号、规格、数量等的不同需求)、出库登记与核对、装货送货的登记与核对等信息管理。

(4)与连锁零售企业总部的信息联系系统。虽然配送中心并没有与供货商签订采购合同与结算业务(这些业务都由总部来完成)的权利,但是,配送中心在接收货物、入库、库存状况、出库、送货等方面的信息,必须及时地汇报给总部,与总部在统计、财务等方面的信息进行"对接",同时,还要不断地接受总部下达的有关接收货物、库存管理、配送管理的指令等。因此,配送中心与总部必须建立起有效、快速、畅通的信息联系系统。

(二)连锁物流配送中心的作业管理

1. 订单处理

订单处理阶段是指由客户订单开始到准备着手拣货之间的作业阶段。包括客户咨询下单、订单数据确认、存货查询、配送单生成等。订单处理是配送中心一切配送活动的开始,在接收到订单后先要对订单确认,包括确认客户信用度状况,订货的种类、数量、价格、配送时间、包装等,根据情况决定是否接受订单。

2. 进货入库管理

(1)卸货。送货方到达指定地点后卸货,并将抽样商品送检,交检送货凭证和增值税发票。卸货方式分为人工、输送机和托盘叉车卸货。

(2)点检。收货点检是一项细致复杂的工作,一定要仔细核对,因为货品一旦入库,配送中心就要担负起对运送货物的责任。目前有两种核对方法,即"三核对"和"全核对"。三核对是指核对商品条码,商品数量,商品包装上的品名、规格和细数;全核对是以单对货,核对商品的所有项目。

(3)编码。编码就是将商品按其分类属性进行有序的编排,用简明的文字、符号或数字代替商品名称、类别及其他信息。配送中心常用的编码方法有顺序码、数字分段码、分组编码、实际意义编码、后数位编码等。

(4)商品分类。商品分类即将多种商品按性质或其他特性逐次归类分区。

(5)商品验收。商品验收是对商品的质量和数量进行检查。常用的验收流程有两种:一种是先清点数量,再检验商品质量;另一种是先检验质量,确认质量合格后,再办理清货收货手续。验收商品时,可以根据采购合同或订购单所规定的条款和议价时的样品或国家质量标准为依据进行检验。

(6)入库信息处理。经检查确认无误后在发货单上签字将商品入库,并按公司的进货表,详细、有效地记录进货信息。同时将此信息传送到采购部,经采购部确认后开具收货单。

3. 库存作业管理

商品的存储管理主要是要加强商品养护,确保商品质量,同时还要加强商品储存合理化工作和储存商品的数量管理工作,以达到有效利用空间,有效利用劳动力及设备。配送中心的库存作业管理一般分为以下几项内容:

(1) 存储方法。有效的存储方法可以减少出入库移动的距离、缩短作业时间、方便商品存取。

(2) 存货管理。存货管理的主要任务是使货品的库存量保持在合理的范围内,以免存货过多造成资金积压、增加保管困难,或存货过少导致商品供不应求、仓容浪费。同时减少废料的产生,使存货因变形、变质所产生的损失减至最少。存货管理要解决的三个问题是何时补货、补充多少货、维持多少存货。

(3) 盘点管理。盘点不仅仅是商品库存状况的清点,而且还需要针对过去的商品管理状态作分析,为将来商品管理的改进提供参考建议。盘点工作的主要任务是要确保商品库存量与账面记录数量保持一致,如果发生盘亏或盘盈则需要找出产生不一致的原因并进行更正处理。

4. 拣货与补货作业管理

(1) 拣货作业管理。拣货作业管理是配送作业的中心环节,工作量大、工艺复杂、作业时间紧、准确度要求高。因此,加强拣货管理显得非常重要。拣货作业管理是指在配送中心接到配送指示后,及时组织拣货人员根据各门店订单所反映的商品特性、数量多少等信息,按照出货优先级、配送车辆趟次、先进先出等原则与方法,选取科学高效的拣货方式,将需要配送的商品整理出来,放置暂存区以备装货上车。

(2) 补货作业管理。补货作业是将商品从保管区移到拣货区,保证拣货区有货可拣,方便待配送商品的存取。

5. 流通加工作业管理

流通加工是指对即将配送的商品或半成品按照各门店订单要求进行再加工。加工形式包括以下几种:分装加工,即将散装或大包装的商品按照零售要求重新包装;分割加工,即将大尺寸商品按照某一特性进行分割;分选加工,是按照某一特性将商品进行分选,再进行包装;促销包装,是为了配合促销活动的开展对商品进行包装,加在商品上搭配促销赠品;贴标加工,是指按照不同的要求对商品贴标签或打条形码。

6. 出货作业管理

完成商品的拣取及流通加工后,就可以执行商品出货作业了。出货作业管理主要包括以下几点:

(1) 出货资料准备。根据订单资料印制出货单据,制定合理的出货流程,印制出货批次报表、出货检验表、出货商品的抵制标签等。

(2) 出货的规划布置。仓库管理人员决定出货区域的布置和商品的摆放形式。

(3) 出货决策。决定出货方式、运输车辆大小和数量,调派合适的集货工具和作业人员。

(4) 出货检查。即把分拣好的商品依照车次、订单要求等按出货单逐一核对品相与数量,确保准确无误。

(5) 出货包装、标记。包装标记的目的在于保护商品,方便搬运、储存和辨认。

7. 配送作业管理

配送作业包含将商品装车并实时配送,距离最短、时间最短、成本最小是配送作业管理考虑的核心。配送作业的流程如下:

（1）制订配送计划。包括划分配送区域、确定服务水平、车辆配载、选择送货路线、确定客户最终的送货顺序、确定车辆装载顺序等。

（2）实施配送计划。配送计划完成后，需要进一步组织实施。先做好准备工作，将到货信息（如到货时间、商品品种、规格、数量及车辆型号）提前通知各门店，让其做好接货准备。然后组织配送发货，按计划将商品按事先确定的路线送到各个门店手中。在送货途中要做好商品的追踪和控制，及时处理配送途中的意外情况。

（3）评估配送作业。配送任务完成后，应收集各种反馈资料，评估并考核配送任务，及时纠正不足之处，为下次配送计划的制订提供参考。

本章小结

连锁经营的三种基本模式是直营连锁、特许连锁与自由连锁。直营连锁是连锁企业的总部通过独资、控股或吞并、兼并等途径直接开设门店的经营模式；特许连锁是一种以契约为基础的连锁企业经营形式；自由连锁是通过签订连锁经营合同，总部与具有独立法人资格的门店合作，各门店在总部的指导下集中采购、统一经销的经营模式。

零售连锁经营商品采购管理首先要确定采购组织的类型，然后需要配备采购人员、确定采购商品、选择供应商、谈判与签约、管理供应商。

零售连锁商品库存管理的总目标是在库存成本的合理范围内达到满意的客户服务水平。库存管理的常用方法有：ABC管理方法、定量订货法、定期订货法。可用库存周转率、平均库存量、可供货时间等指标来衡量库存管理水平。库存管理方式分为供应链管理、客户管理、联合管理。库存管理需要注意以下几点：树立经济采购量、领先时间、安全存量等观念，不建立高存货量，提高库存周转，保持一定的存销比例，掌握商品的有效日期，做好商品盘点工作。

连锁物流配送管理的主要目标是在保证服务质量的前提下，最大限度地降低物流配送成本。连锁物流配送一般包括集货、储存、配送加工、分拣、配货、配装、配送运输、送达服务等基本功能要素。连锁物流配送模式分为自营配送、供应商配送、共同配送、第三方配送四种类型。连锁物流配送中心的作业管理包括订单处理、进货入库管理、库存作业管理、拣货与补货作业管理、流通加工作业管理、出货作业管理和配送作业管理。

思考题

1. 了解连锁经营的基本模式。与直营连锁相比，特许连锁有哪些优势？
2. 集中化采购组织有几种类型？不同类型各有哪些优劣势？
3. 连锁零售企业怎样对供应商进行管理？
4. 连锁零售企业商品采购谈判与签约需要注意哪些事项？
5. 如何进行连锁经营物流配送中心管理？

第十一章 零售连锁经营管理

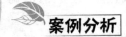

案例分析

家乐福的采购策略

家乐福的商品大致分三类：赚取利润的，如某些进口商品；赚取销量的，如某些周转快的商品；获得费用的，即在家乐福销售得并不是很好，但是供应商愿意支付较多的市场费用来培育的商品。这三类商品的比例大概是1∶4∶5。杂货部和生鲜部是家乐福很重视的部门，通常主管都是法国人。杂货部是一个比较大的部门，占总销量的50%～60%。

凡是和家乐福打过交道的人都说，和家乐福打交道，你要有无穷的耐心和韧性，你会深切体会"坚持就是胜利"这句话是多么的正确。其实，家乐福一直在培养员工以一种"进攻型"的态度来面对供应商。这一点，从家乐福的采购哲学中就可窥见一斑。

1. 让销售员对得起他们的工作，让他们出汗

永远不要忘记：在谈判中的每一分钟，要一直持怀疑态度，显得对所谈的事情缺乏热情，或者不愿意做出决定。

2. 对供应商第一次提出的条件，要么不接受，要么持反对意见

对供应商第一次提出的条件，采购员的反应是"什么？"或者"你该不是开玩笑吧？"，从而，使对方产生心理负担，使他们认清形势，并降低自己的谈判标准和期望。

3. 永远要求那些不可能的事情

对于你要谈判的事，要求得越离谱越好，说不定和供应商的实际条件比较吻合。这些不可能的要求可以帮助你获得更大的操作空间，帮助你做出最小的让步，并让你的对手感觉似乎已经从谈判中"得到了"我们的让步。

4. 告诉供应商——"你需要做得更好"

不断地重复这个说法，直到供应商开始认为他们现在做得真的很差。在我们的眼中，这些供应商永远不可能做得最好。

5. 把事情拖到下一次解决

在谈判要结束时，采购员要说明此事须由上级经理决定，这样作为采购员争取了更多的时间来考虑拒绝或重新考虑一份方案。

6. 采用"去皮"原则

80%的谈判在最后20%的时间取得成效，在谈判开始时提出的要求可以忽略。基本上家乐福的商品采购谈判分为三个层次：全球谈判、全国谈判和地区谈判。比如说，当家乐福和宝洁公司或欧莱雅公司合作时，双方总部先要签订全球协议，用来确定销售折扣、全球促销、全球定价以及相关贸易条件。当宝洁公司或欧莱雅公司来到中国市场时，如果家乐福也进入了中国市场，双方要进一步签订关于附加折扣、毛利目标、门店促销及广告、货架摆放位置及占地面积、分销与仓储和新店折扣等适合两方在中国情况的协议。随着家乐福在中国不同城市开店数量的增多，不同地区会出现不同的情况，因此，合作双方需要就竞争价格支持、具体门店广告促销、货架及端架陈列费用、促销人员安排等问题进行地区性的谈判。

(资料来源：张晓琳.中国大卖场[M].北京：企业管理出版社,2003.)

【案例思考】

1. 家乐福的采购策略是什么？
2. 这一案例对你有什么启发？

本章实训

一、实训目的

1. 理解零售连锁经营管理机制的重要性。
2. 掌握连锁经营零售企业管理机制的内容。
3. 锻炼实地调查和沟通能力。

二、实训内容

在你所在学校的城市找一家零售连锁经营企业,实地访谈它,并以小组为单位,撰写一份报告。

三、实训组织

1. 指导教师明确实训目的、任务和评价标准。
2. 学习委员将班级成员分成若干小组。成员可以自由组合,也可以按学号顺序组合。小组人数划分视修课总人数而定。每组选出组长1名。
3. 以小组为单位,选择一家零售连锁经营企业,实地访谈它采用的管理机制是怎样的,并根据访谈内容撰写一份报告,上交指导教师。
4. 从中遴选最优秀的一组在课堂汇报演示,时间20分钟为宜。

四、实训步骤

1. 指导教师布置任务,指出实训要点、难点和注意事项。
2. 小组成员确定调研企业、制定访谈提纲。
3. 小组组织实地访谈,按实训任务要求完成访谈报告。
4. 指导教师对上交的访谈报告逐一评阅,写出书面点评意见,并反馈给学生。
5. 遴选最优秀的一组在课堂报告,其他小组提问、质疑,发言代表和该小组成员答疑。
6. 指导教师即席点评、总结。

延伸阅读

1. 杨梅.中美连锁经营的比较和启示[J].商业研究,2001(1).
2. 李敏.我国零售业连锁经营现状分析[J].统计研究,2004(11).
3. 吴佩勋,庄靖.零售连锁特许体系加盟商加盟动机之实证研究[J].商业经济与管理,2007(4).
4. 赵泉午,黄志忠,卜祥智.国内零售企业库存水平影响因素的实证研究——基于沪深零售业上市公司的面板数据[J].管理工程学报,2010(2).
5. 中华人民共和国国务院令第485号.商业特许经营管理条例,2007-02-06.

参 考 文 献

1. [美]巴里·伯曼,乔尔·R.埃文斯.零售管理[M].第11版.吕一林,宋卓昭,译.北京:中国人民大学出版社,2011.
2. [英]麦戈德瑞克.零售营销[M].第2版.裴亮,等,译.北京:机械工业出版社,2004.
3. [美]帕特里克·M.邓恩,罗伯特·F.勒斯克.零售管理[M].第5版.赵娅,译.北京:清华大学出版社,2007.
4. [美]迈克尔·利维,巴顿 A.韦茨,[中]张永强.零售学精要[M].北京:机械工业出版社,2009.
5. [英]罗玛丽·瓦利,莫尔曼德·拉夫.零售管理教程[M].胡金有,译.北京:经济管理出版社,2005.
6. [英]马尔科姆·沙利文,丹尼斯·阿德科克.零售营销精要[M].吴长顺,等,译.北京:电子工业出版社,2004.
7. [英]乔纳森·雷诺兹,克里斯廷·卡思伯森.制胜零售业[M].王慧敏,译.北京:电子工业出版社,2005.
8. [美]威拉德·N.安德,尼尔·Z.斯特恩.零售商的定位策略[M].庞瑞芝,译.北京:电子工业出版社,2005.
9. [美]巴里·伯曼,乔尔·R.埃文斯.零售管理[M].吕一林,熊鲜菊,等,译.北京:中国人民大学出版社,2002.
10. 黄国雄,王强.现代零售学[M].北京:中国人民大学出版社,2008.
11. 曾庆均.零售学[M].北京:科学出版社,2012.
12. 陈海权.零售学[M].广州:暨南大学出版社,2012.
13. 李骏阳.零售学[M].北京:科学出版社,2009.
14. 贺爱忠.零售营销[M].北京:中国铁道出版社,2011.
15. 贺爱忠.零售学[M].北京:高等教育出版社,2013.
16. 任锡源.零售管理[M].北京:首都经济贸易大学出版社,2007.
17. 王卫红,周利国,杜晶.零售营销教程[M].北京:中国商务出版社,2006.
18. 吴佩勋.零售管理[M].上海:上海人民出版社,2007.

教师服务

感谢您选用清华大学出版社的教材！为了更好地服务教学，我们为授课教师提供本书的教学辅助资源，以及本学科重点教材信息。请您扫码获取。

》 教辅获取

本书教辅资源，授课教师扫码获取

》 样书赠送

市场营销类重点教材，教师扫码获取样书

 清华大学出版社

E-mail: tupfuwu@163.com
电话：010-83470332 / 83470142
地址：北京市海淀区双清路学研大厦 B 座 509
网址：http://www.tup.com.cn/
传真：8610-83470107
邮编：100084

郑重声明

高等教育出版社依法对本书享有专有出版权。任何未经许可的复制、销售行为均违反《中华人民共和国著作权法》，其行为人将承担相应的民事责任和行政责任；构成犯罪的，将被依法追究刑事责任。为了维护市场秩序，保护读者的合法权益，避免读者误用盗版书造成不良后果，我社将配合行政执法部门和司法机关对违法犯罪的单位和个人进行严厉打击。社会各界人士如发现上述侵权行为，希望及时举报，本社将奖励举报有功人员。

反盗版举报电话　(010) 58581999　58582371　58582488
反盗版举报传真　(010) 82086060
反盗版举报邮箱　dd@hep.com.cn
通信地址　北京市西城区德外大街4号
　　　　　高等教育出版社法律事务与版权管理部
邮政编码　100120